전작 『백마 탄 왕자들은 왜 그렇게 떠돌아다닐까』 리뷰

동화 속에 숨겨진 역사적 암호들이 파노라마처럼 눈앞에 펼쳐진다. _크*프

역사를 다루는 책임에도 작가의 깔끔한 문장과 유머감각으로 아주 즐겁게 읽었다. _쵸*

흥미롭지만 어려운 세계사를 재미있게 읽을 수 있어 좋았다. _아**스

반전의 세계사를 새롭게 만난다. _유*맘

절판돼서 슬펐는데, 이렇게 다시 내줘서 감사하다. _드**리

흥미로운 제목만큼이나 책 내용이 매우 유익했다. 명작 동화의 시대적 배경을 분석하고 역사적 고찰을 잘 정리해주어 동화가 더욱 친근해졌고 깊은 시각으로 보게 되었다. 적극 추천한다. _sr***e2

나도 궁금했었다. _오****객

중딩 딸과 함께 너무나 재미나게 읽었다. 작가의 호기심에서 시작된, 오래된 동화 속 역사와 문화 이야기다. _a**a

이 책을 읽고 작가의 박학다식함에 감탄하면서…(중략) 참으로 유익했다. _희**샘

너무 어렵다는 선입견으로 역사에 흥미를 가지지 못한 사람들에게 권할 만한 책이다. _자*

저자가 끄집어내는 동화와 명작들 속의 역사 해석이 통쾌하다. 당연하다고 여겼던 동화 속 착한 사람과 나쁜 사람의 역할이 뒤바뀌고, 가진 자보다는 없는 자, 약자, 소수자, 여성의 시각에서 이야기를 늘 풀어간다. 그런 일관성 있는 역사관이야말로 이 책에 어떤 신뢰감을 부여하는 힘인 것 같다. _빨*비

다음 책은 언제 읽을 수 있을까 벌써부터 기다려진다. _마***띠

고양이는
왜
장화를 신었을까

27편의 명작으로 탐색하는 낯선 세계사
고양이는 왜 장화를 신었을까

2022년 11월 11일 초판 1쇄 인쇄
2022년 11월 21일 초판 1쇄 발행

지은이	박신영
펴낸이	조시현
편 집	서희정·한홍
삽 화	남서연
펴낸곳	도서출판 바틀비
주소	04019 서울시 마포구 동교로8안길 14, 미도맨션 4동 301호
전화	02-335-5306
팩시밀리	02-3142-2559
출판등록	제2021-000312호

인스타	@withbartleby
페이스북	www.facebook.com/withbartleby
블로그	blog.naver.com/bartleby_book
이메일	bartleby_book@naver.com

ⓒ 박신영, 2022
ISBN 979-11-91959-18-5 03900

이 도서는 한국출판문화산업진흥원의 '2022년 중소출판사 출판콘텐츠 창작 지원 사업'의
일환으로 국민체육진흥기금을 지원받아 제작되었습니다.

고양이는
왜
장화를 신었을까

27편의 명작으로 탐색하는 낯선 세계사

박신영 지음

바틀비

다른 이야기를 알면 다른 선택을 할 수 있다

문학이 사람에 대한 이야기라면 역사는 움직이는 사람들에 대한 이야기라고 생각한다. 이 책은 이동하는 유럽인들에 초점을 맞추어 서구 위주로 세계의 틀이 형성된 과정을 다룬다. 가난해서, 유산을 받지 못해서, 운명을 바꾸기 위해서, 경작지나 초지가 부족해져서 이들은 떠난다. 교역을 위해서 바다로, 자유를 지키기 위해서 신대륙으로…… . 새롭게 살 곳을 찾아 이동한 개척자들이라지만, 반대편 시각에서 보면 침략자일 수도 있다. 주인공이 바뀌면 다른 역사가 되는 이야기, 바로 『고양이는 왜 장화를 신었을까』다.

많이 알려진 동화나 고전 명작, 설화를 골라 기존 세계사 책에서는 흔히 볼 수 없었던 역사의 뒷이야기를 펼쳐보았다. 27편의 이야기는 서로 연결된다. 다 읽고 나면 유럽사 전체를 시대순으로 정리할 수 있는 구성이다. '동물 친구들은 왜 브레멘으로 가려 했을까?' '고양이는 왜 장화를 달라고 했을까?' 익숙한 작품에 질문을 던진 후 숨은 배경을 찾아가는 것은 전작 『백마 탄 왕자들은 왜 그렇게 떠돌아다닐까』

와 같은 방식이지만 조금 더 깊이 들어간다. 말하자면 이 책은 『백마 탄 왕자들은 왜 그렇게 떠돌아다닐까』의 후속작이면서 유럽사 심화편인 셈이다. 역사가 지루하다는 생각부터 든다면, 다른 관점의 이야기가 궁금하다면, 차별과 폭력에 맞서 각 시대의 사람들이 어떤 역사를 이야기로 남겼는지 알고 싶다면, 이 책이 도움이 될 것이다.

오래 공부하고 고민하느라 퇴고 작업이 늦어졌다. 비서구권 황인종 여성의 시각을 유지하면서, 이번에는 '비인간 동물'의 처지에서 본 역사도 넣었다. 학살당한 곰과 징집된 말의 이야기가 있는 이유다. 또 가난한 집의 길 떠나는 아이, 마녀와 폭도로 몰린 사람들, 백인 여성 제인에 가려진 크레올 여성 버사, 양말을 받고 감동하는 도비…… 누구도 역사의 조연 혹은 무대장치로 다루고 싶지 않았다. 세상에는 권력을 가진 쪽이 기록한 역사 외에 다른 역사도 늘 있었다. 오늘날의 세계 질서가 이렇게 짜인 것은 필연적이지도 않고 당연한 결과도 아니었다. 그러므로 다른 이야기를 알면 다른 선택을 할 수 있다. 다른 세상을 만들 수 있다.

그동안 기대하고 응원해주신 독자님들과 믿고 기다려주신 바틀비 출판사에 감사드린다.
다음은 동양편이다.

2022년 11월
박신영

차례

일러두기

1. 여러 권·편·부·장 등으로 나뉘는 책은 『겹낫표』로, 단일한 이야기는 「홑낫표」로 표시한다.

2. 여러 막·장 등으로 나뉘는 극이나 음악은 《겹화살괄호》로, 단일한 극·음악·그림·영화 등은 〈홑화살괄호〉로 표시한다.

#그리스·로마

#게르만문화

#크리스트교

#유럽인의 탄생

1장

유럽의 형성,
유럽인의 탄생

제우스는 왜
바람둥이일까

토머스 불핀치 『그리스신화』, 헤시오도스 『신통기』, 오비디우스 『변신 이야기』

"아이들에게 그리스·로마신화를 읽게 해도 괜찮을까요?"

강연하러 가면 종종 받는 질문이다. 그리스·로마신화에는 살인, 성폭력, 불륜 등 폭력적이고 비윤리적인 내용이 많아서이리라. 그래서인지 이런 질문이 이어진다.

"최고신 제우스는 왜 그렇게 바람을 피우고 다닐까요?"

신화는 우주와 지형, 민족, 국가, 문화의 기원을 신적인 존재의 활동으로 설명한다. 낮과 밤이 바뀌는 이유를 그리스신화는 태양신이 태양 마차를 몰고 하늘을 지나가기 때문이라고 한다. 계절이 바뀌는 것은 저승신 하데스에게 납치된 페르세포네가 지상과 지하 세계를 왕래해서다. 최고신 제우스가 분노하면 번개가 친다. 이렇듯 신화는 근대 과학이 발전하기 전에 살던 사람들이 세상을 이해하는 방식이었다.

한편 신화는 역사 이전의 집단기억이기도 하다. 신화를 의미하는 그리스어 '뮈토스Mythos'는 '이야기된 것', '구전된 것'을 뜻한다. 문자가 없던 시기에 사람들은 이야기를 듣고 외워서 전하는 방식으로 역사를 기억했다. 그리스신화도 그들 민족이 겪은 사건을 비유와 상징을 통해 이야기로 재구성하면서 형성되었다. 다른 민족의 신화와 역사도 흡수했다. 그리스신화는 고대 그리스인들이 이동해서 다른 민족이 살고 있던 그리스와 지중해 지역을 침략하여 지배하는 과정을 반영하기 때문이다.

제우스는 왜 바람을 피우고 다녔을까

그리스인의 조상은 원래 발칸반도 북쪽에서 살다가 기원전 2000~1200년경에 현재 그리스 지역으로 왔다. 이들은 스스로를 헬레네민족이라 부르고 제우스를 최고신이자 신들의 아버지로 삼아 신화를 재편성한다. 당시의 가족제도인 강력한 가부장제를 반영해 신들의 관계를 혼인이나 부모·자식으로 엮은 것이다.

신들의 계보는 기원전 7세기경에 헤시오도스가 『신통기』로 정리하여 완성되었다. 참, 헬레네민족이란 명칭은 프로메테우스의 손자인 헬렌을 시조로 모신 데에서 유래한다. 트로이전쟁의 미녀 헬렌이 아니다.

그리스와 지중해 지역에 살던 원주민들은 여신을 숭배하고 있었다. 헤라는 그리스의 대지모신이었고 데메테르는 시칠리아의 농업신,

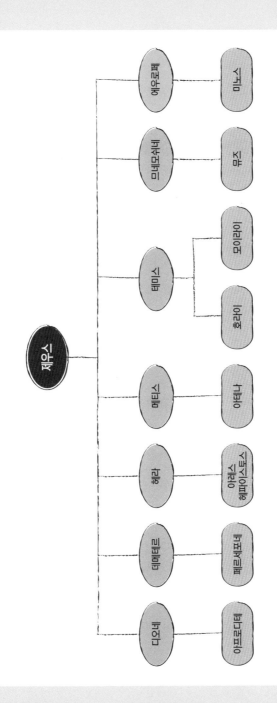

이 글 내용과 관련된 제우스 가계도

아프로디테는 키프로스의 신이었다. 이들 각 지역을 정복하면서 헬레네민족은 원주민의 신들을 남신 제우스에게 복속시키기 위해 여신들과 제우스의 공식 결혼이나 비공식 결합을 추진했다. 아프로디테나 아르테미스처럼 부녀 관계로 만들기도 했다. 두 방법 모두 가부장에게 복종하는 인간 여성처럼 여신들을 제우스에게 복종하게 만들기 위해서였다. 여신들에게 제우스가 속임수를 쓰거나 반강제로 성관계하는 신화 속 장면에는 헬레네민족이 저항하는 원주민을 무력으로 점령한 실제 역사가 반영된 셈이다.

결혼과 성관계를 통해 종속되면서 여신들의 능력과 역할, 특성도 제우스가 갖게 된다. 원래 제우스는 비, 바람, 번개, 천둥과 같은 기후를 담당하는 날씨의 신이었다. 여러 신 중 하나였던 날씨의 신이 능력을 키우는 과정을 보자.

제우스는 먼저 지혜의 여신 메티스를 삼켜서 지혜를 얻는다. 이때 메티스는 임신 중이었기에 딸인 지혜의 여신 아테나는 제우스의 머리를 열고 태어난다. 이어서 제우스는 율법과 질서의 여신 테미스와 결합해 우주와 인간 세상의 질서를 지배하게 된다. 둘 사이에서는 계절의 여신인 호라이 세 자매와 운명의 여신 모이라이 세 자매가 태어난다. 제우스는 점점 강력해진다. 기억의 여신 므네모쉬네와 결합해 아홉 명의 뮤즈를 얻어 시간과 역사, 문학, 학문도 주관한다. 데메테르와 관계해 딸 페르세포네가 태어나자 모녀의 농업신 기능도 흡수한다. 그리고 마침내 그리스의 가장 강력한 대지모신인 아르고스의 헤라와 정식으로 결혼하여 제우스는 최고신으로 등극한다.

북유럽 게르만신화의 토르와 비교해보면 여신들과의 결합이 얼마나 중요한지 알 수 있다. 인도·유럽어족에 속하는 많은 고대 부족은 모두 하늘과 천둥·번개에 관련한 신을 모시고 있었다. 그런데 같은 천둥의 신인데도 토르는 여러 신 중 한 명이지만 제우스는 최고신이다. 헬레네민족이 그리스를 정복하면서 원주민들이 숭배하는 여신들의 권능을 빼앗아 제우스에게 주었기 때문이다. 결국 제우스는 자신을 숭배하는 헬레네민족의 현실적 필요에 따라 많은 여신과 성관계를 하고 바람둥이가 될 수밖에 없었다.

소로 변해서 페니키아 공주를 납치한 이유

제우스는 인간 여성과도 결합한다. 대표적 이야기로 에우로페신화가 있다. 소로 변신한 제우스는 페니키아의 공주 에우로페를 납치해서 자신의 고향인 크레타로 간다. 에우로페는 아들 셋을 낳는데, 그 중 미노스가 크레타의 왕이 된다.

그런데 이상하다. 제우스의 상징은 독수리인데 왜 소로 변했을까? 에우로페는 왜 유럽 여성이 아니라 당시에는 동양권에 속했던 페니키아 출신일까? 제우스의 고향은 왜 그리스 본토가 아니라 지중해의 섬, 크레타일까?

기원전 3650년경, 크레타를 중심으로 청동기문명이 성립한다. 역사서에 서양 문명의 출발점으로 나오는 미노아문명으로, 신화 속 미노스 왕의 이름을 따서 이렇게 부른다. 크레타인들은 무역을 통해 부를 얻어 크노소스 궁전으로 알려진 도시 형태의 궁성을 건설했는데, 학자들은 이들을 소아시아에서 온 이주민 집단으로 추정한다. 미노아문명은 화산 폭발, 지진 등 자연재해로 쇠퇴해가던 중에 그리스 본토의 도시국가 뮈케네에 침략당해 기원전 1400년 이후 파괴되었다.

유럽 본토에 최초로 성립한 청동기문명은 뮈케네문명으로, 기원전 2000년경부터 이주한 인도·유럽어계 민족이 건설했다. 기원전 1600년에서 1200년경에 펠로폰네소스반도 동부에서 발달했는데, 중심지의 이름을 따서 뮈케네문명이라 부른다.

앞서 말한 미노아문명이 몰락한 후 해상 패권을 장악한 뮈케네인들은 호전적이었다. 견고한 성벽을 세우고 강력한 군사력을 가진 우두머리 아래 단결해서 전쟁을 벌이곤 했다. 『일리아드』의 트로이전쟁 역시 해상 교역 통제권을 확보하려는 정치적·경제적 이유로 뮈케네인들이 일으킨 전쟁 중 하나였다.

뮈케네문명은 기원전 1200년 무렵에 멸망한다. 그리스 지역에 새로 침략한 도리아계 그리스인들이 파괴한 것이다. 이때부터 기원전 800년까지를 그리스의 암흑시대라고 부르는데, 그리스 고대 문명과 단절되었기 때문이다. 문자도 없어져서 이 시기를 기록한 역사서는 없다.

후대의 우리는 이 시대에 대한 정확한 사실을 알기 어렵다. 구전되다가 후대에 기록된 서사시 작품들을 통해 추측해볼 뿐이다. 작가 중 『일리아드』와 『오디세이아』를 기록한 호메로스가 유명하기에 호메로스 시대라고 부르기도 한다.

고대 지중해 지역의 문명

기원전 8세기가 되자 철기 문명이 싹튼다. 도리아인들은 철제 농기구를 사용하여 농업 생산량을 늘린다. 전쟁과 기근을 피해 사람들이 그리스와 아나톨리아반도 바닷가로 이동하면서 문명의 유산도 옮겨 간다. 폴리스라 불리는 도시국가가 각지에 출현한다. 페니키아의 표음문자를 도입해 역사를 기록함에 따라 암흑시대는 끝났다. 우리에게 익숙한 그리스 고전시대가 시작되었다.

여기까지 그리스 역사의 발전 과정은 에우로페신화에 반영되어 있다. 그리스 본토와 주변 섬들을 정복한 헬레네민족은 원주민의 문화를 파괴하면서도 앞선 문명을 받아들였다. 한편 크레타의 역사를

페니키아문명의 위치

신화로 기억했다.

그리스문명의 요람인 크레타를 제우스의 고향으로 삼은 점, 제우스와 에우로페 사이에 태어난 아들인 미노스가 크레타의 왕이라고 서술한 점에는 제우스를 믿는 뮈케네인들이 크레타를 침략한 사실을 정당화하려는 속셈이 있다. 제우스가 소로 변신한 것은 크레타에서는 뱀 여신과 함께 소를 숭배했기 때문이다. 뮈케네인들은 피지배 현지인의 종교와 융합하여 정신적인 지배도 꾀한 셈이다.

신화는 덧붙인다. 에우로페는 페니키아의 공주였고, 에우로페의 아버지인 페니키아의 왕은 원래 이집트 출신이었다고. 크레타에서 발달한 청동기문명인 미노아문명의 기원이 소아시아와 이집트, 즉 오리엔트 지역에 있었음을 의미하는 대목이다.

미노아문명을 파괴한 그리스인은 크레타인 대신 해상무역의 주역이 되었다. 암흑시대를 지나 기원전 8세기경 새롭게 도시를 세우고 무역에 나선 시점도 에우로페신화의 또 다른 역사 배경이다. 그리스인들은 이 시기의 무역 상대국인 페니키아에서 알파벳을 비롯한 많은 문물을 받아들였기 때문이다. 바로 에우로페가 다른 지역이 아닌 페니키아의 공주여야 하는 이유다.

이리하여 에우로페는 유럽문명의 어머니가 되었다. 에우로페Europe의 이름에서 유럽대륙의 이름이 유래한다고 볼 정도다. 서쪽 혹은 해가 지는 곳을 의미하는 고대 메소포타미아 단어 에레브Ereb에서 유래됐다는 추정도 있지만, 어떻게 보든 에우로페신화는 증언한다. 그리스에서 시작한 유럽문명의 근원은 크레타에, 크레타문명의 근원은 오리엔트에 있다고. 그래서 바람둥이 제우스는 소로 변신해서까지 페니키아에서 인간 여성을 납치해야 했다.

제우스의 아들로 가문의 시조를 삼은 이유

그리스의 도시국가 폴리스들은 서로 다투면서도 무역 이익을 위해 밀접한 관계를 유지했다. 공통의 적이 생기면 동맹을 맺어 전쟁을 함께 치러내야 했다. 그러다 보니 단결을 위해 공통된 역사를 만들 필요가 있었다. 이에 그리스민족이나 각각의 도시, 왕실의 기원을 설명하기 위해 최고신 제우스를 끌어들였다. 일찍 성립한 크레타와 뮈케네 왕실은 최고신 제우스의 후손이 된다. 먼저 찜하기에 성공했다고 할까.

도리아인이 남하하여 생긴 혼란이 진정되자 그리스사회는 안정되었다. 상업이 발달하여 경제가 성장했다. 인구가 급격히 증가했지만 농지는 부족했다. 그러자 평야에 위치한 농업국인 스파르타를 제외하고 아테네 등 대부분의 폴리스는 바다로 눈을 돌린다. 지중해와 흑해 연안, 프랑스 남부까지 진출하여 식민도시를 건설하고 그리스 본토의 폴리스와 해외 폴리스 사이에 상업망을 연결한다. 이 역사는 제우스와 인간 여성 사이에서 태어난 영웅들이 지중해 곳곳을 모험하는 신화로 반영된다.

뮈케네보다 나중에 성립한 왕실이나 호족 들은 헤라클레스나 페르세우스 등 제우스의 아들로 가문의 시조를 삼았다. 헤라클레스는 열두 가지 과업을 수행하러 곳곳을 다니며 아버지 제우스처럼 그 지역 공주들과 열심히 동침한다. 공주들이 낳은 아들들은 각 지역의 유력한 가문의 시조가 된다. 스파르타를 세운 도리아인들은 헤라클레스의 후손이다. 반면 헤라클레스가 물리친 괴물들은 그리스 도시국가들의 적국이나 자연재해 등을 상징한다.

제우스가 황금 비로 변신해 다나에와 결합해서 낳은 영웅 페르세우스도 보자. 에티오피아를 날아가던 페르세우스는 바다 괴물에게서 안드로메다 공주를 구해주고 결혼한다. 부부는 페르세우스의 고향인 아르고스로 돌아갔고, 그들이 낳은 아들들은 그리스 각지 유력 가문의 조상이 된다.

페르세우스신화는 백마 탄 왕자가 용을 무찌르고 공주를 구해 결혼하는 유럽 민담의 조상이기도 하다. 이방인 왕자가 구원자로 등장하는 낭만적 이야기로 유명하지만, 더 들여다보면 지중해 지역을 침략한 후 강제로 결혼 동맹을 맺은 그리스 해양 세력을 정당화한 실제 역사가 있다. 페르세우스가 무찌른 괴물은 그리스인들이 침략한 지역의 원래 지배 세력이나 토착민들의 신을 상징한다. 승자의 신화는 패배한 쪽을 사악한 괴물로, 정복당한 민족이 믿던 신을 하급 신으로 묘사하기 때문이다.

신화를 이용해서 지배하기

그리스문명은 기원전 5세기에 페르시아의 침략을 물리친 후 절정에 달한다. 민주주의를 꽃피웠으나 내전인 펠로폰네소스전쟁을 치른 후 쇠퇴하기 시작한다.

기원전 338년에 마케도니아의 필리포스 2세가 그리스 도시국가들을 정복한다. 이어 필리포스의 아들 알렉산드로스가 그리스를 통일하고 동방의 페르시아제국까지 정복한다. 알렉산드로스는 정복지에 그리스문화를 전파했다. 이 시대를 헬레네민족의 이름을 따서 헬레니즘 시대라고 부른다.

당시 고대 그리스인들에게 세계란 인더스강 유역에서 지중해와 대서양이 만나는 지브롤터해협까지가 전부였기에 알렉산드로스는 인류 역사상 최초로 세계를 통일하여 제국을 세운 대왕으로 불렸다. 그런 대왕 역시 신전에서 신탁을 받은 후 자신이 필리포스 2세가 아닌 제우스의 아들이라고 선포했다.

신화의 계보는 그리스 고전시대에 이미 다 정리되었건만, 이렇게 제우스는 새롭게 바람을 피워 인간 여성과의 사이에 아들을 또 낳아야 했다. '출생의 비밀'은 왕가를 칭송하는 드라마의 필수 소재였다. 그러나 왕족인 자신들은 혼전 성관계를 하거나 바람피운 여자의 후손이어서는 안 된다. 제우스가 소, 백조, 황금 비, 원래 남편 등으로 변신하여 인간 여성에게 접근한 이유다. 제우스가 속이거나 강제로 성관계를 해야 왕비나 공주 신분인 모계 조상에게 도덕성이 부여되기 때문이다. 그리하여 제우스는 바람둥이에 성폭력범이 되어버렸다.

헤라클레스 등 영웅들도 마찬가지였다. 그리스신화 속 많은 신과 영웅 들은 성폭력과 불륜을 일삼았다. 그 이유는 당시 그리스의 지배자들이 자기네 민족과 가문의 지배가 정당한 것임을 주장하기 위해 신화를 이용했기 때문이다. 단지, 신화가 어느 한편의 지배를 합리화하려는 의도에서 기억된 '역사'이기에 그렇게 된 것뿐이다.

그리스신화만이 아니다. 현실의 권력을 가진 이들은 이런 방식으로 이야기와 역사 서술을 통해 지배하려 든다. 다양한 방식으로 전해지는 다른 역사를 지우고 왜곡하여 사람들이 오늘의 폭력을 자연스러운 질서로 여기게 만든다. 더 나은 미래를 위한 상상과 선택을 포기하도록 이끌기 위해서다.

이야기로 지배하려는 자에게 새로운 이야기로 저항해야 할 이유가 여기에 있다. 기억하자.

태초에, 다른 이야기도 있었다.

대장장이 신 헤파이스토스는 왜 추남일까?

...

잘생긴 남자를 보고 '그리스 조각상 같다'라고 표현할 정도로 그리스·로마신화의 남신들은 멋진 외모를 가졌다. 그런데 대장장이의 신 헤파이스토스는 예외다. 다리를 저는 추남으로 등장한다. 왜 그럴까?

신화는 헤파이스토스의 장애를 다음과 같이 설명한다. 제우스가 머리로 아테나를 낳는다. 이를 질투한 헤라도 혼자 아이를 낳았지만 태어난 아들 헤파이스토스는 보기 흉하게 생겼다. 헤라는 헤파이스토스를 하늘 위 올림포스산에서 던져버린다. 혹은 부부싸움에서 어머니 헤라의 편을 들자 아버지 제우스가 던졌다고도 한다.

추락하여 크게 다친 헤파이스토스는 의족을 만들어 달고 외눈박이 거인들과 함께 대장간에서 일한다. 로마신화에서 헤파이스토스는 불카누스라 불린다. 화산volcano과 관계있는 이름이다. 대장간은 불과 펄펄 끓는 쇳물을 다루기 때문이다. 그래서 헤파이스토스의 대장간도 이탈리아의 에트나 화산에 있다고 한다.

헤파이스토스가 장애를 가진 대장장이인 것은 전쟁이 잦았던 고대 그리스의 역사적 현실을 반영한다. 먼 거리를 걸어서 행군해야 하고, 육체의 힘으로 대결하는 고대 전쟁의 특성상 지체장애인은 전사로서 전쟁에 나갈 수 없었다. 행동 반경이 제한된 작업장 내부, 주로 대장간이나 도자기를 빚는 공방에서 일했다. 대장장이나 도공은 몇 명의 노예를 부리며 일했는데, 노예는 전쟁포로나 빚 때문에 팔려 온 사람들이었다. 포로를 노예로 삼아 작업장에서 일을 시킬 때에는 일부러 다리를 못쓰게 만들었다. 도망가는 것을 막기 위해서다.

헤파이스토스가 추남인 이유는 무엇일까? 고대 그리스인들은 움직이는 인체의 아름다움을 찬양했다. 그래서 전쟁터에서 활약하는 아레스는 미남이지만 작업장 안에 머무르는 헤파이스토스는 추남이다. 대장간에서 일하다 보니 불똥과 뜨거운 재, 쇳물 때문에 얼굴에 화상을 입어서 보기 흉하게 변했을 수도 있다.

헤파이스토스가 외눈 거인 키클롭스들과 같이 일하는 데에도 이유가 있다. 실제로 당시의 대장장이들은 눈에 쇳물이나 불똥이 튀는 것을 막기 위해 안대를 착용하고 일했다고 한다. 멀리서 얼핏 보면 한 눈이 불편하거나 없는 사람으로 보였을 것이다.

대장장이 헤파이스토스의 외적 이미지는 현대에도 이어진다. 애니메이션 〈드래곤 길들이기〉 1편을 보자. 주인공 소년 히컵은 크고 강한 바이킹 전사가 되라며 강압적 교육을 받는다. 그러나 전투 훈련보다 대장간에서 무언가 만드는 것을 좋아한다. 장인이 되고 싶었던 히컵은 다리를 잃고 의족을 단 후, 즉 고대 전사의 육체적 조건을 잃은 후에야 꿈을 이룬다.

#고대 그리스 #유럽 고대 문명의 성립

성벽 너머에
위험한 세상이 있다고?

닐 게이먼 『스타더스트』

유럽에는 성벽 밖 세상에 대한 민담이 많다. 대개는 이렇다. 높은 성벽으로 둘러싸인 마을이 있다. 어른들은 아이들이 성벽을 넘어가지 못하게 한다. 성벽 밖은 괴물과 마녀와 늑대 들의 세상이어서 위험하다는 이유다. 그러나 주인공 소년은 성벽을 넘어가, 모험을 하고 사랑도 찾아 성숙한 젊은이가 되어 돌아온다.

이런 민담을 바탕으로 한 이야기는 현대에도 새롭게 창작되고 있다. 영국 작가인 닐 게이먼이 쓴 동화 『스타더스트』를 소개한다.

'트리스트란 쏜'은 성벽으로 둘러싸인 '월 마을'에 산다. 그는 별똥별을 찾아 금기를 어기고 성벽 밖으로 나간다. 별이 떨어진 자리에는 예쁜 아가씨 이베인이 있었다. 트리스트란과 이베인은 성벽 밖 세상의 문제에 휘말리고 마녀들에게도 쫓긴다. 결국 친어머니가 요정 왕국의 공주였다는 사실을 알게 된 트리스트란은 어머니에게 걸린 마법을 풀고 요정 왕국 스톰홀드로 가서 왕위를 계승한다.

어린 시절, 동화를 읽으며 나는 궁금했다. 저런 성벽이 진짜로 있었을까? 왜 성벽 너머는 자신과 다른 존재들이 사는 위험한 곳이라고 생각했을까?

자라서 역사를 좀 알고 난 후 생각해보니 '하드리아누스 성벽 Hadrian's Wall'이 떠올랐다. 영국 북부에 있는 하드리아누스 성벽은 유럽에 남아 있는 고대 로마 성벽 중 가장 길다. 그리고 유럽인들에게 문명과 야만의 경계는 전통적으로 옛 로마제국의 방어선이었다.

로마의 시작, 신성한 포메리움

인도·유럽인의 한 갈래인 라틴족이 이탈리아반도로 들어와 기원전 800년경 로마에 정착한다. 이 과정은 트로이에서 탈출한 아이네이아스의 후손인 레아 실비아 공주와 로마의 신인 마르스 사이에서 태어난 쌍둥이 형제가 로마를 세웠다는 건국신화로 전해진다.

신화에 따르면 기원전 753년, 쌍둥이 형제는 로마에 도착해 일곱 개 언덕을 하나씩 차지했다. 로물루스는 팔라티움 언덕에 도시의 경계선을 쟁기로 그렸다. 이 선을 레무스가 뛰어넘으며 조롱하자, 로물루스는 레무스를 때려죽였다. 겨우 금 좀 넘었다고 형제를 죽이다니,

이해하기 어렵겠지만, 건국 초창기에 영역을 둘러싼 갈등과 다툼의 역사를 신화에 반영했다고 생각하자.

건국신화에서도 알 수 있듯, 로마인들에게 경계선은 중요했다. 허가 없이 선을 넘으면 신을 모독하고 국법을 어기는 것이었다. '포메리움Pomerium'이라 불린 경계선은 신의 명령으로 만들어졌다고 믿었기 때문이다.

팔라티움 언덕의 경계선은 6대 로마 왕인 세르비우스 툴리우스가 선 위에 목책을 세운 후로 방벽이 된다. 기원전 386년, 갈리아인이 침공하여 세르비우스 방벽을 파괴한다.

로마인들은 그 자리에 높이 7.2미터에 달하는 성벽을 쌓는다. 포에니전쟁 때 알프스를 넘어온 한니발도 공격을 포기할 정도로 튼튼한 성벽이었다. 원래 그어진 포메리움이 신성했기에 선 위에 세운 벽도 신성했다. 성벽은 로마가 신의 보호를 받는다는 상징이었다.

왕정으로 시작한 로마는 기원전 509년경 공화정으로 정치 체제가 바뀐다. 전쟁을 거듭하면서 이탈리아반도 전체로 영토를 확장한다. 세 번에 걸친 포에니전쟁 끝에 지중해 서부를 지배하던 카르타고를 굴복시키고 동쪽으로는 마케도니아와 시리아 등 헬레니즘 세계까지 정복한다.

이제 로마는 지중해 전체를 지배하는 강대국이 되었다. 로마의 호수가 된 지중해는 '우리의 바다', 마레 노스트룸Mare Nostrum이라 불렸다.

선을 넘고 벽을 허문 카이사르

로마에 위기가 닥쳤다. 정복지의 속주민들이 봉기했고 농민들은 귀족들의 대농장 경영에 저항했다. 기원전 49년, 현재 프랑스 지역인 갈리아 총독으로 부임해 있던 율리우스 카이사르Julius Caesar는 군대를 이끌고 루비콘강을 건넌다. 이때 "주사위는 던져졌다!"라고 비장하게 외쳤다는데, 왜 그랬을까?

당시 루비콘강은 갈리아와 로마의 국경, 즉 경계선인 포메리움이 었다. 선 안은 신성한 곳이기에 무장하고 들어가면 안 된다. 병력을 이끌고 국내로 진격하는 것은 반역이었다. 이를 알고도 카이사르는 정적들을 제거하기 위해 금기를 어겼다. '선을 넘었다.'

내전 끝에 권력을 잡은 카이사르는 종신집정관이란 최고 권력자가 된다. 그는 도시계획을 새로 하면서 기존의 성벽을 철거한다. 로마를 중심으로 제국 각지를 연결하는 도로망 건설을 위해서다. 이제 방어용 벽은 필요 없는 시대가 왔다. 필요한 것은 길이었다. 빠르게 군대를 보내고 군수물자를 운반하기 위해 만든 로마 가도는 세금과 상품을 운반하고 사람과 문화가 교류하게 만들어 제국의 번영을 뒷받침했다. '모든 길은 로마로 통했다.'

과감하게 선을 넘고 성벽을 부수던 카이사르는 암살당한다. 선을 넘어 황제가 될까 봐 두려워한 공화파 정적들에게. 다시 내전이 벌어졌다. 카이사르의 양자 옥타비아누스는 안토니우스와 클레오파트라 연합군을 무찌르고 이집트를 로마에 병합한다. 기원전 27년, 원로원에서 '존엄한 자'란 의미의 아우구스투스로 추대되어 사실상 제국의 첫 황제가 된다.

문명과 야만의 경계가 된 제국의 벽

아우구스투스는 9년에 토이토부르크숲에서 게르만족에게 참패당한 후 더 이상 영토를 확장하지 않았다. 제국의 북쪽 경계선은 라인강과 도나우강이 되었다. 라인강 상류에는 적이 몸을 숨기기 좋은 검은 숲이 있어서 방위가 부실해질 수 있었다. 이에 도미티아누스 황제는 지금의 독일 마인츠와 레겐스부르크 사이에 게르마니쿠스 방벽limes Germanicus을 세웠다. 그리고 총 542킬로미터에 달하는 방벽을 따라 500미터마다 약 4미터 높이의 요새를 지었다. 후방에는 병사들의 주둔 기지와 식민도시를 세우고 로마 가도로 연결했다. 파리, 쾰른, 빈 등 유럽의 주요 도시가 건설되었다. 이제 알프스 이북 지역도 포메리움 안쪽으로 들어왔다. 로마문명권이 되었다.

하드리아누스 황제는 게르마니아 방벽을 보강하는 한편 브리타니아(현재 영국)에 성벽을 쌓았다. 바로 총길이 117킬로미터에 달하는 하드리아누스 성벽이다. 그래서 『스타더스트』에 등장하는 '월 마을'처럼 월젠드Wallsend, 월커Wallker 등 영국에는 지금까지도 이름에 성벽이 들어가 있는 마을이 많다.

하드리아누스 성벽은 뉴캐슬에서 칼라일까지 이어지는데, 잉글랜드와 스코틀랜드를 나누는 경계선과 일치한다. 스코틀랜드란 지명은 당시 원주민인 스코트족에서 유래한다. 로마가 성벽을 건설한 이유는 스코트족, 픽트족 등 원주민들의 침입을 막기 위해서였다. 로마는 이들을 야만족으로 여기고 성벽을 쌓아 그 바깥쪽으로 몰아냈다. 여기서 성벽 너머에는 위험한 존재들이 산다는 생각이 어디에서 유래했는지 짐작할 수 있다.

로마제정은 성공적으로 자리 잡았다. 한 사람에게 권력이 집중된 제정은 위기에 빠르게 대처하는 결정을 내릴 수 있다는 점에서 광대한 영토를 효율적으로 지배하기에 좋다. 문제는 황제의 자질에 따라 제국의 운명이 좌우된다는 점. 로마는 능력 있는 사람을 양자나 사위로 삼아 황제 자리를 물려주어 이 문제를 극복한다. 96년에 12대 네르바가 황제로 추대된 후로 5대에 걸친 시기를 '5현제시대'라고 부르는 이유다. 로마는 세습이란 벽을 없애고 인재를 등용한 셈이다.

200년경, 제국의 영토는 사상 최대였다. 그리하여 아우구스투스 때부터 200여 년간을 '팍스 로마나Pax Romana', 즉 로마의 평화시대라고 부른다. 물론 속주민이 보기엔 제국의 폭력과 강압으로 만들어진 가짜 평화였지만.

기우는 제국, 다시 쌓는 성벽

3세기, 로마제국은 서서히 해체되기 시작했다. 군인이 쿠데타를 일으켜 제위를 차지하는 일이 잦았다. 약 50년 동안 황제가 스물여섯 명이나 바뀌었다. 여기에 경제위기가 오자 중산층 자유시민이 몰락했다. 동쪽으로는 사산족 페르시아가, 북쪽으로는 반달족 등 게르만족이 침입했다. 수도 로마를 보호할 방벽이 다시금 필요해졌다.

271년, 아우렐리아누스 황제는 15미터 높이로 로마시를 둘러싸는 성벽을 쌓는다. 제국의 멸망을 늦추기 위한 일이었지만 로마가 더 이상 영토를 확장할 능력이 없음을 공개한 셈이기도 했다. 길이 19킬로

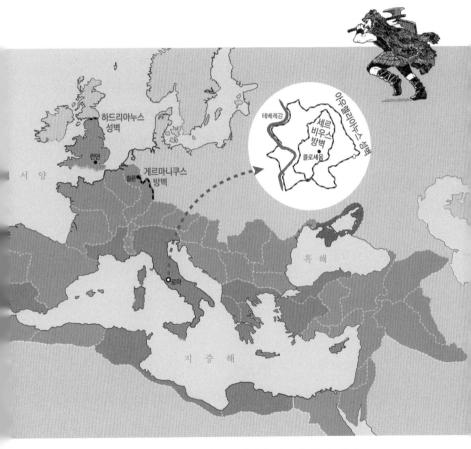

로마제국 최대 영역, 게르마니쿠스 방벽과 하드리아누스 성벽

미터에 달하는 성벽을 불과 4년 만에 세울 정도로 상황은 급박했다.

아우렐리아누스 황제는 국경 요새 겸 방벽이었던 게르마니아 방벽을 포기하고, 제국 내 주요 도시에 각자 방벽을 쌓고 알아서 방어하라고 지시한다. 국력이 약해진 제국에는 국경을 방어할 인력과 비용이 모두 부족했다. 3세기 들어 게르마니쿠스 방벽의 수비는 벽 안쪽으로 들어와 살고 있던 게르만족의 한 갈래인 알레마니족에게 맡겨두었는데, 3세기 후반이 되자 방벽은 버려지고 기지는 폐허가 되었다.

410년, 알라리크가 이끄는 고트족이 로마 성벽을 포위한다. 성내로 들어온 고트족 병사 4만여 명은 사흘간 로마를 약탈했다. '도시' 로마는 800년 만에 정복당했다. 이후 서서히 죽어가던 제국은 게르만족 용병대장인 오도아케르가 황제를 쫓아내고 스스로를 이탈리아 왕으로 선포하면서 476년에 공식적으로 숨을 거둔다.

475년에서 476년까지 고작 1년간 재위한 마지막 로마 황제는 로물루스 아우구스툴루스. 신화 속 건국 시조와 같은 이름이었지만 신성한 포메리움을 넘어온 자를 처단하지는 못했다.

제국 시민의 후예들

멸망한 로마제국은 서쪽뿐, 동쪽 로마제국인 비잔티움제국은 1453년까지 지속되었다. 콘스탄티누스 황제가 330년에 경제적으로 더 풍요로운 비잔티움(현재 이스탄불)으로 수도를 옮긴 후 395년에 테오도시우스 황제가 두 아들에게 제국을 나누어 물려주었기에 로마제국도 둘이었다. 바로 지중해 동부의 오리엔트Orient제국과 서부의 옥시덴트Occident제국. 오리엔트란 단어를 동양으로, 옥시덴트를 서양으로 보는 내력이다.

로마제국의 동서 분열은 그리스문명과 라틴문명의 분열이기도 했다. 라틴어를 공용어로 쓰던 유럽인들은 자신들이 속한 서로마를 정통으로 여겼다. 그래서 476년에 로마제국이 멸망했다고 생각하고 비잔티움제국은 오리엔트 역사로 여기는 경향이 있다.

옛 서로마제국의 영토로 이동한 게르만족들은 국가를 세웠다. 그중 프랑크왕국의 카롤루스는 800년에 교황에게 로마 황제로 인정받았다. 카롤루스제국에서 갈려 나온 동프랑크왕국은 신성로마제국으로 발전했다. 지금의 독일과 오스트리아, 이탈리아 북부, 체코 일부 지역을 다스리던 신성로마제국은 1806년에 해체되었다. 결국 로마는 기원전 753년 로물루스 시절부터 신성로마제국 해체 때까지 무려 2,500여 년 동안이나 유럽에 존재했던 것이다. 이 나라들이 당대에는 모두 로마라고 불렸다. 유럽인들에게 로마는 영원한 제국이었다.

고대 로마제국 영역 안에서는 라틴어와 그리스어만 할 줄 알면 대화가 가능했다. 로마는 전쟁에 진 상대에게 시민권을 주어 포섭했다. 로마 가도를 정비하자 새로운 문화와 사상, 종교가 빠르게 퍼질 수 있었다. 정복지 그리스의 철학과 신화, 학문을 받아들이고 속주 유대인의 종교인 크리스트교를 국교로 삼았다. 이 '보편제국'에서 그리스·로마문명과 크리스트교가 융합되어 유럽 문화의 기반이 마련되었다.

오늘날까지 이어지는 서양의 정치 제도, 법률, 종교, 문화 대부분은 고대 로마제국 시대에 형성되었다. 다른 민족 출신이고 다른 나라에 속해도 모두 유럽인이며 같은 로마문명을 바탕으로 한다는 인식은 유럽 통합의 근거가 된다. 그러므로 유럽인은 지금도 로마제국의 시민인 셈이다.

여전히 선명한 로마제국의 포메리움

그러나 이런 문명의 혜택을 받고 로마 시민이 된 사람은 제국의 경계선 안쪽에 사는 경우만이었다. 포메리움 위에 세운 벽은 로마가 신의 보호를 받는 상징이면서 도시와 농촌, 문명과 야만을 나누는 경계이기도 했기 때문이다.

카이사르의 『갈리아 전기』 등 당시 기록을 보면 로마인들이 갈리아, 브리타니아, 게르마니아 지역에 살고 있는 원주민들을 야만인으로 묘사한 경우가 많다. 야만인이란 단어 '바바리안Barbarian'의 어원인 '바르바로이Barbaroi'는 그리스어에서 유래하는데, "바바" 하고 알아듣지 못할 소리를 중얼거린다는 뜻이다.

로마인은 침략자인 자신들에게 저항하던 원주민들을 같은 인간으로 여기지 않았다. 교역을 위해 이따금 방벽 문을 열기는 했어도 그들을 괴물과 마찬가지로 미개하고 위험한 존재라고 생각했다. 제국의 전성기에 가졌던 자신감과 포용력이 사라지면서 이런 편견은 더욱 심해졌다.

세월이 흘러 성벽을 쌓고 지키던 군인들이 철수하고도, 남은 로마인들이 현지인과 결혼하고 동화되어도, 성벽이 다 무너진 후에도, 벽 너머에 사는 야만족에 대한 인식은 굳건히 남아 이어졌다. 서로마제국이 멸망한 후 잦은 이민족의 침략에 맞서 각 마을에 성벽을 쌓아 방어하게 되자, 야만족에 대한 편견도 함께 쌓였다. 오랜 세월을 거치며 많은 이야기가 만들어졌다. 자신과 다른 존재들, 마녀와 요정과 늑대인간과 이교도와 괴물이 성벽 밖 세상에 사는 이야기가.

로마의 기록에는 로마인의 편견이 반영되어 있다. '야만족'이 스스로 기록한 역사가 없기에 로마를 계승한 유럽인은 고대 로마인의 관점에서 역사를 접했다. 로마가 크리스트교를 공인하고 제국의 국교로 삼은 후에는 종교 편향적 시각이 더해졌다.

이런 로마인들의 시선은 근대 초기에 해외 팽창에 나선 유럽 각국이 비유럽 지역을 침략할 때에도 반복된다. 유럽이라는 포메리움 바깥의 사람들을 미개한 야만인이라 여기고 무력으로 식민 지배하면서도, 상대를 문명화한다고, 크리스트교로 개종시켜 상대의 영혼을 구원한다고 착각하는 모습이 역사에 보인다.

오늘날 서구인들이라고 다를까. 그리스·로마문명을 기본으로 성립된 유럽 문화를 '세계 표준'으로 배우고 익힌 우리라고 크게 다를까. 그런 점에서 세계사를 읽고 쓸 때 나는 잊지 않으려 한다. 로마제국이 멸망한 후에도 제국의 포메리움은 여전히 선명하고, 어떤 사람들은 아직도 제국의 시민이라는 사실을.

카이사르의 것은 카이사르에게, 하느님의 것은 하느님에게
· · ·

예수가 활동하던 2,000여 년 전, 팔레스타인 지역은 로마제국의 통치를 받았다. 기존 유대교 율법에 집착하던 사람들은 예수를 못마땅하게 여겨서 그를 함정에 빠뜨리기 위해 대중 앞에서 물었다. 카이사르에게 세금을 바쳐야 하냐고. 세금을 내라고 하면 로마의 지배를 인정하는 셈이고, 내지 말라고 하면 로마에 저항하게끔 부추긴 것이 되니 어떤 대답이든 곤란하다.

예수는 세금 낼 때 쓰는 은화에 새겨진 사람이 누구냐고 물었다. '카이사르'라고 하자 예수는 말했다. "카이사르의 것은 카이사르에게, 하느님의 것은 하느님께 바쳐라." 사람들은 아무 말도 못 했다. 이 말은 지금도 정치와 종교를 분리하라는 의미로 쓰인다.

연구에 따르면 이 은화는 로마제국의 데나리우스 은화로, 표면에 새겨진 인물은 제2대 티베리우스 황제다. 그러니까 '카이사르'라고 한 것은 로마제국의 기틀을 닦은 가이우스 율리우스 카이사르가 아닌 그냥 로마 황제라는 뜻이다. 카이사르가 암살당한 후 아우구스투스는 카이사르의 양자가 되고, 티베리우스는 아우구스투스의 양자가 되어 카이사르라는 성을 썼기 때문이다. 이후 로마제국의 황제들은 혈연관계와 상관없이 모두 카이사르라고 불렸다. 영어의 시저Caesar, 독일어의 카이저Kaiser, 러시아어의 차르царь 등 유럽 각국에서도 카이사르가 황제를 가리키는 단어로 쓰인다.

카이사르는 국립 조폐소를 만들어 동전을 발행하면서 관행대로 신의 얼굴을 새기지 않았다. 대신 자신의 얼굴을 새겼다. 그래서 로마 시민들은 동전을 던져 얼굴이 있는 앞면이 나오면 카이사르가 찬성한다고 여겼다. 동전의 앞면이 나오면 '예스', 뒷면은 '노'라고 여기는 풍습이 생긴 유래다.

#고대 로마제국사 #그리스·로마문명과 크리스트교의 융합 #유럽인의 제국 관념

옛날 서양 사람들은
무엇을 먹고살았을까

독일 민담 「세 가지 소원」

   한 나무꾼이 숲속에서 나무 요정을 구해주었다. 요정은 보답으로 세 가지 소원을 들어주기로 했다. 집에 돌아온 후 배가 고파진 남자는 무심코 말했다. "소시지나 실컷 먹었으면." 순간 하늘에서 소시지가 쏟아졌다. 놀란 아내가 이유를 묻자 남자는 요정을 구해준 이야기를 했다. 아내는 하찮은 소원을 빌었다고 화를 내며 소리를 질렀다. "그 소시지, 네 코에나 붙어버려라!" 그러자 소시지는 남자 코에 줄줄이 붙었다. 남자는 마지막 소원으로 소시지가 코에서 떨어지게 해달라고 빌었다. 부부는 소시지를 요리해서 배불리 먹었다.

   독일 민담 「세 가지 소원」이다. 입에서 입으로 전해지다가 기록되었기에 지역마다 조금씩 다르지만, 어느 판본이든 소시지는 꼭 나온다. 궁금하다. 남자는 왜 배가 고파지자 소시지를 떠올렸을까? 서양 사람들의 주식은 빵이 아닌가?

그러고 보니 어릴 적에 '서양 사람들은 빵을 먹고사는가, 아니면 고기를 먹고사는가?'라는 문제를 놓고 친구와 말다툼했던 기억이 난다.

게르만족의 이동

유럽에는 음식 문화와 관련하여 오래된 편견이 있다. 남부의 문명인은 빵을 먹고, 북부의 야만인들은 고기를 먹는다는 것이다. 그래서인지 북유럽의 바이킹이 나오는 영화를 보면 탁자 위에 식탁보를 깔고 빵을 먹는 장면이 나오지 않는다. 거친 바이킹 전사들은 나무판자로 만든 기다란 식탁에 약탈한 음식을 쌓아두고 먹거나(여기에서 바이킹 뷔페가 유래했다고 한다) 통째로 구운 고기를 게걸스럽게 뜯어 먹곤 한다. 왜 그럴까?

서북부 유럽민족은 크게 켈트족, 라틴족, 게르만족으로 나뉜다. 이들은 흑해 북쪽 초원지대에서 살던 인도·유럽계 언어를 쓰는 공통 조상에서 갈려 나왔다. 켈트족은 먼저 이주하여 자리 잡았지만 고대 로마제국에 밀려난다. 현재 아일랜드, 스코틀랜드 고지대, 웨일스, 브르타뉴 일부 지역에 켈트어 사용자가 남아 있다.

라틴족은 원래 기원전 1000년경 이탈리아의 라티움 지방으로 이주해 살던 고대 부족을 일컬었지만, 지금은 이탈리아와 프랑스, 에스파냐, 포르투갈, 루마니아 등 남유럽 지중해 연안 국가의 사람들을 가

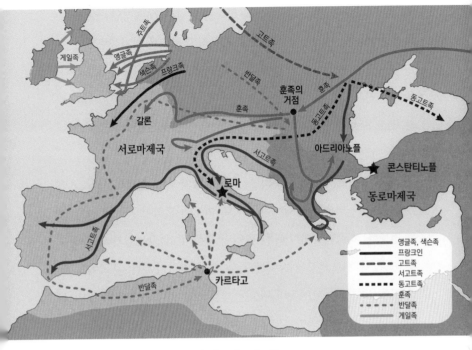

100~500년 게르만족의 이동

리킨다. 인종보다는 문화권에 붙이는 이름에 가깝다. 고대 라틴족이
아니라 라틴어를 공용으로 사용하던 로마제국 문화권 사람들의 후손
을 의미하기 때문이다.

　게르만족은 현재의 독일, 영국, 네덜란드, 오스트리아, 스위스, 덴
마크, 노르웨이, 스웨덴, 아이슬란드 사람들에 해당한다. 이들의 조상
은 기후변화로 인해 기원전 7세기경부터 원 거주지인 발트해 연안과
스칸디나비아반도에서 남쪽으로 이동한다.

　로마의 방어선을 넘어온 게르만족은 로마제국과 충돌했다. 몇 번의 전투에 참패한 후 로마는 유화 정책을 펼쳤다. 우호적인 게르만 부족과 동맹을 맺어 그들을 용병으로 고용하고 무역을 허가해주었다.

소규모로 이주하던 게르만족은 370년경, 대규모 이동을 시작한다. 유목민 전사 집단인 훈족을 피해서인데, 인구 증가로 농토가 부족해진 것도 또 다른 원인이다. 게르만족은 로마 영토로 들어와 부족별로 왕국을 세운다. 476년, 로마제국은 멸망한다.

유럽 역사에서 게르만족의 이동은 고대의 끝과 중세의 시작을 의미하는 큰 사건이다. 현재까지도 민족 이동의 흔적이 지도에 남아 있을 정도다. 게르만족이 이동한 원인인 훈족의 이름은 '헝가리'에서 볼 수 있다. 유래는 훈족의 땅이란 뜻을 지닌 '훈가리아'다. 훈족에게 밀려 최초로 이동한 고트족의 이름은 발트해의 '고틀란드'에 남아 있다. 롬바르드족은 이탈리아 북부의 '롬바르디아' 지방에 이름을 남겼다. 반달족은 이베리아반도를 거쳐 북아프리카까지 갔다. 에스파냐 남부 지방이 '안달루시아'로 불리는 건 반달족의 땅이라는 반달루시아에서 음이 변했기 때문이다. 버건디 와인으로 유명한 '부르고뉴'는 부르군트족의 나라를 뜻한다. '프랑스'는 프랑크족의 나라에서, 독일 도시 '프랑크푸르트'는 프랑크족이 이동하다가 강을 건넌 지점에서 유래한 이름이다. 앵글족과 색슨족은 바다 건너 영국에 정착했다. '잉글랜드'는 앵글족의 이름에서 왔고, 색슨족의 이름도 영국 각 지역에 남아 있다. '에식스, 웨식스, 서식스'는 각각 동·서·남쪽의 색슨인들이란 뜻이다.*

---

* 　　게르만족 이동의 역사는 5장 '반지 원정대, 히틀러를 만나다'에서 더 자세히 다룬다.

게르만과 로마 문화, 크리스트교의 융합

게르만족이 세운 왕국들은 대부분 오래가지 못했다. 이동하면서 계속 현지 세력과 전쟁을 해야 했고, 본거지에서 너무 멀리 떨어지면서 소진한 자원을 보충하기가 어려워졌기 때문이다.

프랑크왕국은 예외였다. 원 거주지인 라인강 하류 지역과 가깝기에 인적·물적 자원을 계속 공급받을 수 있었다. 상대적으로 안전한 위치에 자리 잡은 이점도 있었다. 당시 강대국인 이슬람제국과 비잔티움제국의 힘이 닿는 지중해 연안에서 멀리 떨어진 알프스 이북에 있었기 때문이다.

여기에 더해 매우 중요한 성공 요인이 있었다. 피지배층과 종교 갈등이 없었다는 점이다. 프랑크족 일파의 부족장이었던 클로도베쿠스는 갈리아의 마지막 로마 총독을 물리치고 프랑크왕국을 세웠다. 그는 496년에 세례를 받고 가톨릭으로 개종했다. 덕분에 프랑크족 지배자들은 민족이 다르면서도 로마화한 현지인과 융화하기 쉬웠다.

한편, 프랑크왕국의 약점은 상속 제도였다. 클로도베쿠스가 죽자 아들 네 명이 왕국을 나눠 가졌다. 게르만 상속법은 분할상속이 원칙이었기 때문이었다. 왕국은 잦은 분할과 일시적인 통합을 거치며 약해졌다. 클로도베쿠스가 세운 메로베우스왕조의 후손보다 '궁재'라고 불리던 재상이 더 큰 권력을 쥐게 되었다.

궁재 카롤루스 마르텔루스의 아들 피피누스는 카롤루스왕조를 열었고, 이탈리아 중부를 정복한 후 교황에게 바쳤다. 교황은 피피누스를 기름으로 축성하여 신성한 왕권을 보장해주었다. 그리하여 800년, 피피누스의 아들 카롤루스대제는 교황 레오 3세에게서 로마 황제의 관을 받는다.

프랑크왕국과 로마가톨릭교회의 결합은 유럽 중세시대 내내 큰 영향을 미친다. 게르만 문화와 로마 문화, 크리스트교의 융합이라는 중세 유럽문명의 기본 틀이 만들어진 것이다. 프랑크왕국 이후 유럽 문명의 중심이 지중해 지역에서 유럽 서북부로 이동했다는 점도 중요하다.

게르만과 로마, 야만과 문명의 대립

역사가들은 4세기에서 9세기까지를 중세 초기로 본다. 게르만과 로마 세계가 서서히 융합해 중세 유럽문명을 형성한 시기다. 발달한 로마문명이 게르만 문화에 섞여 계승되었지만 문명의 수준은 전체적으로 낮아졌다. 원래 로마제국의 영토였던 지역과 바깥 지역의 차이는 여전히 컸다.

음식 문화도 달랐다. 로마인들은 빵이나 죽 등 경작한 곡물로 만든 음식을 주식으로 삼았고, 게르만인들은 숲에서 사냥한 고기를 높이 평가했다. 그렇다고 고대 말, 중세 초의 게르만족이 수렵과 채집만 한 것은 아니다. 전에는 농경을 전혀 하지 않았다는 학설이 지배적이었으나 최근에는 게르만족이 농경과 목축을 한 정착민이라는 학설이 유력하다.

동지중해 연안에서 자생하던 밀은 메소포타미아 지역에서 재배되기 시작하여 기원전 9000~7000년경 서지중해 지역으로 전파되었다. 이집트, 그리스, 로마 등 고대 지중해 문명권에서 밀은 중요한 작물이었다. 게르만족이 살던 지역은 기후 조건상 11세기까지 밀을 재배하기 힘들었다. 주로 귀리나 호밀을 재배했는데, 당시 제분 기술로 만든 곡물 가루는 너무 거칠어서 빵으로 반죽하기 어려웠다. 당시 게르만인들이 빵을 만들어 먹지 않은 이유다.

이런 사정과 상관없이 로마인들은 게르만족이 빵보다 고기를 주로 먹는다고 하여 야만인으로 기록했다. 고대 로마인이 보기에 문명과 야만의 차이는 인간이 자연을 변형하고 지배하는 방식에 있었다. 자연의 산물을 있는 그대로 채집하거나 사냥하는 것이 아니라 땅을 갈고 밀을 키우고 빵을 굽는 것이 문명이라고 생각했다. 그리하여 유럽에는 오늘날까지도 '밀을 먹는 남부의 문명인'과 '고기를 먹는 북부의 야만인'이라는 편견이 남아 있다. 이때 남부와 북부 유럽의 경계는 고대 로마제국의 경계와 거의 일치한다.

빵과 고기, 식문화의 차이

고대 게르만의 음식 문화는 사냥과 육식을 즐기는 귀족 문화로 계승되었다. 프랑크왕국은 게르만 전사가 세운 나라다. 사냥을 전쟁 연습으로 여기던 전사의 후예에게 이상적인 음식이란 고기, 특히 사냥해서 잡은 짐승의 고기였다. 사슴, 멧돼지, 꿩 등을 식탁 위에 산처럼 쌓아 올리고 폭식하는 것은 전사 귀족의 권력을 과시하고 통치의 정당성을 증명하는 행위였다. 중세 봉건귀족은 무력을 갖고 영토 내의 주민을 외부의 적으로부터 보호해야 하는데, 고기는 육체에 힘을 주어 전투력을 높이는 음식이기 때문이다.

한편, 고대 로마의 음식 문화는 경작을 선호하는 수도원 문화로 계승되었다. 가톨릭 수도원은 로마의 음식 문화를 전파하는 데 기여했다. 자급자족 경제와 노동을 강조하여 포도 재배와 밀 경작 지역이 늘어나게 한 것이다. 토착 게르만 분화는 현지에 세워진 수도원의 음식 문화에 영향을 주기도 했다. 게르만족의 음료인 맥주를 수도원에서 만들게 된 것이 좋은 예다. 7세기 이후 프랑크 귀족들이 수도원에 대규모로 입회했기 때문이다.

중세 내내 로마와 게르만의 음식 문화는 서서히 융합되었다. 크리스트교의 영향으로 상징적 의미가 새롭게 부여된 덕분에 빵과 포도주, 올리브기름이 유럽 전역에 퍼진 것이 대표적이다. 게르만족은 농경도 했지만 주로 숲을 삶의 터전으로 삼고 채집과 사냥, 방목, 어로 활동으로 식재료를 얻었다. 음료로는 맥주 혹은 채집한 야생 과일을 발효시켜서 만든 시드르를 마셨다. 요리용 기름은 돼지비계로 만든 라드였다. 이랬던 게르만인들이 크리스트교와 함께 남부 유럽 지역, 즉 로마의 음식 문화도 점차 받아들였다.

예수의 살과 피를 상징하는 빵과 포도주는 가톨릭교회의 성찬식에 필수다. 올리브기름은 성사를 집행하고 성소의 등불을 밝히는 데 쓴다. 밀, 포도, 올리브는 남부 유럽에서 주로 재배하는 작물로, 지중해 지역의 고대 문명, 즉 그리스와 로마의 선진 문명을 상징한다. 고대 로마제국은 멸망했지만 로마의 음식은 제국이 건재했던 시절보다 더 넓게, 게르마니쿠스 방벽을 넘어 유럽 전체를 지배하게 된 셈이다.

그러나 빵과 포도주, 올리브기름은 상류층만이 일상에서 소비할 수 있었다. 밀의 소비 방식에는 빈부차가 있었다. 근대 초까지 밀로 만든 흰 빵은 지주와 부유한 도시민의 음식이었기에 도시 하층민과 가난한 농민은 축제 때에나 맛볼 수 있었다. 밀을 경작하기 어려운 서북부 유럽에서는 더욱 그랬다. 『알프스 소녀 하이디』에서 하이디가 페터의 할머니에게 흰 빵을 선물하고 싶어 했던 것도 이런 이유였다. 이렇듯, 여러 이유로 옛날 서북부 유럽 사람들에게 빵은 일상의 주식이 아니었다. 그렇다면 이들은 무엇을 먹고살았을까?

숲에는 소시지가 열린다

「세 가지 소원」은 독일 민담이다. 독일은 겨울이 춥고 길다. 강우량도 적은 편이고 땅이 척박해서 밀을 경작하기가 어렵다. 가난한 농민이 일상에서 먹을 수 있는 음식은 텃밭에서 나는 채소를 돼지비계와 같이 끓인 스프, 거친 곡물로 끓인 죽, 호밀빵, 치즈, 맥주 등이었다.

고기는 귀했기에 향을 내기 위해 티백처럼 스프에 넣었다가 끓으면 건져내곤 했다. 생선은 귀족의 음식이어서, 특별한 경우에만 영주의 허가를 받아 강과 호수에서 물고기를 잡아 임산부나 병자에게 먹일 수 있었다. 그렇다면 옛날 독일 농민들은 어디에서 단백질을 얻었을까?

로마제국 말기인 3세기경부터 유럽은 위기를 겪었다. 전쟁과 기근이 잦았고 전염병도 자주 유행했기에 6세기까지 유럽 인구는 크게 줄어들었다. 인구 감소로 일손이 부족해지면서 경작지가 줄어든 반면, 비경작지인 숲 면적은 늘어났다. 당시 기후 조건 역시 숲이 형성되기에 좋았다. 6~8세기 중엽까지 유럽의 기후는 서늘하고 습했기 때문이다. 그리하여 「헨젤과 그레텔」의 배경인 '검은 숲'처럼 낮에도 햇볕이 잘 들지 않을 성노도 빽빽한 삼림이 넓게 형성되었다.

가난한 농민들은 숲에 의존했다. 숲에서 야생 과일과 버섯, 밤, 약초, 꿀을 채집하고 땔감과 목재를 구했다. 작은 동물을 사냥해 먹기도 했다. 가장 중요한 일은 숲에서 나는 도토리를 먹여 돼지를 키우는 것이었다.

감자가 보급되는 18세기 중엽 이전까지 농민을 먹여 살린 것은 돼지였다. 사람들은 가을이면 돼지를 몰고 숲으로 가서 도토리를 먹였다. 살진 돼지는 농산물이 나지 않는 겨울에 먹을 식량이었다.

우리나라 김장철처럼 독일에는 연중행사로 돼지 잡는 기간이 있었다. 초겨울이 되면 돼지를 잡아 장기간 저장할 수 있도록 가공했다. 덩어리 고기는 소금에 절여 베이컨과 햄으로, 잘 먹지 않는 부위나 가공하고 남은 찌꺼기 고기는 내장에 넣어 소시지로 만들었다. 독일어권 지역에서 소시지, 햄 등 돼지고기 가공식품이 발달한 내력이다.

그러고 보니 유명한 소시지 이름에는 빈(비엔나), 프랑크푸르트 등 독일어권의 도시 이름이 붙어 있다. 왜 농촌 마을이 아니라 큰 도시의 이름이 붙었을까? 중세에는 도시에서도 돼지를 키웠다. 밤에는 성안의 집에서 돼지를 재우고 낮에는 숲으로 몰고 가서 도토리를 먹였다. 성문으로 이어지는 성안 큰길은 돼지 떼가 지나다니는 길이었다.

이렇게 숲으로 출퇴근한 돼지로 만든 소시지나 햄은 가난한 자들의 양식이었다. 귀족과 부자는 언제나 갓 잡은 신선한 고기를 먹을 수 있었기 때문이다. 또 중세의 상류층은 돼지고기를 별로 즐기지 않았다. 음식의 위계*에 따라, 지면을 파헤치는 돼지를 경멸했기 때문이다.

이렇게 볼 때 「세 가지 소원」에 나오는 주인공 남자는 숲 근처 마을에 사는 가난한 농민이었으며, 옛날 서북부 유럽 사람들은 숲에서 나는 도토리로 키운 돼지로 소시지를 만들어 먹었다는 것, 그들에게는 소시지가 주식이었다는 것을 알 수 있다. 그러므로 요정이 소원을 들어주겠다고 했는데 "소시지나 실컷 먹었으면"이라고 한 것은 하찮은 소원이 아니다. 가난한 사람들의 가장 큰 소원이란 늘 배불리 먹는 것이 아니었던가.

당장 배고픈 자는 장기적으로 내다보고 자신에게 유익하도록 말을 골라 하기도 힘든 법. 그만큼 중세 민중들의 삶이 배고프고 힘들었음을 이 이야기는 말해준다.

---

*   '음식의 위계'에 대해서는 2장 '고양이는 왕에게 왜 새를 바쳤을까'에서 좀 더 살펴보려 한다.

부패한 고기 냄새 때문에 후추를 많이 썼다고?
...

부패한 고기의 냄새를 가리려고 유럽인들이 후추 등 향신료를 많이 사용했고, 그래서 후추 무역을 하기 위해 대항해시대가 시작되었다는 설이 있다. 이는 사실이 아니다. 유럽 상류층은 사냥하거나 개인 소유의 농장에서 바로 잡은 신선한 고기를 먹을 수 있었다.

향신료를 과다하게 사용한 이유는 지위와 재력을 과시하기 위해서였다. 비싼 향신료가 많이 들어갈수록 좋은 음식이라고 여겼기 때문이다. 신항로를 개척한 이후로 대량 수입되어 값이 떨어지자 부유층의 식탁에서 향신료가 사라진 것이 그 증거다. 단지 한때의 유행이었다.

이후 유럽은 후추의 매운맛 대신 버터 중심의 기름진 소스를 사용한 부드러운 맛을 선호한다. 소 사육이 늘면서 버터가 풍부해짐에 따라 버터를 요리에 사용하게 되었기 때문이다. 고급 요리의 유행을 이끄는 프랑스에서 이러한 변화가 시작되자 곧 이탈리아, 에스파냐로 퍼졌다.

독일, 네덜란드 지역은 변화가 느려서 향신료를 많이 사용한 요리가 늦게까지 유행했다. 헝가리, 러시아 등 동유럽 지역은 더 변화가 느려서 현재도 향신료를 많이 사용한다. 향신료를 소비하는 관습이 뒤늦게 들어와서 유행했기 때문이다.

#게르만족의 이동 #게르만-로마 문화의 대립과 융합 #중세 초 유럽 문화권의 성립

사자는 어떻게
백수의 제왕이 되었을까

C. S. 루이스 『나니아 연대기』 중 『사자, 마녀 그리고 옷장』,
독일 전설 「사자공 하인리히」

『사자, 마녀 그리고 옷장』은 『나니아 연대기』 시리즈의 첫 책이다. 아동용 축약본으로 처음 읽었을 때의 기억이 생생해서, 어른이 된 지금도 커다란 옷장만 보면 설렌다. 그 안에 들어가면 마법의 나라로 갈 수 있을 것 같아서다. 눈 내리는 밤이면 생각나는 남자는 첫사랑이 아니라 가로등 아래 우산을 든 툼누스다.

2차대전 중 독일이 런던을 공습한다. 시골에 있는 친척 교수의 집으로 피터, 수잔, 에드먼드, 루시 남매는 피난을 간다. 아이들은 숨바꼭질을 하다가 옷장을 통해 마법의 나라로 간다. 그곳은 사악한 하얀 마녀의 마법 때문에 겨울만 있는 나니아왕국이었다. 남매는 사자 아슬란의 도움을 받아 마녀를 물리치고 나니아를 구한다. 배신한 에드먼드 대신 아슬란이 처형당했지만 다행히 나니아의 법에 따라 부활한다. 아이들은 왕과 여왕이 되어 왕국을 다스리다가 옷장을 통해 원래 세계로 돌아온다.

어릴 적 사자 아슬란이 등장하는 부분을 읽다 보면 궁금해졌다. 서구 사회에서는 왜 사자가 동물의 왕일까? '사자왕 리처드'처럼 왕의 별명이나 문장에 사자가 자주 쓰이는 이유는 무엇일까? 사자가 예수 그리스도를 뜻할 때가 많은데 왜 그럴까?

사자의 서식지는 아프리카와 서남아시아, 인도다. 유럽에는 사자가 살지 않았다. 동물원도 텔레비전도 없던 시절, 사자를 보지도 못했는데 왜 사자가 중요한 상징이 되었을까? 흥미로운 역사적 배경이 있을 법하다.

태초의 왕, 곰

고대에도 남유럽인들은 사자를 알고 있었다. 지중해를 사이에 두고 사자가 사는 아프리카 북부를 접했기 때문이다. 로마의 콜로세움에서는 사자와 검투사의 결투 경기가 열렸다. 크리스트교 신자를 박해하는 데 사자를 이용하기도 했다. 필요한 사자는 아프리카와 서남아시아에서 들여왔다. 사자를 특별한 존재로 여겨 숭배하지는 않았다. 고대 유럽인들에게 동물의 왕은 곰이었다. 숲에서 실제로 만날 수 있는 가장 크고 힘센 동물은 사자가 아니라 곰이었기 때문이다.

고대 켈트인과 게르만인은 곰을 숭배했다. 곰은 힘과 용기를 지닌 지배자의 권력을 상징했기에 왕가에서는 곰을 가문의 시조로 여겼다. 스칸디나비아반도의 전사들은 곰의 힘을 받기 위해 전쟁에 나가기 전에 곰의 피를 마시고 몸에 바르는 의식을 치렀다. 곰 가죽을 쓰고 싸운 전사는 베르세르크르berserkr라고 불렸다. 곰이라는 뜻의 '베리beri'와 셔츠라는 뜻의 '세르크르serkr'가 합쳐진 말이었다.

원숭이가 유럽에 알려지기 전에는, 다른 동물과 달리 두 발로 서서 걷기에 곰은 인간과 가장 비슷한 동물이었다. 그래서 곰과 인간이 결합하여 아기가 태어나는 설화가 생겼다. 거친 곰 신랑이 알고 보니 멋진 왕자였다는 민담도 많다. 대표적인 예가 「미녀와 야수」다. 디즈니 애니메이션 때문에 야수를 사자로 아는 경우가 많지만, 원래 프랑스에서 발간된 「미녀와 야수」 삽화를 보면 야수는 곰이었다. 곰은 인간과 비슷하면서 인간과 깊이 관계 맺을 수 있는 신비하고 강한 존재였다.

십자가를 내세운 도전자, 사자

곰을 숭배하는 고대 유럽인들의 오래된 전통 때문에 크리스트교회는 포교에 어려움을 겪었다. 로마제국이 크리스트교를 공인하고 국교로 삼은 것은 4세기지만, 유럽대륙 전체에 포교가 완료된 때는 11세기경이다. 그동안 교회는 고대 신앙의 대상인 곰을 예수그리스도의 경쟁자로 여겼다. 그래서 동물의 왕 자리에서 곰을 끌어내리고 곰은 악마라고 가르쳤다. 곰의 털 빛깔인 갈색은 악마의 검정과 지옥불의 빨간색을 섞은 것이라는 이유를 대기도 했다. 크리스트교는 우상 숭배를 금지하기에 곰 숭배를 막으려 한 것이다.

종교 이론으로만 곰을 공격한 것은 아니다. 크리스트교도들은 곰이란 존재 자체를 제거하기 위해 사냥에 나섰다. 프랑크왕국의 카롤루스대제는 30여 년에 걸친 재위 기간 대부분을 전쟁터에서 보냈다. 40회 이상 전쟁을 하여 프랑크왕국을 두 배로 넓히면서, 다신교를 믿는 정복지 주민들을 처형하고 개종을 강요했다. 더불어 곰을 학살하기 위해 대규모 군사 작전을 펼쳤다. 카롤루스대제에게 곰 사냥은 또다른 포교 전쟁이었다.

800년 크리스마스, 교황 레오 3세는 서유럽 대부분을 정복하고 크리스트교를 포교한 카롤루스대제에게 로마 황제의 대관식을 치러준다. 유럽사에서 중요한 장면이다. 유럽인들에게 황제는 당연히 로마황제였고 당시 동쪽에는 여전히 로마제국인 비잔티움제국이 있었다. 그런데 기껏 로마 주교에 불과한 교황이 일개 게르만족의 왕을 로마제국 황제로 임명하다니? 비잔티움제국으로서는 어처구니없는 일이었다. 이는 새로운 서로마제국, 즉 종교의 중심지는 로마에 두고 군사적 중심은 알프스 이북에 둔 서구 크리스트교 사회의 출현을 의미한다.

카롤루스대제가 사망하고 손자 대에 이르러 제국은 분할상속법에 따라 셋으로 분열한다. 서프랑크는 지금의 프랑스, 중프랑크는 이탈리아, 동프랑크는 독일로 각각 발전해갔다. 962년, 동프랑크의 오토 1세가 황제라는 칭호를 사용한다. 1806년까지 이어질 신성로마제국의 시작이다.

부활한 로마제국의 지배자인 게르만 전사 귀족들은 크리스트교를 포교하기 위해, 지배자로서 힘을 과시하기 위해 곰을 사냥했다. 게다가 숲 개간 사업으로 서식지를 잃으면서 곰의 개체 수는 더욱 줄었다. 이렇게 곰이 신적 존재란 상징적 의미를 잃고 사슴이나 멧돼지처럼 그저 사냥감으로 전락해가는 동안 사자는 곰의 왕좌로 향하고 있었다.

사자가 곰을 이긴 결정적 계기, 십자군전쟁

중세 유럽인들에게 사자가 널리 알려진 결정적 계기는 십자군전쟁이었다. 이슬람교를 믿는 셀주크튀르크제국이 크리스트교 성지인 예루살렘 지역을 정복했다. 크리스트교 순례자들이 공격당했고 비잔티움제국도 위협을 받았다. 비잔티움 황제는 서방 크리스트교 세계에 군사 지원을 요청했다.

1095년, 교황 우르바누스 2세는 서유럽 각국의 왕과 영주에게 성전에 참여할 것을 호소했다. 십자군이 꾸려졌다. 두 세기에 걸쳐 크게 여덟 차례나 치른 군사 원정이 시작되었다. 1차 원정 때에는 예루살렘을 정복하고 예루살렘왕국 등 십자군의 식민지 국가를 세웠다. 당시 이슬람 세력이 분열되어 있었기에 가능한 일이었다.

이후 반격을 받고 참패를 거듭했다. 말이 성전이지, 4차 십자군 때는 크게 봐서 같은 크리스트교를 믿는 비잔티움제국을 공격하는 등 명분도 없는 원정이었다. 목적은 성지 탈환이었지만 부와 영토, 명성

사자로 대표되는 크리스트교와 곰으로 대표되는 고대 유럽 종교의
힘겨루기 결과, 사자가 승리했다.

을 얻기 위한 학살이 벌어졌다. 곰이라는 크리스트교의 적을 학살해
본 경험이 유럽 내에서는 이단 학살로, 유럽 밖에서는 이교도 학살로
이어졌던 것이다.

　전쟁을 통한 사람들의 접촉은 문화 교류에도 영향을 준다. 제1차
십자군원정 이후 북부 아프리카와 팔레스타인 지역의 사자 문화가 유
럽에 도입되었다. 사자는 고대 이집트, 메소포타미아, 그리스신화에서
힘과 권위의 상징으로 등장한다. 이 지역의 고대 건축물 부조에 왕과
함께 조각되어 있기도 하다. 십자군에 참가한 유럽의 제후들은 이를
보고 자신의 문장에도 사자를 그려 넣었다.

　사자 문장은 신성로마제국 황제의 독수리 문장에 다음가는 강력
한 권력자의 문장으로 여겨져 인기가 많았다. 그리하여 사자는 크리

스트교 신앙의 수호자이자 용감한 기사로 숭배받고 12세기부터 유럽 문화의 상징 체계에 자리 잡았다.

그런데 의아하다. 교회가 곰 숭배를 막은 것은 우상숭배를 금지하기 위해서인데, 왜 사자를 그 자리에 앉힌 것일까? 사자는 유럽에서 실제로 보고 접할 수 없기에 우상이 될 위험성이 낮았다. 또 고대 유럽에서 다신교 신앙의 상징이었던 역사가 없다. 사자는 독수리, 유니콘, 펠리컨, 불사조와 함께 예수님을 상징하는 동물로 12세기에 크리스트교의 상징 체계에 새로 편입되었다. 처음부터 교회의 관리를 받았기에 안전했다고나 할까.

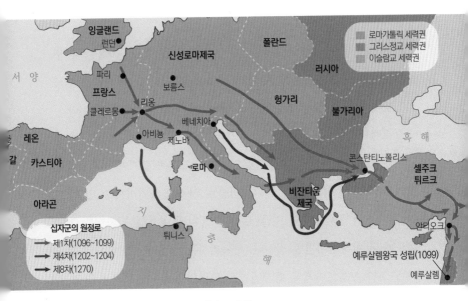

십자군전쟁

사자왕과 사자공

사자를 상징으로 사용한 기사라면 영국의 사자왕 리처드가 먼저 떠오른다. 리처드 1세는 영국에 플랜태저넷왕조를 연 헨리 2세의 아들이다. 국내를 통치한 시간보다 외국에서 전쟁을 치르며 보낸 시간이 더 많아서, 내정에는 무능했다는 평가를 받지만 십자군전쟁에서 전형적인 중세 기사의 모습을 보여준 것으로 유명하다.

1190년, 리처드 1세는 프랑스의 필리프 2세, 신성로마제국 황세 프리드리히 1세와 함께 3차 십자군원정에 참여한다. 전장에서 용맹함을 과시하여 '사자왕'이라는 별명을 얻는다. 특히 이슬람교도인 적장 살라딘과 종교를 초월하여 신사답게 우정을 나눈 사실은 약간의 허구가 더해져서 전설이 된다.

리처드 1세가 1195년부터 세 마리 사자를 문장으로 사용한 후 현재까지 영국 왕실은 물론, 잉글랜드 축구팀도 사자를 문장에 그려넣고 있다. 참고로, 현재 잉글랜드 축구팀의 별명은 '삼사자 군단'이다.

그런데 사자 문장은 독일 지역에서 먼저, 더 많이 사용되었다. 12세기 초부터 독일의 유력 가문인 벨프의 문장이었기에 사자왕으로 불린 제후들이 많은데, 대표적인 인물로 '사자공 하인리히'가 있다. 그는 리처드 1세의 누나인 잉글랜드의 마틸다와 결혼했다. 자형과 처남이 둘 다 사자왕이었던 것이다. 하인리히는 작센과 바이에른의 공작이었지만 신성로마제국 황제인 프리드리히 1세에게 영지를 잃고 추방당해 영지 없는 왕이 되었다.

오만한 성격이었지만 중세 기사다운 매력을 지녔기에 하인리히는 독일인에게 인기가 많았다. 영지는 잃었지만 전설로 남았는데, 그중 그림 형제가 수집한 『독일 전설집Deutsche Sagen』*의 526번 「사자공 하인리히」 편을 보자.

브라운슈바이크에는 발치에 사자 한 마리를 둔 하인리히 공작의 석상이 있다. 그가 모험을 떠났을 때 배가 폭풍우로 난파당했다. 모르는 곳에 상륙한 하인리히가 숲속으로 들어가보니 용과 사자가 싸우고 있었다. 공작은 사자를 도와 용을 죽였다.

사자는 싸움이 끝났는데도 떠나지 않았다. 공작을 호위하고 사슴 등 짐승을 사냥해서 바쳤다. 고향으로 돌아갈 때 공작이 일부러 두고 떠났지만 헤엄쳐서 공작이 탄 뗏목을 따라왔다. 이후 공작이 늙어 죽자 사자는 공작의 무덤을 지키다 그 옆에서 죽었다. 사람들은 사자를 묻어주고 충성심을 기리는 기둥을 세웠다.

용과 사자가 싸우는 것을 본 하인리히는 왜 사자 편을 들었을까? 서구 문화권에서 용은 악마적인 존재다. 농경에 필요한 비를 내리는 신성한 존재인 동양의 용과는 다르다. 그래서 하인리히 공은 용을 사악하게, 사자는 고귀하고 충성스럽게 보고 사자를 돕는다. '악마와 싸

* 원제를 바로 옮기면 "독일의 전설"에 더 가깝다. 1816년에 1권 『지역 전설』이, 1818년에 2권 『역사 전설』이 출간되었다.

우는 기독교의 수호자'란 사자의 상징성이 이 시기에 이미 완성되었다는 것을 보여주는 장면이다. 당시 봉건영주들은 신에게서 권력을 받았음을 증명하기 위해 크리스트교의 수호자를 자처하곤 했다. 그렇다면 이 이야기에서 사자는 하인리히의 인격을 상징한다. 설화는 이런 방식으로 그의 별명이 사자공인 이유를 설명한다.

하인리히의 영지였던 바이에른주는 지금도 사자 문장을 사용하고 있다. 독일에 살지 않고 있는 우리도 사자공의 문장을 볼 수 있다. 뮌헨 맥주인 '뢰벤브로이' 라벨에서다. 뢰벤Löwen은 독일어로 사자다. 뮌헨은 사자공 하인리히가 1157년에 세운 도시로 바이에른의 주도다. 바이에른주는 카롤루스대제가 8세기 후반에 침공하여 게르만인을 무력으로 개종시킨 지역이었다. 전설뿐만이 아니라 사자의 상징이 진짜로 싸우던 지역이었던 셈이다.

사자왕 리처드와 사자공 하인리히의 나라는 물론 벨기에, 네덜란드, 룩셈부르크, 덴마크, 노르웨이, 핀란드 등지에서 사자 문장이 나라의 문장인 국장으로 사용되는 것을 보면 의미심장하다. 영국이나 북유럽 국가들은 고대 로마제국 영역에 있던 다른 나라들에 비해 크리스트교를 받아들인 시기가 늦었다. 영국은 6~7세기, 네덜란드는 8세기, 스칸디나비아반도는 10~11세기경이었다. 그만큼 곰과 사자가 늦게까지 싸우던 지역이라고 볼 수 있겠다.

유럽대륙 전체에 크리스트교 포교가 완료된 후 13세기에 들어서자, 사자는 유럽 전역에서 백수의 왕으로, 그리스도를 상징하는 동물로 확실히 자리 잡았다. 곰은 마침내 동물의 왕에서 폐위되었고, 교회는 목적을 이루었다.

최후의 승자는 여전히 곰

이런 역사가 있기에 중세의 『여우 이야기Roman de Renart』를 비롯하여 현대 문학에서도 곰은 '미련 곰탱이'지만 사자는 정의로운 존재로 그려진다. 『나니아 연대기』의 『사자, 마녀 그리고 옷장』도 그렇다.

지은이 클리브 스태플스 루이스는 무신론자였다가 크리스트교를 받아들인 후 크리스트교의 핵심 교리를 쉽게 설명하기 위해 이 작품을 썼다. 배신한 에드먼드를 대신해 죽은 아슬란이 다시 살아나는 것은 그리스도의 십자가 수난과 부활을 의미한다. '아슬란'은 터키어로 '사자'를 뜻하고, 사자는 곧 예수그리스도를 상징한다.

유럽 상징의 역사에서 동물의 왕이 곰에서 사자로 교체된 과정은 오랜 기간에 걸쳐 일어난 문화적 현상이었다. 이는 유럽 전체에 퍼진 크리스트교의 승리를 반영한다. 그러나 인간은 아직도 고대 숲의 지배자인 곰을 잊지 못하나 보다. 어두운 밤을 무서워하는 아이들은 사자가 아닌 곰 인형을 안고 잠자리에 드니 말이다. 흠, 어린이를 강한 전사로 만들어주는 신적 존재는 여전히 곰인 것인가. 그렇다면 최후의 승자는 '테디 베어'다.

사냥과 권력

...

프랑크왕국의 카롤루스대제는 71세에 사망할 때까지 사냥을 즐겼다. 카롤루스뿐만이 아니다. 역사책을 보면 사냥에 빠진 왕들이 많다. 시대극 영화나 드라마에도 왕과 귀족이 사냥하는 장면은 꼭 나온다. 옛날 왕과 영주 들은 왜 그렇게 열심히 사냥을 했을까? 고기와 모피를 얻을 수 있다는 실용성 외에 어떤 이점이 있었을까?

서유럽 봉건사회의 지배층은 게르만 전사 귀족에서 유래한다. 고대 수렵인의 전통에 의하면 왕, 영주 등 전사 우두머리에게는 따르는 자들에게 고기를 공급할 의무가 있었다. 사냥은 마상 시합과 더불어 전쟁 연습이었기에 더욱 중요했다. 사냥 과정은 부하들을 거느리고 성을 나가서 적을 무찌르고 포로 겸 전리품을 얻어 개선하는 전쟁과 같았다. 또한 정치 행위이기도 했다. 무장한 지배자가 말을 탄 채 영지를 돌아보며 가상의 반역자에게 권력을 과시하는 퍼레이드였기 때문이다. 여기에 인간뿐만 아니라 동물을 포함한 자연 세계를 모두 지배한다는 의미가 더해졌다.

지배자들은 사냥을 지위의 상징으로 여겨서 다른 신분은 사냥을 금지하는 법령을 만들었다. 사유림을 정하여 사냥을 독점하고 자신들의 사냥 실력을 자랑했다. 사냥은 백성과 토지를 야생동물로부터 보호하는 행위였기에 군주의 사냥 실력은 곧 통치 능력이었다.

중세 후반으로 가면서 의례적·상징적 의미는 사라지고 사냥은 상류층의 놀이문화가 되었다. 그러나 여전히 왕의 숲에서 사냥하는 것은 금지되었다. 관습적으로 토끼나 들새 등 작은 동물은 봐주었으나 멧돼지나 사슴등 큰 짐승을 사냥하는 것은 왕과 영주, 봉건귀족의 신분적 특권이었다. 하워드 파일이 쓴 『로빈 후드의 모험』에서 왕의 사슴을 사냥한 죄로 중벌을 선고받자 숲으로 도망 온 사람들이 많은 이유다.*

유럽에는 사냥은 귀족적 활동이라는 생각이 여전히 남아 있다. 영국의 귀족들은 지금도 광활한 사유지에서 사냥을 한다. 게르만 전사의 후예답게 독일인들도 사냥을 즐긴다. 사냥은 남성들의 스포츠로 여겨진다. 위험에 빠진 공주는 왕자가 구해주지만, 위험에 빠진 평민 소녀는 사냥꾼이 구해주기 마련이다. 「빨간 모자」나 디즈니 애니메이션 〈미녀와 야수〉처럼 말이다. 이렇듯 사냥을 한다는 것은 전통적으로 지배계급 혹은 엘리트 남성 집단에 속한다는 증거였다.

중세 전반기에 귀족들은 사냥한 동물을 해체하는 의식을 치렀다. 동물을 '먹을 수 있는 고기'로 만드는 해체 작업은 인간이 야생 세계를 지배하는 것을 의미한다. 고기를 나눠 먹이는 것은 권력자의 의무이자 권력을 과시하는 방법이었다. 그래서 서구에서 추수감사절이나 크리스마스에 칠면조 통구이를 잘라서 나눠주는 일은 가장의 몫이다. 마찬가지로 캠핑에서 고기를 굽고 잘라서 나눠주는 일도 가장의 임무다. 다른 요리는 안 하는 아빠라도 고기를 구울 때는 집게를 들어야 하는 문화적 유래가 여기에 있다.

#중세 유럽 크리스트교 포교의 역사 #십자군전쟁
#유럽 팽창의 시작 #서구 크리스트교 사회의 출현

---

* 『백마 탄 왕자들은 왜 그렇게 떠돌아다닐까』에서 '로빈 후드의 적은 누구인가'를 참고하라.

옛날이야기의 주인공은
왜 셋째 아들일까

톨스토이 「바보 이반」, 러시아 민담 「이반 왕자와 불새」 등

"왜 러시아 전래동화 속 주인공은 다 셋째 아들 이반이에요?" 중학교에 강연하러 갔을 때 한 친구가 물었다. 듣고 보니 정말 그렇다. 러시아에는 셋째 아들 이반이 주인공인 이야기가 많다. 「바보 이반」이 대표적이다.

옛날 러시아에 세 아들을 둔 농부가 있었다. 큰아들 시몬은 군인이, 둘째 아들 타라스는 상인이 되어 집을 떠난다. 바보라고 불리는 셋째 아들 이반은 집에 남아 부모님을 모신다.

이반은 손해를 보면서도 형제간에 우애를 지킨다. 악마가 형제들 사이를 멀어지게 하려고 계략을 꾸며도 넘어가지 않는다. 형들과 달리 돈에도 권력에도 관심이 없기 때문이다.

공주와 결혼해 왕이 된 후에도 이반은 계속 농사지으며 정직하게 일하는 사람이 대접받는 나라를 만든다.

삼세판의 절대성

「바보 이반」은 러시아 민담을 바탕으로 톨스토이가 쓴 동화다. 그런데 러시아뿐만 아니라 세계 각국에는 셋째 아이가 주인공인 이야기가 많다. 이유가 뭘까?

옛날이야기에는 숫자 3이 자주 등장한다. 모든 일은 세 번 반복되며, 중요한 물건은 세 개가 한 세트다. 주인공은 보통 세 가지 과제를 해결한 후에야 결혼하거나 성공할 수 있다. 신화학자와 민속학자들은 설명한다. 숫자 3은 완벽함을 의미하는 '절대 숫자'이기 때문이라고. 가위바위보도 삼세판은 해야 하는 이유다.

그래서 옛날이야기에는 3형제가 많이 등장하는데, 3형제 중에서도 주인공은 셋째다. 「장화 신은 고양이」의 주인공은 방앗간 집 셋째 아들이다. 「미녀와 야수」의 벨은 셋째 딸이다. 디즈니 애니메이션에서는 발명가의 외동딸로 나오지만 원작인 보몽 부인의 동화에서는 상인의 셋째 딸이었다. 한편 「신데렐라」의 주인공인 신데렐라는 외동딸이자 셋째 딸이다. 외동딸로 태어났지만 아버지가 재혼하여 두 언니가 생겼기 때문이다. 심지어 돼지도 주인공은 셋째다. 「아기 돼지 삼형제」를 보라.

사람은 이야기에 열중하다 보면 등장인물이 겪는 일을 자기 일처럼 여기기 마련이다. 셋째가 주인공인 옛날이야기를 책으로 읽거나 구연동화로 듣는 아이들 역시 그렇다. 셋째의 처지에 감정이입하여 셋째와 함께 울고 웃는다. 왜 그럴까?

서양 민담을 분석해서 아동 심리를 설명한 브루노 베텔하임은 어린이의 마음에서 '셋째'는 항상 자신을 의미한다고 설명했다. 실제로 태어난 순서와는 관계없다. 외동아이여도 상관없다. 아이가 가족 내에서 생각하는 자신의 서열은 엄마, 아빠 다음으로 늘 세 번째이기 때문이다. 아이들은 자신을 가정 내의 약자라고 여기고, 3형제 중 가장 힘이 약하고 어린 셋째가 자신과 같은 처지라고 생각한다. 그러므로 '주인공 셋째'는 어린이를 이야기에 몰입하게 만드는 효과가 있다.

집 떠난 셋째 아들이 만든 세계사

집을 떠나 모험을 하는 셋째 아들의 이야기는 역사적 사실을 반영하고 있다. 장자상속제가 정착된 지역에서 상속받을 땅이 없는 아들들은 스스로 운명을 개척해야 했다. 수많은 이남이, 삼남이, 사남이…… 막내들은 집을 떠나 방랑하다 여러 사건을 겪었다. 이야기로 미화되니까 모험이라고 표현하지, 실상은 사고와 재난에 가까웠다. 아주 소수만이 약간의 행운을 만나거나 로맨스를 경험했을 것이다.

이런 현실에서 백마 탄 왕자들이 공주를 구하러 떠돌아다니는 서양 민담들이 생겨났다. 상류층의 아들이지만 장남으로 태어나지 않아 물려받을 지위나 영토가 없는 이들은 왕가나 귀족 집안의 상속녀와 결혼하여 안정된 생활을 누리기를 바라며 구혼 여행에 나섰다. 안타깝게도 그들은 '백마 탄 왕자'가 아니라 '백마 탄 백수'들이었다.*

농민의 경우는 어땠을까? 가난한 부모는 장남만 결혼시킨 후 땅을 물려주었다. 다른 아이들은 작은 선물을 받고 집을 떠나서 각자 알아서 살아야 했다. 이때 선물은 부모가 미리 주는 유산이었다.**

농민이 아닌 경우도 마찬가지다. 「장화 신은 고양이」를 보자. 가난한 방앗간 주인이 세상을 떠난다. 큰아들은 방앗간을 물려받는다. 둘째 아들은 나귀를 갖는다. 셋째 아들인 주인공은 고양이 한 마리를 받아 집을 떠난다. 고양이의 도움으로 거인을 물리치고 카라바 후작이 되어 공주와 결혼한다.

이는 전형적인 셋째 아들의 모험 이야기다. 부모에게 물려받은 재산이 거의 없는 셋째 아들이 요정이나 조력자(고양이)의 도움으로 모험에 가까운 일을 벌여 요행히 성공하고, 부잣집 딸(공주)과 결혼해 여생을 편히 살게 된다니! 「장화 신은 고양이」는 부잣집 장남으로 태어나지 않은 아들들이라면 누구나 꿈꾸는 인생 역전, 대박 성공담이었다.

언젠가는 집을 떠나 거친 세상으로 나아가야 할 아이들은 이런 셋째 아들의 이야기를 들으며 미래에 대한 불안감을 달래지 않았을까? 물론 그들 앞에 펼쳐질 운명은 동화 속 주인공의 운명과 거리가 멀다.

집을 떠난 그들은 요정이나 조력자를 만나지 못했다. 대부분 농가

---

* 『백마 탄 왕자들은 왜 그렇게 떠돌아다닐까』 첫 번째 이야기에서 자세히 설명하고 있다.

** 2장 '크리스마스 선물은 왜 산타클로스가 줄까'에서 좀 더 자세하게 다룬다.

의 일손을 거드는 떠돌이 계절 노동자가 되거나 가내 하인이 된다. 도시로 가면 대장장이나 재단사 같은 수공업자의 도제가 된다.* 혹은 거지나 범죄자가 되기도 한다. 그래서 서양 민담에는 유혹에 눈이 멀어 악마에게 영혼을 팔아넘긴 남자들이 많이 등장한다. 이 역시 역사적 사실을 바탕으로 한 이야기라고 볼 수 있다. 악마 탓으로 돌렸지만, 사실은 범죄를 저지를 정도로 현실은 배고프고 비참했다.

장자상속제가 역사에 미친 영향은 크다. 물려받을 것이 없기에 모험을 떠돌던 장남이 아닌 아들들은 유럽 이외의 지역으로도 향한다. 십자군전쟁에 나선 기사들에게는 순수한 신앙심 외에도 무력을 써서 자기 손으로 영지를 마련하려 했던 참전 동기가 있었다.

대항해시대가 되면 이런 흐름은 뚜렷해진다. 에스파냐의 통일전쟁이 끝난 후 실업자가 된 기사들은 바다 건너 북아프리카로, 남아메리카로 간다.** 영국에서 해적 혹은 해군 지휘관으로 활약한 자 중에는 청교도 귀족 집안의 차남 출신이 많다.*** 영국의 귀족 집안에서 영지를 물려받지 못한 도련님들은 하인을 데리고 이주해 미국 남부에 대농장을 건설하고 영주 행세를 하기도 했다.

신대륙이나 식민지에 대농장을 건설해 새로운 영주 노릇을 하고

---

*   2장 '크리스마스 선물은 왜 산타클로스가 줄까'를 참조하라.

**   『백마 탄 왕자들은 왜 그렇게 떠돌아다닐까』에서 '돈키호테는 머리가 돈 기사인가'를 보라.

***   이와 관련한 이야기는 「보물섬」으로, 3장 '해적 깃발 아래, 그들은 같았다'에서 자세히 설명한다.

있는 이들의 딸과 결혼하고자 구혼 여행을 떠난 자들 때문에 백마 타고 떠돌아다니는 왕자 이야기는 계속 생겨났다.* 운명을 개척하고자 집을 떠나는 셋째 아들의 역사는 유럽 세력의 팽창과 식민사업, 제국주의와 맞물려 세계사가 되었다.

집을 떠나지 않은 셋째, 말자상속제

셋째 아들이라고 해서 모두 집을 떠나지는 않는다.「바보 이반」은 형님들이 떠난 집에서 부모님을 모시며 사는 셋째 아들 이야기다. 이반은 집을 떠나 모험을 하지 않고 밭에서 일만 했는데도 왕이 되었다. 공주가 이반을 찾아와서 결혼했기 때문이다. 이 역시 과거 러시아 농민의 역사적 현실과 관련이 있다.

"첫째 아들은 신을 위해, 둘째 아들은 황제를 위해, 셋째 아들은 자신의 부양을 위해"라는 러시아 속담이 있다. 유아 사망률이 높던 과거에는 아들 셋을 낳으면 한 명 정도는 어려서 죽었다. 부모는 신에게 바친 아들이었다고 위안하며 죽은 아이를 마음에 묻는다. 전쟁이 나면 러시아의 황제인 차르는 집집마다 한 명씩 군인을 뽑았다. 청년이 된 아들 중 한 명은 차르의 군대에 들어가기 위해 집을 떠나야 한다. 아들 하나는 황제에게 빼앗긴 셈이다. 전쟁이 나지 않더라도 성장한 아이들은 먹고살 길을 찾아 가난한 집을 떠났다. 이러다 보니 막내아들만이

---

*   3장 '버사는 건너지 못한 바다'와 이어진다.

집에 남아 농사지으며 늙은 부모를 봉양했다.

집에 매여 뻔히 반복되는 일상을 사는 것이 젊은 혈기에 답답할 수 있겠다. 다른 삶을 살 기회를 꾀하지도 않으니 남들에게는 바보처럼 보일 수도 있겠다. 그러나 우리의 이반이 누군가. 바보 소리를 들을 만큼 우직하게 일하며 부모를 모시는 효자 아닌가.

집에 남은 아들도 착하게만 살면 하느님이 주시는 복을 받을 수 있어야 한다. 공주와 결혼해서 인생 역전할 수 있어야 한다. 「바보 이반」은 이렇게 집을 지켜야만 하는 따분한 운명에 놓인 셋째 아들의 소망을 반영하고 있는 이야기다.

셋째 아들이 집을 떠나 모험을 하는 이유는 장자長子상속제 때문이었다. 그런데 '말자末子상속제'인 지역도 많다. 정착하여 농사를 짓는 농경문화권이 아니라 가축이 먹을 풀을 찾아 떠돌아다니는 유목문화권의 경우가 주로 그렇다.

부모의 겔(텐트)에서 태어나 자란 아들들은 성장하면 차례로 결혼하여 독립한다. 다른 초지를 찾아가서 겔을 짓고 가축을 키우며 산다. 막내는 나이가 들어도 떠나지 않고 부모의 겔에서 같이 살며 부모를 보살핀다. 그 대가로 부모가 사망하면 부모의 겔과 가축을 물려받는다. 「바보 이반」에서 막내아들 이반이 부모님을 모시는 상황과 비슷하다.

무수한 이반의 나라들

러시아에 전해지던 「바보 이반」 계열의 민담 중에는 이반이 숲속에 사는 마귀할멈인 바바야가에게서 하늘을 나는 양탄자를 받는 이야기도 있다. 러시아 민중은 '바보처럼 착한 마음씨 덕분에 복 받는 이반'이란 캐릭터를 사랑했다.

민중들만 이반이란 이름을 쓴 것이 아니다. 민담 「이반 왕자와 불새」의 주인공 이반은 왕자다. 모스크바공국 이후의 러시아 역사에는 공작, 대공, 황제 등 최고 권력자 이반이 여섯 명이나 있었다. 러시아에는 이반이란 이름이 왜 이렇게 흔할까?

동유럽에 사는 슬라브인은 9세기 중엽에서 10세기 초에 걸쳐 크리스트교를 받아들였다. 당시 지금의 러시아 지역에는 강력한 통일 국가가 없었다. 노르만 계통 사람들이 세운 작은 공국 몇 개가 있었을 뿐이다. 건국신화에 의하면 훗날 '러시아'의 어원이 된 루스Rus족의 우두머리인 류리크Ryurik가 862년에 노브고로드공국을, 류리크의 친척인 올레크Oleg가 880년에 키예프공국을 세웠다고 한다.

988년 키예프공국을 지배하던 블라디미르 1세가 크리스트교, 엄밀히 말하면 그리스정교를 받아들였다. 이후 크리스트교는 러시아인들의 생활과 문화, 국가 통합에 중요한 역할을 했다. 그때부터 러시아 사람들은 『성경』에 나오는 이름이나 성인들의 그리스식 이름을 쓰게 되었다. 그중 예수의 열두 사도 중 한 명인 요한, 즉 '이반'은 남성의 이름으로 인기가 많았다.

키예프공국이 쇠퇴한 후 러시아 지역은 13세기 초부터 250년 동안 몽골의 지배를 받는다. 이 몽골 세력을 몰아낸 인물도 이반이다. 모스크바공국의 이반 3세는 몽골제국을 물리치고 노브고로드를 비롯한

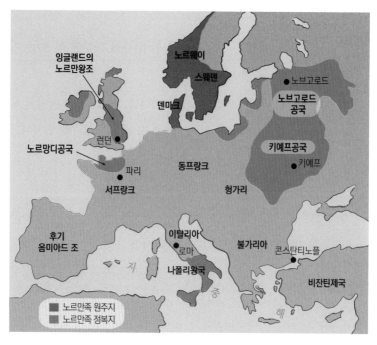

잉글랜드의
노르만왕조

노르웨이
스웨덴
노브고로드
노브고로드
공국

덴마크

키예프공국
키예프

노르망디공국
런던

파리
동프랑크
서프랑크
헝가리

후기
옴미아드 조
이탈리아
로마
불가리아
콘스탄티노플

지
나폴리왕국
중
비잔틴제국
해

노르만족 원주지
노르만족 정복지

노브고로드공국과 키예프공국

여러 공국을 병합한다. 이 업적을 기념하기 위해 그를 '이반대제'라고 부른다. 이반 3세는 모스크바를 '제3의 로마'로 선포하고 자신이 로마 제국의 계승자이자 크리스트교의 수호자라고 주장한다.

이반 3세의 손자인 이반 4세가 다스리던 16세기 중반부터 모스크바대공은 러시아 전역의 지배자가 된다. 이때부터 로마 황제 칭호인 '카이사르'를 러시아식으로 읽은 '차르'를 러시아 황제 칭호로 사용한다. 이반 4세는 러시아 최초의 법전을 편찬하고 세금을 감면하고 영토 확장에 나서 러시아제국의 기틀을 잡았지만, 공포정치를 하여 '이반

그로즈니Ивáн Грóзный'라고 불린다. '그로즈니'는 공포, 잔혹이란 뜻이다. 서구 학계에서는 '폭군 이반Ivan the Terrible'이라고 하지만 우리나라와 일본에서는 '이반 뇌제雷帝'라고 번역하는 경우가 많다. 이반 4세는 시베리아로도 진출한다. 이렇게 유라시아대륙을 지배하는 대제국 러시아의 길을 연 사람도 이반이다.

러시아의 이름은 '본인 이름＋아버지 이름(부칭사)＋성'으로 구성된다. 2000년부터 2022년 현재까지 집권하고 있는 러시아 푸틴 대통령의 전체 이름은 '블라디미르 블라디미로비치 푸틴Влади́мир Влади́мирович Пу́тин'인데, '푸틴 집안의 블라디미르의 아들인 블라디미르'란 뜻이다. 이렇게 러시아 이름의 특이한 구성을 알려주기 위해 러시아어나 역사를 가르치는 선생님들께서 사용하는 예는 '이반 이바노비치 이바노프(이반 집안의 이반의 아들인 이반)'다. 그 정도로 이반은 러시아 남자를 대표하는 흔한 이름이다. 옛날이야기의 주인공으로 쭉 등장할 만하다.

유럽 역사의 주인공은 이반

'이반Ивáн'은 원래 헤브라이어로 '하느님의 은혜'를 뜻하는 '요한'이기 때문에 러시아뿐만 아니라 크리스트교를 받아들인 나라에서는 흔히 쓰인다.

영어권에서 쓰는 존John(애칭은 잭Jack과 조니Johnny)과 에번Evan, 이언Ian, 프랑스의 장Jean, 독일의 요한Johann과 요하네스Johannes, 독일·네덜란드·스칸디나비아의 한스Hans(애칭은 헨젤Hänsel), 폴란드의 얀Jan, 이탈리아의 조반니Giovanni, 에스파냐의 후안Juan, 포르투갈의 주앙João, 그리스의 야니스Ιάννης, 헝가리의 야노시János, 루마니아의 이오안Ioan, 아일랜드의 숀Seán과 셰인Shane, 모두 다 요한이다.

중세 유럽 남자는 네 명 중 한 명이 요한이었다. 그래서 각 나라의 요한들은 일반적인 순박한 농민 남성을 가리키는 의미로도 쓰였다. '바보 이반'이나 '어니스트 존'처럼. 그러므로 "왜 러시아 동화 속 주인공은 다 이반이에요?"라는 질문에 대한 내 대답은 이렇다.

"무슨 말씀! 겨우 러시아라니. 서양 이야기의 주인공은 다 이반인 걸!"

생각해보라. 장 발장이 주인공인 소설 『레 미제라블』, 오페라 《돈 조반니》, 희곡 『동 쥐앙』, 동화 「잭과 콩나무」와 「헨젤과 그레텔」, 서부영화 〈셰인〉 등등. 그렇다, 민담뿐만 아니라 근현대문학과 영화에 이르기까지 우리의 이반은 여전히 주인공으로 활약하고 있다. 이 사실은 크리스트교가 서구인들의 생활문화에 큰 영향을 미치고 있음을 의미한다. 21세기인 현재까지도.

교회의 분열과 제3의 로마가 된 모스크바
...

교회의 분열이라면 근대 초기의 종교개혁을 떠올리기 마련이다. 하지만 가톨릭과 프로테스탄트교회의 분열은 서방 교회만의 분열이다. 그 전에 서방 교회와 동방 교회의 분열이 있었다. 서방 교회는 라틴교회, 즉 가톨릭 교회를 말하고 동방 교회는 동방정교회 혹은 그리스정교회를 가리킨다.

교회의 동서 분열은 오랜 기간에 걸쳐 점진적으로 진행되었다. 두 교회가 서로 파문한 1054년이 형식적인 시점이지만, 그 전부터 두 교회가 속한 세계는 이질적이었다. 서부 지중해 세계는 라틴어가 공식어이자 통용어였고, 동부 지중해 세계는 그리스어를 쓰는 그리스 문화권이었다.

395년에 로마제국이 동서로 갈라지고 476년에 서로마제국 멸망 후 게르만왕국이 들어서면서 동방의 비잔티움제국은 서방에 대한 통제권을 잃는다. 서방 교회의 수장인 교황이 멀리 있는 비잔티움 황제 대신 가까이 있는 프랑크왕국과 손잡았기 때문이다.

이후 8세기의 성화상(이콘) 금지 문제라든가 신학 논쟁으로 인해 두 교회는 여러 번 대립했다. 그러나 일반 신도들은 크게 영향을 받지 않았다. 황제와 교황, 고위 성직자, 지식인의 문제라고 생각했기 때문이었다.

일반 대중까지 분열된 계기는 십자군전쟁이었다. 4차 십자군은 비잔티움제국의 수도인 콘스탄티노플을 점령하고 약탈한다. 훗날 이슬람 세력의 위협을 받자, 비잔티움제국은 서방의 군사 지원을 받기 위해 여러 차례 종교 통합을 제안했다. 하지만 십자군전쟁 때 생긴 반감 때문에 동방 교회 신자들은 결사반대한다.

1453년, 오스만튀르크제국이 콘스탄티노플을 함락하여 비잔티움제국은 멸망한다. 동방 교회의 중심지인 콘스탄티노플이 이슬람 세력권에 속하면서 동·서방 교회의 교류는 완전히 끊어졌다. 중심지가 없는 동방정교회는 러시아, 그리스, 루마니아, 불가리아 등 동유럽 각국의 독립적인 교회 연합체가 되었다. 이때 모스크바가 동방정교회의 새로운 중심지라고 주장한 사람도 이반이다. 마지막 비잔티움 황제의 조카딸과 결혼한 모스크바대공 이반 3세가 자신이 로마제국의 계승자이고, 기존의 로마와 콘스탄티노플에 이어 모스크바가 제3의 로마라고 선포한 것이다.

이후 러시아제국은 로마제국 고유의 '쌍두 독수리' 문장을 쓰고 로마 황제 칭호인 카이사르, 즉 '차르'를 사용한다.

#상속의 역사 #유럽의 팽창 #러시아사 #크리스트교 세계 #서방과 동방 교회의 분열

중세 문명과
민중의 삶

고양이는 왜
장화를 신었을까

샤를 페로 「장화 신은 고양이」,
그림 형제 「독일 전설집」 중 「거인의 장난감」

궁금하다. 장화 신은 고양이는 왜 장화를 신었을까? 옷, 신발, 모자, 넥타이 등을 비인간 동물에게 착용시키는 것은 의인화의 방법이다. 그런데 고양이는 왜 다른 것도 아니고 장화를 원했을까? 꼭 장화를 신어야 하는 이유가 있었던 것은 아닐까?

방앗간 주인이 세 아들에게 방앗간, 나귀 한 마리, 고양이 한 마리를 남기고 죽었다. 셋째 아들은 고양이를 받고 실망했다. 고양이는 셋째 아들을 위로하며 자루와 장화 한 켤레만 사달라고 했다.

고양이는 장화를 신고 자루를 이용해 토끼와 메추라기를 잡아 카라바 후작의 이름으로 왕에게 바친다. 왕은 후한 상금을 내린다. 그다음, 고양이는 왕과 공주가 마차를 타고 지나가는 길목에 나타나서 카라바 후작이 강에서 목욕하다가 옷을 도둑맞았다고 말한다. 왕은 자신의 옷을 빌려준다. 고급스러운 옷을 입은 셋째 아들은 꽤 멋져 보였기에 왕과 공주는 셋째 아들이 마음에 들었다.

이어서 고양이는 꾀를 써서 괴물 거인의 영토와 성을 빼앗는다. 가난한 셋째 아들을 영지와 성이 있는 진짜 후작으로 만든 것이다. 왕은 셋째 아들을 공주와 결혼시켰다.

서양 중세의 봉건제

「장화 신은 고양이」는 서유럽 중세 봉건사회의 모습을 잘 반영한 동화다. 고대 로마제국이 멸망하자, 게르만족은 여러 나라를 세웠다. 그중 가장 강력했던 프랑크왕국은 카롤루스대제가 사망한 후 분열되었다. 국력이 약해진 왕국은 노르만, 마자르, 아랍 등 이민족의 공격을 제대로 막아내지 못했다. 사람들은 가까이 있는 기사에게 점점 의존하게 되었다. 기사들은 적을 막고 지역민을 보호하는 대신 대가를 받았다.

기사들끼리는 봉토를 매개로 주종 관계主從關係를 맺었다. 상위 기사는 부하들에게 영토를 나눠주고 외적에게서 보호했다. 하위 기사는 상위 기사를 주군으로 섬겨 충성을 맹세하고 군사적 봉사의 대가로 땅을 받았다. 봉건사회의 핵심에는 봉토, 땅이 있었다.

봉건제는 전쟁을 함께 치른 신하들에게 정복한 지역의 땅을 나눠주는 게르만족의 풍습에서 유래했다. 원래는 당사자끼리 그 대에서만 맺는 계약이었지만 세월이 흐르면서 후손들에게 봉토와 지위가 세습되었다. 귀족 지위는 혈통의 개념으로 바뀌었고 작위는 장남에게 계승되었다. 이러한 공작, 후작, 백작, 자작, 남작 등의 작위 중에서 장화 신은 고양이는 주인을 후작으로 만든다. 바로 카라바 지역에 영지를 가진 후작으로.

서양 중세의 장원제와 농노

셋째 아들이 영지를 가진 후작이라고 왕이 믿게 된 과정은 이렇다. 장화 신은 고양이는 셋째 아들과 왕, 공주가 탄 마차를 앞질러 가서 목장에서 풀을 베고 있는 농부들을 미리 협박한다. "왕이 이 목장이 누구의 것이냐고 물으실 때 카라바 후작님의 것이라고 대답하지 않으면 당신들은 큰 손해를 볼 줄 아시오!" 보리를 베던 사람들에게도 같은 협박을 한다. 뒤따라가던 왕은 일하는 사람들에게 풀밭과 보리밭의 주인을 묻는다. 모두 카라바 후작의 땅이라는 말을 듣고 셋째 아들을 더욱 좋아하게 된다.

이야기에 풀밭과 보리밭이 나오는 것으로 보아, 이 장원에는 삼포제가 정착되었음을 짐작할 수 있다. 장원莊園은 영주가 다스리는 땅을 말하는데, 보통 촌락 단위로 이루어져 있다. 중심부에는 영주의 성과 교회가 있고 주변에는 경작지와 숲, 풀밭 등 공유지가 있다.

비료가 부족했던 근대 이전에는 밀 농사를 지으면 지력이 금방 소모되었다. 생산량이 떨어지는 것을 막으려면 한 해 걸러 농사를 지어야 했다. 이를 윤작, 돌려짓기라고 부른다. 그러다 8세기 후반 삼포제가 시행되어 유럽 전 지역으로 퍼졌다.

삼포제란, 경작지를 춘경지, 추경지, 휴경지로 나누어 번갈아 농사 짓는 방식이다. 춘경지에는 귀리, 콩 등 봄 작물을 심었고, 추경지에는 밀과 호밀 등 가을 작물을 심었다. 나머지 3분의 1만 휴경지였기 때문에 이 방법을 쓰면 윤작으로 전체 농경지의 2분의 1을 한 해 걸러 농사지을 때보다 농업 생산량이 늘었다.

특히 귀리를 재배한 점이 중요하다. 풀을 먹여 말을 키우던 시절에는 한 장원에서 말을 겨우 몇 마리만 군사용으로 키울 수 있었다. 그러다 귀리를 말 먹이로 재배하게 되자 농사 일꾼으로도 쓸 수 있을 만큼 대규모로 말을 기를 수 있었다.

말이 끄는 철제 쟁기를 사용하자 농업 생산성이 향상되었다. 식량이 늘자 인구가 늘었다. 늘어난 노동력을 이용해 영주는 숲과 황무지를 개간했다. 그리하여 경작 가능한 농토, 수확량과 인구도 늘어났다. 삼포제로 이룬 농업혁명은 십자군 등 중세 유럽의 팽창으로 이어지기도 했다.

장원에서 일하는 농민은 농노農奴, 즉 땅에 묶여 농사짓는 '노예'였다. 농노는 영주에게 경작지와 보호를 받는 대신 여러 의무를 지고 세금을 내야 했다. 경작지에는 영주 직영지와 농민 보유지가 있었는데, 농노는 일주일에 사흘 정도는 영주의 직영지에서 일해야 하는 부역의 의무를 졌다. 물건을 바쳐야 하는 공납의 의무도 있었다.

부역이 없는 날은 쉴 수 있었을까? 아니었다. 개인 경작지에서 나는 것만으로는 생활이 빠듯한 데다 영주에게 세금을 낼 수 없었기 때문에 농노는 기본 부역 외에 영주의 밭이나 저택에 가서 품삯을 받고 일을 더 했다. 게다가 닭, 거위 등을 키우고 목초지에 소나 양을 몰고 가서 풀을 뜯기고 숲에 돼지를 데려가 도토리를 먹이는 등 중세 농노는 쉴 틈이 없었다.

농노의 유래는 고대 로마제국으로 거슬러 올라간다. 전쟁이 거듭되어 전쟁포로를 노예로 삼으면서 농업노예를 이용한 대농장, 라티푼디움Latifundium 경영법이 카르타고에서 도입되었다. 그러나 영토 확장 전쟁을 멈추자 노예 공급이 줄었다. 노예 가격이 오르자, 대신 인접 지역의 농민에게 농사를 맡겼다. 이들을 '콜로누스'라고 부른다.

제국 말의 혼란기에 콜로누스들은 보유지에서 벗어나려 했다. 과도한 세금 부담 때문이었다. 이에 로마제국은 콜로누스와 그 후손의 신분을 토지에 묶어버렸다. 농민들은 거주 이전과 직업 선택의 자유를 빼앗겼다. 제국이 붕괴한 후에는 혼란을 피해 농촌에 자리 잡은 권력자들의 농업노예가 되었다.

농노는 영주의 허가 없이 다른 장원으로 가서 살 수 없었다. 결혼으로 이주하려면 세금을 바쳐야 했다. 산업혁명 이전에는 농업사회였기 때문에 농사지을 수 있는 땅과 노동력의 결합이 중요했기 때문이다. 전쟁에 져서 영토의 주인이 바뀌면 농노들도 장원과 더불어 새 영주에게 양도되었다. 공주가 지참금으로 땅을 들고 이웃 나라에 시집가면 그 장원에 사는 농노들은 하루아침에 다른 나라에 속했다. 자신이 일하고 있는 지역이 갑자기 다른 영주의 소유가 되는 것은 얼마든지 일어나는 일이었다. 『장화 신은 고양이』에서 고양이의 말만 듣고 이 땅의 주인은 카라바 후작이라고 농부들이 순순히 답한 것도 그런 이유에서다.

괴물 거인은 누구인가

고양이가 빼앗은 땅의 원래 주인은 괴물 거인이었다. 「장화 신은 고양이」의 한국어 번역본에는 괴물 거인, 마귀, 식인귀 등으로 번역되어 있는데, 페로의 원작에서는 '오그르ogre'였다. 우리에겐 영어식 발음인 '오거'로 익숙하다.

오거는 서양 설화에 자주 등장하는 인간 모습을 한 괴물이다. 덩치가 크고 힘이 세며 어리석다. 사람을 잡아먹기도 한다. 지하에 사는 경우도 있지만 보통 큰 궁전이나 성에 산다. 자, 힘센 거인이고 사람을 잡아먹는데 큰 성에 산다……. 그럼 오거는 누구일까?

그렇다. 오거는 영주다. 부역과 공납, 세금을 강요해 사람을 잡아먹을 듯이 괴롭히는 봉건영주다. 중세 사람들이 영주를 거인으로 여겼음을 보여주는 설화를 한 편 소개한다. 그림 형제 『독일 전설집』 중 17번 이야기인 「거인의 장난감」이다.

엘자스 지방의 높은 산 폭포 옆 니덕 요새에 거인 기사들이 살았다. 한번은 거인 기사의 딸이 골짜기 아래에 내려갔다가 사람과 쟁기, 말 등을 앞치마에 쓸어 담아서 집에 가져왔다. 이를 보고 거인 기사는 딸을 야단쳤다.

"내겐 농부가 장난감이 아니다. 도로 갖다 놓아라. 농부가 경작지에서 일을 하지 않으면 우리 거인들은 이 암벽 꼭대기에서 먹고살 것이 없다."

「거인의 장난감」처럼 「장화 신은 고양이」도 구전되던 이야기를 기록한 동화다. 오래전 이탈리아에서 기록된 다른 판본 중에는 막 죽은 귀족의 성을 고양이가 차지하는 내용도 있다. 그렇다면 오거라고 불리는 성의 주인은 봉건영주가 맞다. 이렇게 볼 때 「장화 신은 고양이」에 등장한 농민들은 영주를 식인귀 오거라고 여겼기에 고양이에게 기꺼이 협조했을 수도 있겠다. 그만큼 영주의 지배가 가혹해서 살기 힘들었기 때문이리라.

중세 농노의 삶은 비참했다. 그래서 '뿔 없는 소'라고 불릴 정도였다. 중세 영주와 농노의 관계는 근대 지주와 소작농의 관계와 다르다. 토지에 대한 소작료만 받는 지주와 달리, 영주는 사법권을 갖고 있기에 그 지역의 실질적인 지배자였다. 영주는 생살여탈권生殺與奪權, 즉 피지배민을 맘대로 살리거나 죽일 수 있는 권리를 가졌다.

영주는 토지에 대한 세금을 받고 부역을 시키는 것뿐만 아니라 일상에서 영민을 꼼꼼히 착취했다. 인두세, 상속세, 혼인세를 걷고 생활에 필요한 시설을 강제로 이용하게 하여 사용료를 받았다. 가난한 농민들이 빵을 자주 먹지 못한 이유 중 하나도 여기에 있다. 밀가루가 귀하기도 했지만, 빵 굽는 화덕을 사용하면 영주에게 사용료를 내야 했기 때문이다.*

왜 꼭 장화여야 했을까

고양이는 주인인 셋째 아들을 출세시켜 영주로 만들어주는데, 이 때 필요한 물건은 장화였다. 주인의 출세와 장화, 무슨 관계였을까? '의인화'를 위해서였다면 아무 신발이나 신어도 되는데 왜 하필 장화였을까?

샤를 페로가 1697년에 발표한 초판본 동화책을 보자. 귀스타프 도레가 그린 삽화 속 고양이는 위로 갈수록 폭이 넓어져 무릎에서 접어 신는 긴 부츠를 신고 있다. 비 오는 날 신는 장화가 아니다. 프랑스 루이 13세의 근위대인 총사들이 즐겨 신어서 눈에 익은 승마용 부츠다. 총사들은 깃털이 달린 모자, 망토, 승마용 부츠를 착용했다. 그래서 그 시절 유럽의 멋쟁이 귀족 청년들은 총사 패션을 흉내 내어, 말을 타지 않으면서도 승마용 부츠를 신고 다녀서 어른들에게 잔소리를 들었다고 한다.

그렇다면 고양이가 셋째 아들에게 승마용 부츠를 달라고 한 것은 총사의 자격을 요구했다는 뜻이다. 즉, 고양이는 활동하기 전에 자신을 주군에게 헌신하는 총사로 임명해주기를 원한 것이다. 만화영화

---

*   1장 '옛날 서양 사람들은 무엇을 먹고살았을까'를 되새겨보고, '빵 굽던 할머니는 진짜 마녀였을까'에서 이 대목을 한 번 더 떠올리시길.

〈슈렉〉에 등장하는 장화 신은 고양이를 보면 더 이해하기 쉽다. 고양이는 모자에 망토, 칼까지 갖춘 완벽한 총사 차림을 하고 있다.

샤를 페로는 태양왕 루이 14세가 프랑스를 다스리던 시절에 「장화 신은 고양이」를 썼다. 루이 14세는 1682년부터 베르사유 궁전에 거주한다. 귀족들은 지방의 영지에 있는 성을 떠나 베르사유 궁전의 배정받은 방에 입주해서 살며 왕의 관료가 되어야 했다. 유럽의 궁전은 정부종합청사 겸 주거용 아파트였기 때문이다.

당시에는 전통적인 귀족 외에 다른 귀족도 있었다. 교육받은 평민이 귀족의 비서가 되거나 관직에 진출하기도 했고, 부유한 시민이 관직을 사기도 했다. 원래 전사였던 '칼 찬 귀족'인 대검귀족帶劍貴族과 달리 고등법원 판사 등을 임명받아 후천적으로 신분 상승을 이룬 이들은 '법복귀족法服貴族'이라 부른다. 17세기에 이르러 법복귀족도 귀족 지위를 세습하게 된다.

루이 14세 시대에는 법복귀족이 부쩍 늘었다. 많은 법관에게 귀족임을 인정하는 특허장을 주었기 때문이다. 미성년자로 왕위에 오른 루이 14세는 이런 식으로 자기 세력을 만들어 왕권을 강화했다. 1750년 이후 일부 도시의 행정관도 귀족 자격을 얻는데, 이들은 '종루귀족鍾樓貴族'이라 부른다. 이어서 군 장교도 귀족이 될 수 있는 길이 열린다.

원래 귀족 혈통이든 아니든, 궁정에 출입하려면 귀족다운 겉모습과 에티켓을 갖춰야 했다. 촌스러운 차림새는 조롱거리가 되었다. 가난한 귀족들은 빚을 내서라도 유행에 따라 멋진 옷과 구두, 장신구를 마련했다. 귀족다운 차림새를 갖추어야 왕 앞에 나설 수 있고, 왕의 눈에 띄어야 관직이나 연금, 선물을 얻고, 좋은 상대와 결혼할 기회를 잡을 수 있었기 때문이다.

그래서 고양이는 일단 총사의 부츠를 신은 후 영주의 가신 자격으로 왕 앞에 나아간다. 다음 단계에서는 주인인 셋째 아들을 직접 내세워야 하는데, 주인이 입을 귀족 의상을 마련할 돈이 없다. 고양이는 강에서 멱을 감다가 옷을 도둑맞았다는 거짓말로 왕의 의상을 빌려 입힌다. 가난한 셋째 아들은 호화로운 옷을 입자 진짜 후작으로 보인다. 옷이 사람을 만들던 시절이었기 때문이다.

엘리아스의 명저 『문명화 과정』은 루이 14세의 구체제를 모델로 삼아 권력과 지배력을 유지하는 사회적 장치가 어떻게 형성되는지 설명한다. '문명화 과정'이란 권력을 쥔 집단이 지배력을 확보하기 위해 규범이나 관습, 규칙, 예의범절 같은 문화 코드를 주입하는 것을 말한다. 귀족이 칼과 포크를 사용하고, 위생적인 생활습관을 보이고, 복잡한 궁정 에티켓을 익혔던 것은 그들을 다른 계급과 구별하여 위계질서를 굳히기 위해서였다.

귀족 사회의 구성원이 되어 궁정에서 성공하고 싶은 사람은 먼저 격에 맞는 의복을 갖추고 궁정 에티켓을 배워야 했다. 그래서 장화 신은 고양이는 촌스러운 주인을 치장하고 가꿔서 궁정 사회의 일원으로 만든다. 그렇다면 고양이는 왕의 근위대인 총사이면서 훗날 법복귀족으로 성장하는 부르주아gourgeois의 비서라고 하겠다.

장화 신은 고양이가 일으킨 혁명

셋째 아들이 카라바 후작이 되어 공주와 결혼한 후 장화 신은 고양이는 공로를 인정받아 영지를 받는다. 총사로서 주군을 잘 모셨기에 고양이 역시 신분 상승에 성공한 것이다. 이게 다 총사의 부츠를 신었기에 일어난 일이다. 이야기에서 신발은 그 신발을 신은 사람을 원하는 곳으로 데려다주기 때문이다. 신데렐라의 유리구두나 도로시의 마법 구두처럼.

한편 이는 1628년에 태어나 1703년에 사망한 샤를 페로 자신의 이야기이기도 하다. 페로는 프랑스 파리의 부유한 부르주아 가정에서 태어나, 법을 공부한 후 콜베르의 비서가 되었다. 그가 모신 콜베르는 상인 집안에서 태어났지만 재무장관과 해군장관 자리에까지 오른다. 그 덕에 영지를 획득하고 귀족이 되어 작위를 아들에게 물려준다. 콜베르의 일생은 루이 14세 시절 법복귀족의 성장을 보여준다. 결국 귀족이 된 콜베르는 방앗간 집 셋째 아들이고, 콜베르의 비서인 페로는 주인을 영주로 만든 장화 신은 고양이였다.

「장화 신은 고양이」는 중세 장원이 배경이지만 신흥 세력으로 성장하는 근대 초 부르주아의 처세술과 궁정귀족이 되려는 욕망도 담겨 있다. 그런데 국가에 봉사하거나 큰돈을 주고 관직이나 작위를 사서 귀족이 되는 길도 루이 16세 시절이 되자 막혀버린다. 관직 매매도 귀족 자제들만 할 수 있게 된 것이다.

이에 부르주아들은 신분제가 불합리하다고 느끼고 봉건귀족의 특권에 반발한다. 계몽철학을 접하고 정치적 권리를 주장한다. 드디어 1789년, 프랑스혁명이 일어난다. 루이 14세가 키운 신흥 귀족과 부르주아, 우리의 셋째 아들과 장화 신은 고양이의 후손들이 혁명에 큰 역할을 하게 된 셈이다.

왕과 공주는 왜 마차를 타고 떠돌아다닐까
• • •

「장화 신은 고양이」에서 왕과 셋째 아들이 처음 만나는 장면을 떠올려 보자. 왕은 왜 마차를 타고 그곳을 지나가고 있었을까? 왕은 자신이 지나가는 영토의 주인이 누구인지도 모르고 있다. 카라바 후작의 땅이라고 알려주자 믿는 것을 보면 왕령지에서 멀리 떨어진 낯선 지역까지 온 것이 분명하다. 고양이가 자신의 주인에게 입힐 옷을 달라고 청했을 때 왕이 흔쾌히 옷을 내주는 대목을 보면 더욱 이상하다. 왕은 왜 옷까지 여러 벌 갖고 마차를 타고 멀리 나왔던 것일까?

우선 정치적 이유가 있다. 중세 유럽의 왕은 여러 영주 중 하나일 뿐 절대권력을 갖지 못했다. 근대 초, 왕은 각 영지를 독립적으로 지배하던 귀족 영주들의 세력을 누르고 왕권을 강화해서 중앙집권적 근대 국가를 만든다. 하지만 국왕의 권력을 아직 완벽히 인정받지 못했기에 왕은 지방을 돌아다니며 자신이 국왕임을 보여주어야만 했다.

경제적인 사정도 있었다. 왕이 다른 지역을 방문하면 그 지역 영주의 성에 머무르며 숙식을 대접받는 것이 관례였다. 세금이 제대로 걷히지 않던 시절, 왕이 스스로 그 지방에 가서 그곳에서 받을 세금을 생활비로 사용하는 의미였다.

건강상의 이유도 있었다. 중세의 성은 위생 설비가 제대로 되어 있지 않았다. 궁정에 딸린 많은 사람이 성에 몇 달간 거주하면 악취 때문에 살기 힘들어서 궁정 전체를 다른 곳으로 옮겨야 했다.

이렇게 왕과 왕의 가족을 포함하여 관리로 일하는 귀족들과 하인들, 외국인인 외교관까지 궁정에 사는 사람들 전체가 옮겨 다니는 것을 '왕의 순행'이라고 한다.

16세기 전반기 프랑스의 왕인 프랑수아 1세는 왕위에 있던 32년 동안 무려 728곳이나 떠돌아다니며 살았다. 왕이 수도로 귀족들을 불러들여 나라를 다스릴 수 있었던 때는 17세기 절대왕정이 확립된 이후부터였다. 바로 루이 14세의 베르사유 궁전 시절이다.

#서양 중세 중기부터 근대 초까지 #봉건제와 장원제 #삼포제 #궁정 사회 문화

크리스마스 선물은 왜
산타클로스가 줄까

「그림 동화집」 중 「난쟁이 요정들」,
조앤 롤링 「해리 포터」 중 「해리 포터와 비밀의 방」

부모들은 왜 크리스마스 선물을 산타클로스가 준다고 할까? 왜 아이가 잘 때 선물을 몰래 갖다 놓을까? 단순히 아이의 동심을 지켜주기 위해서일까? 『그림 동화집Kinder-und Hausmärchen』*에 실린 「난쟁이 요정들」 이야기를 통해 그 이유를 알아보자.

가난한 구두장이가 있었다. 어느 날, 가죽을 재단해놓고 자러 갔다가 아침에 작업장에 와보니 구두가 완성되어 있었다. 매우 잘 만든 구두여서 비싸게 팔렸다. 구두장이는 그 돈으로 구두 두 켤레를

---

*   원제를 직역하면 '어린이와 가정을 위한 옛날이야기'다. 1812년에 초판이, 1822년에 재판이 출간되었다.

만들 수 있는 가죽을 사서 재단해놓았다. 다음 날 아침에도 구두가 만들어져 있었다. 역시 비싸게 팔렸다. 이번에는 네 켤레를 만들 수 있는 가죽을 사 왔다. 그다음 날에도 같은 일이 생겼다. 이런 일이 반복되어 구두장이는 부자가 되었다.

크리스마스가 얼마 남지 않은 어느 날, 구두장이는 숨어서 작업장을 지켜보았다. 자정이 되자 벌거벗은 난쟁이 두 명이 나타나서 구두를 만들어놓고 사라졌다. 구두장이 부부는 난쟁이들에게 고마움을 표현하기로 했다. 구두와 셔츠, 재킷, 바지, 양말을 만들어 작업대 위에 두고 숨어서 지켜보았다. 일하러 나온 난쟁이들은 선물을 보고 놀랐다. 옷을 입어보고 구두를 신어보며 신나게 노래를 불렀다.

"우리는 이제 꼬마가 아니다. 신사가 되었다. 무엇 때문에 구두장이 노릇을 하지?"

난쟁이들은 그 길로 집을 떠나서 다시는 오지 않았다.

어릴 적 나는 이 이야기를 읽고 나서 허무했다. 결말이 이게 뭔가? 아무 대가도 받지 않고 일하다가 왜 선물을 받고 나니 구두장이의 집을 떠난 것일까? 이 난쟁이들은 누구일까?

북유럽 게르만신화에 나오는 난쟁이들은 빛의 난쟁이와 검은 난쟁이로 나뉜다. 빛의 난쟁이는 대개 요정으로 알려져 있다. 『피터 팬』에 나오는 팅커벨처럼 작고 빛나는 난쟁이다. 검은 난쟁이는 광부나 대장장이, 연금술사 등 특별한 기술을 갖고 있으며 주로 수염 난 늙은 남자로 등장한다.*

그런데 구둣방 난쟁이 요정은 특별한 기술은 있지만 「백설공주와 일곱 난쟁이」나 「룸펠슈틸츠헨」에 나오는 검은 난쟁이가 아니다. 매력적인 외모의 요정도 아니다. 작은 사람일 뿐이다.

'작은 사람'에는 여러 의미가 있다. 나이가 어린 사람, 키가 작은 사람, 돈이나 권력이 없는 사람. 그렇다면 구두장이와 난쟁이 요정은 큰 사람과 작은 사람, 강자와 약자, 어른과 아이라고 볼 수 있겠다. 이들은 한집에 살며 같은 일을 하고 있다. 어떤 관계일까?

구둣방 난쟁이는 도제였다

중세 유럽의 가정은 오늘날보다 범위가 넓었다. 집은 주거 공간이자 노동 공간이었다. 18세기 말 즈음에야 생활 공간과 일터가 분리되면서 오늘날과 같이 부부와 자식으로 구성된 가정이 생겼다. 그 전까지 가정은 한집에 함께 살며 가장의 지배를 받는 사람들로 구성되었다. 가장과 가장의 부인, 부모나 조부모, 친자식, 의붓자식, 혼외자식, 친척, 하인, 세입자 모두 한 가정에 속했다. 그런데 난쟁이들은 구둣방 주인과 혈연관계는 없지만 같은 집에 살면서 구둣방 일을 돕는 작은 사람이었다. 이런 사람을 '도제徒弟'라고 한다.

당시 아이들은 대개 남의 집에서 성장기를 보냈다. 일곱 살 무렵이면 평생 직업에 필요한 기술과 지식, 몸가짐을 배우기 위해 집을 떠났다.

---

*   4장 『백설공주』의 난쟁이는 누구였을까' 참조.

기사의 아이들은 상위 주군의 성에 가서 교육을 받았다. 영주에게는 신하나 친척이 맡긴 아이들을 교육시킬 의무가 있었다. 남자아이들은 시동으로 가서 심부름을 하며 예절 교육을 받았다. 14세 정도가 되면 견습 기사인 종사가 되어 전사로서의 기술을 배웠다. 이후 기사 서임을 받으면 정식 기사가 되었다. 한편 영주의 아내는 귀족 집안의 여자아이들을 시녀로 받아서 가르쳤다. 유럽 궁정의 시동이나 시녀는 하인보다는 제자에 가까웠다.

더 낮은 신분의 아이들은 어땠을까? 가난한 농부의 첫째가 아닌 아들들은 부유한 농가로 가서 머슴살이를 하며 농사일을 배웠다. 기술자로 만들고 싶다면 아버지는 아이를 데리고 도시로 갔다. 작업장을 겸하는 장인의 집으로 찾아가서 계약서를 작성하고 교육비를 냈다. 아이는 도제가 되어 7~10년 동안 장인의 집에서 함께 살았다. 기술을 배우는 대신 조수 겸 하인 일을 해야 했지만 품삯은 받지 못하고 음식과 잠자리만 제공받았다. 여자아이는 주로 가축을 돌보고 농사를 돕는 농업 노동자가 되거나 집안일을 하는 하녀가 되었다.

기사 집안의 남자아이들이 시동, 종사, 기사의 단계를 거쳐 기사가 되듯, 집을 떠난 아이가 장인이 되려면 도제apprentice, 직인journeyman, 장인master의 훈련 과정을 거쳐야 했다. 도제는 교육을 받고 많은 실습을 해야 전문 기술자인 직인으로 인정받을 수 있었다. 구둣방 난쟁이들이 처음에는 한 켤레, 다음에는 두 켤레, 그다음에는 네 켤레…… 점점 더 많은 구두를 만드는 이유다.

중세 도시와 길드의 성립

도제의 수와 수습 기간 등 교육 방법은 동업 조합인 길드guild가 정했다. 길드에 대한 기록은 779년 카롤루스대제의 문서에 처음 등장한다.

카롤루스제국이 성립한 후 유럽 역사의 주 무대는 로마제국의 바다인 지중해에서 멀어진다. 7세기경 이슬람 세력이 지중해로 진출했기 때문이다. 이슬람 해적과 이후 노르만족(바이킹) 침략자들 때문에 지중해 교역은 쇠퇴하고, 유럽 경제는 자급자족 농업 생산 체제인 장원제로 유지된다.

10세기 이후 중세 사회가 안정되자 농업 생산량과 인구가 늘었다. 안전하게 이동할 수 있게 되면서 유럽 각지의 상업이 발달하기 시작했다. 정기시장이 생기고 물물교환하려는 농민들이 모여들었다. 전문 상인이 생겼다. 장사를 위해 이동하던 상인들은 점차 영주의 성이나 교통이 편리한 지역에 정착했다. 수공업자들도 마찬가지였다.

11세기 들어 십자군전쟁 전후로 지중해 무역이 활성화하자 이탈리아 도시국가가 성장했다. 한편 고대 로마제국이 세운 옛 도시들도 부활했다. 상품을 지키기 위해 도시의 방어벽 안쪽에 상인과 수공업자들이 자리 잡았기 때문이다.

도시 인구는 점점 늘어났다. 그러나 중세 유럽은 기본적으로 자급자족 농촌사회였다. 도시가 살아남기 위해서는 같은 업종의 상공인들끼리 긴밀히 도와야 했다. 이에 길드라는 동업 조합을 만든다.

길드는 회원들에게 보험과도 같은 복지 혜택을 제공하고, 생산품의 가격과 품질, 작업 조건과 복지에 대한 규칙을 정했다. 노동자를 교육시키고 공급이 수요를 초과해서 가격이 떨어지는 일을 막기 위해 생산을 통제했다. 생산품의 품질 수준을 유지하는 한편, 내부 경쟁을 방지하고 사업을 독점했다.

길드는 정치 조직이기도 했다. 길드의 간부는 도시 관리를 겸했기 때문이다. 유력한 길드의 대표자들은 행정관과 시장을 선출해 자치 정부를 구성했다. 이리하여 중세 도시는 지방 영주에 대항할 만큼 성장했다.

15세기 들어 부유한 원거리 무역상인은 도시를 지배하는 특권 집단이 되었다. 도시귀족으로 성장하여 전통적인 봉건귀족과 혼인했다. 이들은 대항해시대의 탐험 선단에 투자했다. 한편, 혁명을 이끈 부르주아 집단이 되기도 했다. 부르주아는 상공업자들이 도시를 둘러싼 성, 부르Bourg 안에 살아서 붙은 이름이다.

난쟁이들이 집을 떠난 이유

길드에서 정한 대로 기술을 배우고 계약 기간이 끝나면 도제는 직인이 되었다. 숙련 노동자인 직인은 장인의 가게에서 일하면서 품삯을 받았다. 14세기 독일법 기준으로 3년 정도 실습한 후에 길드에 작품을 제출해서 통과하면 장인이 될 수 있었다. 그러나 직인에서 장인이 되기란 어려웠다.

옷과 구두를 받는 것은 도제 기간이 끝나고
직인이 되었다는 의미이기도 했다.

도시 인구가 한계에 달하고 경제성장이 둔화하자, 14세기 이후 길
드는 보수적으로 변하기 시작한다. 각 길드는 기득권을 지키기 위해
등록 장인의 숫자를 고정하고 새로운 장인이 생겨나는 것을 제한했
다. 외부인이 같은 사업을 벌이지 못하게 지역 독점을 강화했고 길드
가입 조건을 까다롭게 고쳤다.

기존 장인은 가게와 길드 가입 자격을 자식에게 물려주었다. 아무
리 실력이 뛰어난 직인이라도 장인이 되어 독립적인 사업장을 내기란
불가능했다. 장인이 될 수 있는 유일한 길은 장인의 딸이나 사망한 장

인의 아내와 결혼하는 것이었다.

이런 상황이지만 장인은 계속해서 도제나 직인을 고용했다. 일을 하려면 조수가 필요했기 때문이다. 수업을 마친 도제는 직인이 되었지만 고향 도시에서 안정적으로 고용되거나 장인이 될 가능성은 없었다. 이는 길드의 대표자인 도시 관리가 보기에 매우 심각한 상황이었다. 불만에 찬 실업자 청년들이 좁은 도시에 잔뜩 모여 있는 셈이 아닌가. 언제 폭동이 일어날지 알 수 없다.

15세기 말, 독일의 길드는 '편력'이라는 제도를 만들어낸다. 도제 수업을 마친 직인이 장인 승인 심사를 받기 전에 1~7년 정도 각지의 길드를 찾아다니며 경험을 쌓는 제도다.

한 도시에서 남는 노동 인구가 경제성장 중인 다른 지역으로 일자리를 찾아 이동하고, 젊은이가 여행하며 견문도 넓힐 수 있으니, 좋은 면이 없지는 않다. 그러나 장인의 자식들은 편력이 강제되지 않거나 기간을 단축해주곤 했다는 점을 보면, 이 제도는 직인이 아니라 장인과 길드, 도시의 안정을 위해 만들어졌다는 것을 알 수 있다.

편력 제도는 곧 강제적으로 시행되었으며 법령이 되었다. 수업 기간을 다 채우고 직인 자격을 얻은 도제는 그동안 일을 배웠던 장인의 집을 떠나 편력에 나서야 했다. 도제 다음 단계인 직인의 명칭이 '여행하는 사람Journeyman'인 것만 봐도 알 수 있다. 그래서 독일 민담에는 방랑하는 젊은이에 대한 이야기가 많다. 우리의 구둣방 난쟁이 요정들이 가출한 것도 도제에서 직인 자격을 얻어 편력 여행에 나섰음을 의미한다.

선물은 해고의 신호

난쟁이 요정들은 구둣방 주인에게 나가라는 말을 듣지 않았다. 옷을 선물받았을 뿐이다. 이들은 왜 선물을 받고 떠날까?

선물이란 서로 관계가 있는 사람 사이에 주고받는다. 처음 본 거지에게 돈이나 물건을 주는 것은 '선물한다'라고 말하지 않는다. 선물을 통해 맺는 관계는 일종의 권리와 의무 관계다. 연인 간에 주고받는 반지처럼.

'도 우트 데스do ut des'라는 표현이 있다. 지금도 서구에서 잘 쓰이는 라틴어 표현인데, '받기 위해서 준다', '네가 주도록 하기 위해 내가 준다', '네가 나에게 줄 것을 예상하기에 준다'는 뜻이다. 이 표현에서 알 수 있듯, 선물하기의 목적은 물건 자체가 아니라 주고받는 사람 사이의 관계를 정립하는 것이다.

「난쟁이 요정들」의 배경인 서양 중세 봉건사회는 쌍무적 계약 관계에 기반해 성립했다. 왕이나 상위 주군은 상대를 보호하고 봉토를 선물한다. 신하나 기사는 보호를 받는 대신 군사력을 제공하고 복종한다. 이렇게 선물을 주고받는다는 것은 권리와 의무 관계이며 계약이다. 문서로 기록되지는 않아도 관습법적 효력이 있다.

앞에서, 중세 유럽의 가정은 혈연과 상관없는 하인까지 함께 먹고 자고 일하는 곳이라고 말했다. 구두장이는 가장이자 고용주다. 도제인 난쟁이 요정들은 가정의 구성원이면서 고용된 하인이다. 이때 하인이 선물을 받으면 가장과 하인 사이에 의무 관계가 생긴다.

그동안 숙식을 제공하던 가장이 준 선물은 앞으로 상대가 받을 것을 한꺼번에 준다는 의미다. 즉, 이것을 받으면 집을 나가달라는, 하인을 해고하는 통지가 된다. 그래서 난쟁이 요정들은 크리스마스에 구두장이에게 옷과 구두를 선물로 받자 바로 알아차린다. 도제 계약의 종료이자 해고의 신호임을. 직인이 된 그들은 이제 새 옷을 입고 편력 여행을 떠난다.

퇴직금이 겨우 옷 한 벌이라니? 그러나 당시 도시의 장인이 지은 옷은 매우 비쌌다. 가난한 중세 농민들은 평생 한 번, 결혼식 때에만 새 옷을 사 입을 수 있었다. 평소에는 집에서 짠 거친 천으로 지은 옷을 낡아서 해질 때까지 입고 지냈다. 집에 외출복이 한 벌뿐이어서 형제들이 번갈아 돌려 입고 릴레이 계주하듯 한 명씩 교회에 갈 정도였다. 그러니 난쟁이 요정들이 받은 옷은 어쩌면 태어나 처음으로 입어본 좋은 옷이었을 것이다. '신사가 되었다'고 춤추며 노래할 만하다.

산타클로스가 있어야 하는 이유

산타클로스가 크리스마스 선물을 준다는 거짓말의 내막을 밝힐 때가 드디어 왔다. 부모가 산타클로스라는 허구의 인물을 내세우는 것은 그저 자녀의 동심을 지켜주기 위해서가 아니었다. 실제로 일어날지도 모르는 곤란한 일을 막기 위해서다.

서구 사람들은 자식에게 선물을 할 때 자신이 준다고 밝히기를 꺼렸다. 장자상속제에 의하면, 맏아들이 아니어서 부모에게서 땅과 집을 받지 못한 자식들은 각자 살길을 찾아가야 했다. 집을 떠나기 전, 이들은 유산을 미리 받는 의미로 가장에게 약간의 보상을 받는다. 도우트 데스, 선물을 받으면 의무를 이행해야 하는 법. 선물을 받은 이는 집을 떠나야 한다. 친자식이어도 해고 통지를 받은 하인이나 도제와 마찬가지이기 때문이다. 그리고 하인들은 크리스마스에 1년치 품삯이나 선물을 받고 해고되어 본가로 돌아가는 것이 당시 풍습이었다. 이에 부모들은 고민했다. 사랑하는 어린 자녀가 크리스마스 선물을 받고 오해해서 가출해버리면 큰일인데, 어쩌나.

방법을 찾았다. 부모가 아니라 대리인이 주는 선물이라고 말하기로. 크리스마스 선물을 주는 대리인으로 역사상 처음 등장한 존재는 성 니콜라우스다. 그는 4세기경 소아시아 남서부 뮈라의 주교였다. 금이 든 자루를 집 안에 던져주어 가난해서 팔려 갈 위기에 처한 처녀들을 구해주었다는 전설이 있다. 이런 유형의 전설이 알려지면서 유럽 북부 프로테스탄트 지역 사람들은 성 니콜라우스가 어린이들에게 선물을 준다고 믿었다. 한편 남부의 가톨릭 지역에서는 아기 예수가 준다고 말한다.

이후 네덜란드의 프로테스탄트 신도들이 미국으로 이주함에 따라 성 니콜라우스가 부모 대신 선물을 주는 풍습은 백화점의 상술과 결합해 널리 퍼졌다. 이리하여 오늘날 산타클로스는 매년 크리스마스 때마다 전 세계 아이들의 가출을 막느라 바쁘신 몸이 되었다.

도비가 양말을 받고 자유를 얻은 이유
...

『해리 포터』 시리즈 2편인 『해리 포터와 비밀의 방』에는 구둣방 난쟁이 요정과 닮은 캐릭터가 나온다. 바로 '도비'라는 집요정이다. 도비는 낡은 베갯잇에 팔과 다리가 들어갈 만한 구멍을 뚫어서 입고 있다. 해리가 왜 그런 걸 입고 있느냐고 묻자 도비는 답한다.

"이건 집요정이 노예 상태라는 표시예요. 도비는 주인에게 옷을 선물로 받을 때에만 비로소 자유로워질 수 있어요. 하지만 제 주인은 도비에게 양말 한 짝도 주지 않아요. 도비가 영원히 자유로운 몸이 되어 그들의 집을 떠날까 봐 말이에요."*

도비는 말포이네 집요정이다. 집요정은 온갖 가사노동을 무급으로 하는 노예 같은 존재다. 해리가 보는 앞에서 주인인 루시우스 말포이에게 매를 맞기도 한다. 해리는 도비를 해방시킬 꾀를 낸다. 루시우스에게 볼드모트의 일기장을 줄 때 얼른 양말을 벗어 일기장을 양말에 넣어서 준다. 루시우스는 양말은 벗겨서 던지고 일기장만 챙겼다. 순간, 도비가 양말을 주워 들고 감격해서 외친다.

"도비 이즈 프리Dobby is free! 도비는 이제 자유로운 집요정이에요."

집요정 도비가 해고 통지를 받는 방식은 구둣방 난쟁이 요정과 같다. 정식으로 옷을 선물받지는 않았지만 주인이 자신이 있는 쪽으로 양말을 던져주었기에 자유를 얻은 것이다. 중세 유럽의 도제 풍습이 반영된 재미있는 대목이다.

#유럽 중세 후반 #11세기에서 15세기 #독일 #길드 #도제제

---

* 『해리 포터와 비밀의 방』 1권, 문학수첩, 247쪽.

빵 굽던 할머니는
진짜 마녀였을까

그림 형제 「헨젤과 그레텔」

독일의 마녀사냥은 300여 년에 걸쳐 진행되었다. 공식적인 마지막 마녀사냥은 1775년, 그림 형제가 민담을 수집하여 동화집을 내기 40여 년 전에 일어났다. 독일 사회에 남아 있던 마녀사냥에 대한 기억은 형제의 동화 편집에 반영되었다. 그리하여 「헨젤과 그레텔」은 1812년 출간 당시 독일에 전해지던 마녀 이야기와 버려진 아이들의 이야기를 모아 여러 차례 수정하여 완성되었다.

기근이 들어 먹을 것이 부족해지자 헨젤과 그레텔 남매는 숲에 버려진다. 아이들은 숲속에서 빵과 과자, 사탕으로 만든 집을 발견한다. 집주인은 아이들을 유인하여 빵 굽는 화덕에 구워 먹는 마녀였다.

마녀는 헨젤을 우리에 가둬두고 그레텔에게 집안일을 시킨다. 그레텔은 꾀를 내어 마녀를 화덕에 밀어 넣어 죽이고 헨젤을 구한다. 남매는 마녀의 집에 있던 보석을 갖고 집으로 돌아와 행복하게 살았다.

그런데 이상하다. 숲속에 혼자 사는 할머니가 왜 사람이 들어갈 수있을 만큼 커다란 화덕을 갖고 있었을까? 밥이 주식인 우리나라라면 혼자 사는 사람이 밥 100인분을 지을 수 있는 단체 급식용 밥솥을 집안에 둔 셈이다.

빵과 과자는 왜 그렇게 많이 구워놓았을까? 혼자 다 먹을 수도 없었을 텐데. 배고픈 아이를 유혹하기 위해서라고? 아무리 생각해도 이상하다. 아이가 언제, 몇 명이나 올 줄 알고 그랬을까? 다른 데 쓰려고 미리 구워놓은 것은 아닐까?

마녀는 왜 화덕을 가지고 있을까

서양 중세의 가정집에는 빵 굽는 화덕이 없었다. 난로를 겸하는 작은 화덕만 있어서 거기에 수프를 끓였다. 영주는 가정집에 개인 화덕을 설치하는 것을 금지했다. 장원에 사는 사람들은 요금을 내고 영주소유의 공용 화덕을 이용해야 했다. 이를 '빵 구이 화덕 사용 강제권'이라 부른다.

영주는 '물레방아 사용 강제권'도 갖고 있었다. 농민들은 사용료를 내지 않으려고 집에서 몰래 맷돌을 돌려 곡식 가루를 만들었지만 화덕은 몰래 설치할 수 없었다. 화덕 설치에는 큰돈이 들었고 남의 눈에 띄었다. 어쩔 수 없이 반죽을 가져가서 돈을 내고 영주의 화덕에 빵을 구웠다. 땔감도 본인이 가져가야 했다. 가난한 사람들은 연료를 아끼기 위해 빵 굽는 간격을 최대한 늘렸다. 반년에 한 번만 굽기도 했다. 영주가 화덕을 직접 운영하지 않고 빵집에 임대하는 경우에는 빵 반죽을 가져가서 맡기고 구워낸 빵 중 일부를 화덕 이용료로 지불했다.

화덕 사용료를 걷는 영주가 없는 도시에서도 사람들은 집에서 빵을 구워 먹지 않았다. 빵가게에 돈을 내고 반죽을 맡겨 빵을 굽게 하거나 아예 빵을 사서 먹었다. 일반 서민들에게 화덕 설치 비용은 너무 부담스러웠기 때문이다. 또 목조 가옥이 오밀조밀 모인 도시에서 가정마다 빵 굽는 화덕을 설치하는 것은 너무나 위험했다. 집 1만 3,000여 채를 포함하여 도시 대부분을 불태워버린 1666년의 런던 대화재도 템스강 런던 다리 근처 빵집에서 시작되지 않았는가.

여기까지 살펴보니 마녀의 집에 빵 구이 화덕이 있었다는 것 자체가 이상하다. 시골이든 도시든 일반인의 집에는 가정용 화덕이 없었기에.

아이를 화덕에 굽는 민간요법

숲속 외딴집이니까 영주 몰래 화덕을 설치할 수 있었을지도 모른다. 그래도 이상하다. 마녀는 왜 혼자 살면서 사람이 들어갈 만큼 큰 화덕을 만들어놓았을까? 빵 구이 화덕에는 빵뿐 아니라 고기도 구웠다는데, 마녀는 진짜 아이를 구워 먹을 생각이었을까? 사람들은 왜 마녀가 어린아이를 잡아서 구워 먹는다고 생각했을까?

사실 아이를 화덕에 넣어 굽는 일은 흔했다. 중세 유럽 사람들은 종종 아이를 화덕에 넣어 굽는 시늉을 했다. 병을 고치는 민간요법 중 하나였기 때문이다. 당시 사람들은 반죽이 화덕에 들어가 빵으로 다시 태어나듯이, 아픈 아이도 같은 과정을 거쳐서 병이 나을 수 있다고 믿었다.

비슷한 방법을 사용하면 비슷한 결과를 낳는다는 이런 술법을 유감 주술類感呪術, 시밀리아 시밀리부스similia similibus 마법이라고 한다. 아픈 사람을 화덕에 넣고 구워서 고친다는 이야기는 중세 성인 전설에도 많다. 『그림 동화집』에도 「젊게 구워진 남자」란 이야기가 있다. 예수님이 가난하고 병든 노인을 화덕에 넣고 구워서 젊고 건강하게 만들어주셨다는 내용이다. 화덕에 굽는 민간요법은 근대까지 이어졌다. 1868년에 출간된 장편소설 『작은 아씨들』의 한 대목을 보자. 베스가 키우던 카나리아가 죽어 슬퍼하자 에이미는 이렇게 말한다. "오븐에 넣어봐. 어쩌면 따뜻해져서 살아날지도 몰라."

그렇다면 숲속 외딴집에 혼자 살면서 큰 화덕을 갖고 있는 할머니는 민간요법 치료사가 아니었을까? 아이를 화덕에 넣어 굽는 척하는 치료법을 쓰는.

가족 중에 성인 남성이 없는 여성은 영주에게 토지를 임대받지 못했기에 공유지인 숲속에 살았다. 고대로부터 전해진 지식을 이용해 찾아오는 환자들을 치료해주고 대가를 받았다. 그러다 마을에 문제가 생기면 화풀이 대상이 되어, 누명을 쓰고 마녀로 몰리곤 했다. 유럽에 크리스트교가 전파되면서 고대 켈트족이나 게르만족의 민간요법은 미신이나 마법으로 여겨졌기 때문이다.

도시의 빵집 길드와 도시 밖 제빵사

생각해보자. 숲속에 혼자 사는 할머니의 집에 커다란 화덕이 있다, 할머니는 많은 빵과 과자를 구워놓고 있다, 중세에는 제빵사 외에는 집에 화덕을 설치하지 않았는데…….

그렇다면 「헨젤과 그레텔」의 할머니는 민간 치료사가 아니라 제빵사였던 것은 아닐까? 방금 구워 뜨거운 빵과 과자를 식히려고 벽 쪽 선반이나 창가 탁자에 늘어놓은 모습을 배고픈 아이들이 본다면, 빵과 과자로 만들어진 집을 발견했다고 좋아할 만하다. 만약 제빵사였다면 할머니는 왜 도시에서 빵집을 내지 않고 숲속에서 빵을 구웠을까?

12~13세기 이후 도시의 빵집은 길드를 결성한다. 제빵사는 도제와 직인을 두고 일하는 장인이다. 길드 조합원인 장인만이 그 도시에서 빵을 구워서 팔 수 있는 권리를 가졌다. 도시민은 반드시 그 도시의 길드 조합원이 만든 빵을 사야 했다.

독점적인 위치에 있으니 제빵사들이 횡포를 부리기 쉬웠다. 이에 시 정부는 빵집을 감시했다. 가격 상한선을 정해놓고 빵의 품질을 검사했다. 그러자 제빵사들은 빵값은 그대로 두고 곡식 가격의 변동에 따라 빵의 중량을 다르게 해서 만들어 팔았다. 시 정부가 중량을 감시하면 제빵사들은 모래와 재를 밀가루에 섞어 빵을 굽기도 했다. 더 나

도시의 길드에 가입할 수 없었던 독신 여성 기술자는
숲속에서 빵을 굽기도 했다.

아가 시 당국의 엄격한 규제를 피하기 위해 아예 고위 공직을 차지하기도 했다. 이를 잘 보여주는 덴마크 속담이 있다. "시장이 제빵사인 곳에서는 빵이 작다."

도시의 길드는 조합원의 기득권을 지키기 위해 회원 수를 관리했다. 여성은 가입에 제한을 두거나 아예 거부했다. 가입할 수 있는 일부 직종에서도 길드의 정식 조합원은 될 수 없었다. 장인의 아내는 부인회 회원으로 가입할 수 있었지만 같은 노동을 해도 신분은 장인보다 한 단계 아래였다. 남편이 사망한 후에야 남편이 가졌던 길드에서의 신분과 직무를 계승할 수 있었다.

몇 안 되지만 여성이 지배하는 길드도 있었는데 직물업이나 수예 등 주로 여성이 일하는 업종에 한정되었다. 남성들은 이런 여성 길드의 존재가 시 정부의 남성적 권위를 위협한다고 생각하여 비방을 일삼고 조직의 성장을 방해했다. 노동은 여성이 했지만 길드 행정 관리는 남성이 맡아서 여성 길드도 남성들에게 종속시켰다. 여성이 길드를 통해 도시 정치에 참여하는 것을 막기 위해서였다. 대大상인 길드 등 도시를 지배하는 권력 집단은 시 의회를 장악하고 여성이 정치에 접근하는 것을 막았다.

길드 참여는 막았어도 여성의 노동력은 필요했다. 평온한 시기에도 그랬지만 기근과 전염병으로 사망자가 늘어 노동력이 부족해지면 길드는 여성에게도 일할 기회를 주었다. 그러나 여성은 도제 과정을 마쳐도 장인이 될 수 없었다. 불완전한 존재인 여성은 손님을 속이므로 장인으로는 부적당하다며 여성을 비정규직으로만 고용했기 때문이다. 남성들이 한 직종에서 오래 일해서 경험을 쌓아 전문 장인이 될 동안, 여성들은 이 일 저 일 시키는 대로 저임금을 받고 일해야 했다.

그렇다면 「헨젤과 그레텔」의 할머니는 독신 여성 기술자여서 제빵사 길드에 가입할 수 없었기에 도시를 나와 숲속에서 빵을 구운 것은 아니었을까? 도시 제빵사들이 밀가루 양을 속이고 빵값을 비싸게 받는 등 문제를 일으키면 시 정부는 도시 밖 시골 빵집을 불러 임시로 가게를 열게 했다. 혹시 숲속 빵집 할머니는 정직하게 빵을 구워 싼 값에 팔았기에 길드의 반감을 산 것이 아닐까? 그래서 도시 제빵사들에게 마녀로 몰려 제거당한 것은 아닐까?

마녀와 마리아

그레텔은 할머니를 화덕 속으로 밀어 넣는다. 할머니는 불에 타서 죽는다. 왜 그렇게 죽어야 했을까? 마녀를 처형하는 방법이 화형이었기 때문이었을까? 중세에 화형은 가장 중한 죄를 지은 자를 처벌하는 방식이었다. 마법을 쓰거나, 이단이거나, 주인을 살해하면 화형을 선고받았다. 여성은 살인, 유아 살해, 절도죄로도 화형을 당했다. 반면 같은 죄를 지으면 남성들은 교수형을 선고받았다. 형벌은 성차별적이었다.

11~12세기, 서유럽 세계에 큰 변화가 있었다. 농지 개간과 농업 기술의 발전으로 증대된 농업 생산성은 상업 발전으로 이어졌다. 교역이 늘어나 교환경제가 활발해지고, 화폐 유통량이 증가했다. 수공업이 발달하여 도시가 성장했다. 중세를 구성하던 세 신분, 사제·기사·농민 외에 도시의 상인과 수공업자 계층이 등장했다. 12세기 르네상스라고 부를 정도로 학문이 부활하고 문화가 발달했다. 중산 계급이 성장하고 이후에 등장할 대의민주주의와 효율적 정부 체제의 기초도 만들어졌다. 그러나 12세기부터 여성의 지위는 더욱 낮아지기 시작한다.

이전 시대까지 여성의 역할은 중요했다. 농업 생산성이 낮은 자급자족 경제에서는 누구든 생산에 참여해야 간신히 먹고살 수 있었기 때문이다. 남성은 밭에서 농사짓고 여성은 집안일만 하는 식의 성별 분업은 없었다. 여성도 남성이 하는 노동을 다 했다. 여성의 노동은 낮게 평가되지 않았다.

그러나 중세 후반기에 화폐경제가 부활하여 지대의 금납화가 이루어지면서 상황은 변한다. 여성 노동에 대한 차별이 시작되었다. 지대를 지불하기 위한 잉여 생산·잉여 노동을 남성이 차시했기 때문이다. 영주의 요구대로 임금을 받고 일하는 전문 기술자도 대부분 남성이었다. 중세 후반기에 여성들은 이미 직업 선택과 임금에 대해 차별받고 있었다. 여성은 쉬지 않고 일해서 사회와 가정에 기여했지만 공적 권리는 없었다. 그런데도 세금 납부 등 의무는 남성과 같이 짊어져야 했다.

그리스·로마와 크리스트교의 가부장 문화가 기반인 서구 사회는 고통의 상자를 연 판도라의 후예이자 남성을 유혹하여 원죄를 짓게 만든 이브의 후예인 여성을 혐오했다. 이 현상은 12세기에 들어서면서 더욱 심해졌다. 그 증거가 12세기 르네상스의 특징 중 하나인 궁정 문학의 유행과 마리아 숭배다.

기사가 고결한 귀부인을 숭배하여 정신적 사랑을 바치는 것은 마리아 숭배와 통한다. 유럽 각지에는 성모 마리아에게 바치는 교회, 즉 노트르담 성당이 있는데 건축을 시작한 때는 거의 12세기다. 1163년에 짓기 시작한 파리의 노트르담 성당이 대표적이다.

귀부인과 마리아 숭배 등 성녀 숭배의 이면에는 마녀 탄압이 있다. 여성을 성녀와 마녀로 나누어 길들이는 것은 여성 혐오의 대표적인 형태이기 때문이다. 이렇게 본격적인 마녀사냥이 벌어지기 전 12세기부터 마녀를 태울 화형대는 이미 준비되어 있었다.

화덕의 쓰임새

마녀사냥은 15~18세기에 유럽 각지뿐만 아니라 유럽인이 이주한 아메리카, 북아프리카 지역에서도 일어났다. 마녀로 몰려 교회와 세속의 재판을 받고 처형당한 사람 중에 남성도 있었지만 여성이 80퍼센트 이상이었다. 마녀사냥을 여성에 대한 전통적 편견이 작용한 여성 혐오 학살로 보는 이유다.

중세에도 여성 혐오는 있었고 마녀로 몰리는 여성이 있었다. 그러나 마녀라는 이유로 집단 학살을 당하지는 않았다. 대규모 마녀사냥은 1570년에서 1640년에 집중되었는데, 이 시기는 중세가 아니다. 그렇다면 마녀사냥은 중세에서 근대로 이행하는 사회 불안기에 공공의 적을 만들어 갈등을 해결하기 위해 여성을 희생시킨 현상이라고 볼 수 있다.

지역 사회는 종교적·경제적·사회적인 적을 마녀로 몰아 제거했다. 주로 결혼하지 않았거나 나이가 많거나 남편 없는 여성, 의지할 데 없는 하층 여성이 마녀로 몰렸다. 마녀로 화형당한 여성의 재산은 몰수되어 재판관, 고문관, 사형 집행인 등에게 배분되었기에 마녀사냥은 이익이 남는 사업이기도 했다. 그러므로 헨젤과 그레텔 남매가 마녀를 죽인 후 마녀의 집에 있던 보석을 갖는 것은 역사적 사실을 반영한다.

이렇게 볼 때 「헨젤과 그레텔」에 등장하는 빵 굽던 할머니는 마녀가 아니었을 수도 있다. 길드의 독점을 위협하여 마녀로 고발당한 도시 밖 외톨이 제빵사이거나 숲속에 혼자 사는 민간요법 치료사 등, 의지할 곳 없는 사회적 약자였을지도 모른다.

지금도 크리스마스가 되면 과자로 집을 만들어 전시할 정도로 「헨젤과 그레텔」은 인기 있는 동화다. 그러나 2차내전 직후, 독일 사람들은 이 이야기를 꺼림칙하게 여겼다. 사람을 화덕에 집어넣고 태워 죽이는 대목에서 히틀러의 유대인 대량 학살을 떠올렸기 때문이다.

같은 화덕이라도 쓰는 사람에 따라 빵을 구울 수도, 아픈 아이를 살릴 수도, 사람을 죽일 수도 있다. 그러기에 「헨젤과 그레텔」을 읽는 독자들이 빵 굽는 할머니를 쉽사리 마녀로 규정하고, 마녀라고 지목당한 사람이 비참하게 불에 타 죽는 것을 당연하게 생각하지 않기를 바란다.

동화책의 마녀들은 왜 매부리코일까?
...

동화책 속 마녀는 매부리코 할머니로 묘사된다. 「헨젤과 그레텔」의 마녀가 대표적이다. 그림 형제의 동화책 본문에는 「백설공주」의 계모 왕비가 사과 장수 할머니로 변장했다고만 적혀 있는데도 삽화에는 매부리코로 그려져 있다. 왜 그럴까? 디즈니에서 만든 만화영화의 영향일 수도 있다. 하지만 오래전부터 유럽인들은 마녀는 매부리코라고 생각했다.

유럽인들에게 매부리코는 흔한 코 모양이 아니다. 유럽인 중 디나르인에게 매부리코가 많다. 알프스 디나르 산간 지역에 사는 디나르인들은 콧등에 연골이 튀어나와 강한 인상을 준다. 눈썹이 짙고 눈동자와 피부색이 어두워서 상대적으로 어둡고 음울해 보인다. 다른 지역 유럽인들은 디나르인의 생김새를 부정적으로 보고 마녀의 이미지를 디나르인의 얼굴로 상상했다. 그래서 매부리코가 마녀의 모습으로 알려져서 코 모양 때문에 죄 없는 여성들이 마녀로 몰려 고문을 당하기도 했다.

다른 이유로는 유대인 차별이 있다. 중세 유럽인들은 구세주인 예수를 처형했다는 이유로 유대인을 멸시했으며, 이교도로 여겨 차별했다. 유대인의 코는 매부리코여서 알아보기 쉽다고 생각했다. 이교도들이 크리스트교도의 아이들을 잡아먹는다고 믿었기 때문에 아이를 잡아먹는 마녀는 유대인처럼 매부리코를 갖고 있을 것이라고 상상했다. 이렇게 마녀의 이미지에 유대인의 이미지가 결합되었다.

2차대전 시기, 독일의 나치는 반유대주의를 선동하는 포스터에 유대인의 매부리코를 과장해서 그렸다. 유대인 중 매부리코를 가진 이들은 생명에 위협을 느끼고 성형수술을 받았다. 성형수술이 발달하기 전이라 수술 중에 사망하는 사람은 많았지만, 학살을 피하기 위해 유대인들은 기꺼이 수술을 택했다. 이에 자크 조셉이라는 유대인 의사는 무료로 코 성형수술을 해주기도 했다. 코 성형수술의 발전에는 유대인 차별의 슬픈 역사가 있었다.

#중세 #근대 초 독일 #배타적 길드 #마녀사냥 #12세기 경제성장과 여성 혐오

그들은 왜
브레멘으로 가려 했을까

그림 형제 「브레멘 음악대」

　독일에 있는 '메르헨 가도Märchenstraße'는 그림 동화와 관련 있는 도시들을 연결한 길이다. '메르헨'은 민간에 전해지는 설화를 뜻하는데 보통 동화라고 번역한다. 그림 형제의 고향인 독일 중부의 하나우에서 시작한 메르헨 가도는 슈타이나우, 마르부르크, 알스펠트, 카셀, 괴팅겐, 하멜른, 브레멘까지 약 60여 개 도시를 총 600킬로미터로 잇는다.

　가도의 도시에는 기념관이나 기념물이 있다. 카셀에는 그림 형제 박물관이, 괴팅겐 광장에는 거위치기 아가씨 분수가, 하멜른에는 피리 부는 사나이 동상이 있다. 메르헨 가도가 끝나는 독일 북부의 도시 브레멘에는 무엇이 있을까?

평생 열심히 일한 당나귀가 있었다. 늙어서 쓸모없어졌다고 주인이 함부로 대하자 당나귀는 달아난다. 길을 가던 당나귀는 자신처럼 주인에게 버림받고 죽을 위기에 처한 사냥개, 고양이, 수탉을 만난다. 당나귀는 브레멘에 가서 악단에 들어가자고 이들을 설득해서 동행한다.

네 친구는 숲속을 가다 해가 저물자 머물 집을 찾았다. 집 안에서는 도둑들이 맛있는 음식을 먹고 있었다. 친구들은 꾀를 냈다. 당나귀 등에 개가, 개 위에 고양이가 올라탔다. 마지막으로 수탉이 날아올라 고양이 머리 위에 앉았다. 그들은 소리를 지르며 집 안으로 뛰어들어 도둑들을 내쫓았다.

네 친구는 도둑들이 남긴 음식을 배불리 먹었다. 돌아온 도둑들을 다시 물리친 후, 브레멘으로 가지 않고 그 집에서 행복하게 살았다.

그렇다. 브레멘 광장에는 당나귀, 개, 고양이, 수탉이 '합체'한 모습의 동상이 있다. 궁금하다. 그들은 왜 브레멘으로 가려 했을까? 브레멘이 어떤 도시였기에?

한자동맹의 중심, 브레멘

10세기, 지중해 무역이 부활해 이탈리아의 도시가 발달하기 시작했다. 12세기에는 유럽 내륙에 정기시장이 생겼다. 프랑스의 샹파뉴 시장이 대표적이다. 북해와 발트해 연안 무역도 활발해져서 플랑드르와 독일 북부에 많은 도시가 성장했다. 이 도시들은 공동의 이익을 얻기 위해 상업 동맹을 맺는데, 이를 한자Hansa동맹이라 부른다.

한자동맹은 서북부 유럽 무역을 장악한다. 14세기 중반 전성기에는 180여 개나 되는 도시가 가입해 있었다. 동맹은 잉글랜드, 플랑드르, 노르웨이, 러시아 지역의 주요 도시에 무역 사무소를 두고 거래했다. 시베리아 모피, 노르웨이와 스웨덴 수산물, 플랑드르 모직물이 대표적인 상품이었다.

남쪽 이탈리아 상인들과 북쪽 한자동맹, 유럽의 대규모 상업을 지배하는 두 집단은 중간인 샹파뉴 정기시장에서 만나는 대신 직거래에 나섰다. 쾌속 갤리선이 지중해에서 대서양으로 나와 도버해협을 통과해 북해와 발트해를 정기적으로 오갔다. 이리하여 중세 유럽 세계가 바닷길로 연결되었다.

한자동맹은 무역 조건을 협상하고 항해도를 제작했다. 용병을 사서 해적을 진압했다. 14세기 후반, 덴마크와 전쟁해서 이긴 후에는 덴마크 왕위 계승에도 간섭했다. 무역을 독점해 쌓은 재력으로 상업 동맹이 정치 세력까지 형성한 것이다. 독일 동쪽으로 이주해 정착한 한자상인들은 무력을 사용해 자유로운 경제활동과 세금 면제 등 특권을 얻어냈다. 이는 유럽이 본격적인 지리적 팽창을 시작한 15세기 이전에도 무역으로 개척한 시장을 상업적 식민지로 삼은 예다.

네덜란드와 잉글랜드의 해상 세력이 성장하는 15세기부터 한자동맹 세력은 약해지기 시작하여 17세기 전반에 일어난 30년전쟁 이후로 쇠퇴한다. 마지막 한자 회의는 1669년에 열렸다. 이제 한자동맹이

함부르크

브레멘

하멜른

괴팅겐

카셀

마르부르크

알스펠트

슈타이나우

하나우

영주의 장원에 농노로 묶여 있던 거주민들은
도시로 도망쳐서 일정 기간 거주하면
자유민이 될 수 있었다.

메르헨 가도

란 이름은 독일 항공사인 '루프트 한자Luft Hansa'에나 남아 있을 뿐이다. 그러나 과거 한자동맹에 속했던 도시들의 자부심은 지금도 대단하다.

브레멘도 마찬가지다. 브레멘은 함부르크, 뤼베크와 더불어 한자동맹의 중심 도시였다. 10세기 무렵부터 잉글랜드, 플랑드르, 노르웨이와 무역을 시작하여 '북부의 로마'라고 불릴 정도로 번영했다. 브레멘은 도시의 영주인 주교와 협상하여 자유를 산 후, 1186년에는 신성로마제국 황제인 프리드리히 1세에게서 특허장을 받고, 제국 자유도시Freie und Reichsstädte로 승인받는다. 1260년부터 한자동맹에 가입한 덕분에 누릴 수 있었던 특권이었다.

브레멘에는 유명한 기념 조각이 하나 더 있다. 바로 카롤루스대제의 기사인 '롤란트(롤랑)'의 석상이다. 석상은 구시청사 앞에 칼을 뽑아 들고 서 있다. 브레멘의 상업적 권리와 자유를 지키겠다는 의미다, 중세 무훈시 『롤랑의 노래』에서 주인공인 기사 롤랑이 이슬람 대군에 죽음으로 맞서 프랑크왕국을 지킨 것처럼. 롤란트 석상은 신성로마제국의 문장이 그려진 방패도 들고 있는데, 방패 둘레에 새겨진 말은 이렇다. "나는 카롤루스 황제와 많은 제후가 이 지역에 주었던 자유를 게시한다. 신에게 감사하라. 이것이 나의 충고다."

무슨 뜻일까? 개나 당나귀나 모두 가고 싶어 하는 자유의 도시 브레멘은 왜 이 말을 방패에 새겼을까? 영주의 간섭과 규제 없는 자유무역을 하는 도시인데 굳이 황제를 내세운 이유는 뭘까?

도시의 공기는 사람을 자유롭게 만든다

중세 도시는 처음에는 봉건영주의 보호를 받아 성장했다. 영주들은 성안에 전문적인 상인과 수공업자 집단이 생기는 것을 반겼다. 지위와 권력을 과시할 물건이 필요했기 때문이다. 세금을 걷으면 수입이 늘어나니 더욱 좋았다. 그러나 물품이 성문을 통과할 때마다 일일이, 혹은 나중에 판매량을 계산해 세금을 걷는 것은 번거로웠다. 영주는 점차 1년에 몇 차례, 마음대로 액수를 정해놓고 도시 대표가 한꺼번에 세금을 거두어 가져오게 했다.

도시민들은 직종별 길드로 단결해서 대처했다. 영주가 세금을 걷어 오라고 지나치게 요구하며 간섭하는 것은 도시민의 경제활동에 방해가 되었다. 상인은 이동의 자유와 무역로의 안전 보장, 시장의 평화를 원했다. 전쟁이 나면 무역로가 막히고 시장이 폐쇄되어 큰 손해를 보기 때문이다. 영주들의 권력 싸움으로 생기는 전쟁에 휘말리지 않으려면 영주에게서 벗어나야 했다. 장원의 농노와 마찬가지로 영주의 지배를 받던 도시민들은 이제 자유를 원했다.

12세기에 들어서며 도시는 자치를 꾀한다. 돈으로 매수하거나 물리적인 힘을 써서 특허장Charter을 받아낸다. 특허장은 왕이나 영주가 도시의 자치에 관한 권한을 승인해준 문서다. 도시민의 집이나 토지를 마음대로 압수하거나 무단으로 점거할 수 없다는 조항, 재판의 벌금을 정한 조항이 특히 중요하다.

중세 장원에서 영주가 농노를 지배한 힘은 지주라서가 아니라 결정적으로 사법권을 가졌기 때문이었다. 그런데 도시민들은 특허장을 사서 영주의 재판정에서 벗어났으니 신분 해방을 이룬 셈이다. 이렇게 영주의 봉건적 속박에서 벗어나 자치권과 자위권을 가진 공동체를 코뮌commune이라 부른다. 유명한 코뮌으로는 도시공화국 체제를 1,000년이나 유지한 베네치아가 있다.

자치권을 가져도 도시는 여전히 주변의 장원에 의존했다. 도시민이 먹을 양식, 상공인이 거래할 물품과 가공할 재료를 농촌에서 구해야 했기 때문이다. 주변의 영주들은 이를 무기로 삼아 도시의 경제활동을 제한하고 통제하려 들었다. 그러자 코뮌은 국왕이나 황제와 손을 잡는다. 먼 곳의 지배자에게 복종하면 상대적으로 내정 간섭을 덜받기 때문이었다. 주변 지역의 여러 영주 대신 왕이나 황제 한 사람에게만 세금을 바치는 것도 이익이었다.

한자동맹 도시가 신성로마제국 황제에게, 베네치아공화국이 비잔티움제국 황제에게 복종한 속셈이 여기에 있다. 이쯤 되니 롤란트의 방패에 적힌 글의 의미를 알겠다. 우리 브레멘은 황제에게서 자유를 샀으니 나머지 영주들은 간섭하지 말라는 뜻이다.

중세 도시는 인구 밀도가 높고 위생 수준이 낮았다. 주기적으로 전염병이 돌아 인구가 줄어들곤 했다. 도시의 규모와 상공인 수를 유지하려면 주변 농촌 지역에서 새로운 시민을 계속 받아들여야 했다. 10~14세기 유럽에서 도시로의 인구 이동은 눈에 띄는 현상이었다. 그런데 중세의 농촌 거주민들은 영주의 장원에 농노로 묶여 이동할 수 없지 않은가?

도시는 방법을 마련한다. 도시로 도망쳐서 일정 기간 거주하면 자유민이 된다는 조항을 특허장에 넣고 영주나 황제에게서 승인을 받는다. 물론 영주는 자신의 재산인 노동 인구를 잃고 싶을 리 없다. 다른 영주의 농노들이 도망 오는 것은 환영하지만 자신의 농노들이 가서는 안 된다는 단서를 붙였다.

대개 1년 하고도 하루를 거주하면 자유민이 되었다. 도시에 따라 1년 일주일, 그 이상도 있었다. 여기에서 독일 속담인 "도시의 공기는 사람을 자유롭게 만든다Stadtluft macht frei"가 유래한다. 그래서 평생 일만 하다 죽을 위기에 처한 우리의 동물 친구들도 자유를 찾아 도시로 간다.

그런데 그들은 왜 하필 브레멘의 악사가 되길 원했을까? 중세 도시는 임시로 유랑 악사를 고용하여 공적인 행사를 치렀다. 행사가 끝나면 악사는 보수를 받고 떠났다. 그러나 브레멘에는 13세기부터 시정부 직속으로 운영하는 정규직 음악대가 있었던 것으로 전해진다. 아아, 알고 보니 우리의 동물 친구들은 정규직 공무원이 되고 싶었던 것이다.

죽을 위기를 겪고 각성하다

동물 친구들은 주인이 죽으려 하자 달아난다. 그리고 자유를 찾아 정규직 일자리를 찾아 브레멘으로 간다. 일만 하던 존재가 죽을 위기를 겪고 각성하여 자유를 찾는다니, 페스트와 농민 봉기 이야기를 하지 않을 수 없다.

1300년경, 유럽의 식량 생산성이 떨어지기 시작했다. 개간 사업이 한계에 달했고 소빙하기의 이상 기후로 기근이 들었다. 1348년, 페스트(흑사병)가 번지기 시작했다. 못 먹어서 영양실조로 면역력이 낮아졌기에 전체 유럽 인구의 3분의 1이나 사망했다.

인구가 줄어들자 수요도 줄어 곡물 가격이 하락했다. 장원에서 난 농산물에 의존하는 영주의 수입은 줄어든 반면, 노동력 부족으로 임금은 높아졌다. 영주는 직영지를 경작할 일손을 구하지 못하자 토지를 빌려주고 임대료를 화폐로 받았다. 노동력을 땅에 묶어둘 필요가 없어진 영주는 돈을 받고 농노를 해방하기도 했다. 그 결과, 페스트에서 살아남은 농민의 지위는 전보다 향상되었다.

장원의 붕괴는 봉건영주의 권력 기반도 무너뜨렸다. 해방된 농노에게는 사법권을 행사할 수 없었기 때문이다. 한편 일부 지역의 영주는 경제가 악화되자 세금을 올려 받고 농민을 더욱 착취하려 들었다. 경작보다 목축을 택하고 양을 키우기 위해 마을 공유지에 울타리를 쳤다. 농민들을 내쫓기도 했다. 농민들이 반발하자, 영주는 전 시대처럼 형벌과 벌금으로 대응했다. 그러나 죽을 위기를 겪고 살아남은 농민들은 과거와는 다르게 반응한다.

페스트로 사람들이 동시에 대규모로 죽어가는 장면을 본 중세인들은 충격을 받았다. 아무리 기도하고 회개해도 소용없다니. 교회와 영주가 가르치는 대로 고된 현실을 참고 일하다 죽은 후에 천국에 가기를 원하던 농민들은 다르게 생각하기 시작한다. 현세에서 천국을 누리기를, 더 나은 삶을 살 수 있기를 원한 것이다.

14세기 후반, 서유럽 농민들은 무력으로 저항한다. 1358년 프랑스에서 자크리의 봉기, 1381년 영국에서 와트 타일러의 봉기, 1395년 에스파냐에서 카탈루냐 농민 봉기가 일어났다. 페스트 이후의 농민 봉기는 전과 달랐다. 규모도 커졌고 기존 체제에 도전하는 성격을 지녔다. 와트 타일러가 봉기 당시에 외친 말이 15세기 내내 유행한 것을 보면 알 수 있다.

"아담이 밭을 갈고 이브가 베를 짤 때 귀족이 있었던가?"

누가 도둑인가

루터의 종교개혁 7년 후인 1524년, 독일어권 지역에서 대규모 농민전쟁이 일어난다. 루터와 다른 종교개혁가들은 로마가톨릭 성직자들의 타락과 더불어 교구 제도와 사제 제도를 비판했다. 세례받은 신자는 모두가 제사장이라고 주장하여 사제와 신자 사이의 수직적 위계질서를 부정했다. 그리하여 종교개혁은 뜻밖에 신분제 타파의 계기가 되어 농민들은 종교 권력만이 아니라 세속 권력에도 저항하게 된다. 농민 강령 『12개조Zwölf Artikel』에 기록된 농민군의 요구를 보면 부역을 줄일 것, 영주의 자의적 사법권 행사를 규제할 것 등 봉건적 예속에 저항하는 급진적 조항이 눈에 띈다.

봉건영주들은 농민군을 무자비하게 진압했다. 독일에 이어 스위스와 오스트리아까지 1년간 대략 30만 명에 이르는 가난한 농민과 도시 하층민이 무장 봉기했는데, 그중 약 10만 명이 희생당했다. 독일 농민전쟁 기간 중 최대 전투인 프랑켄하우젠전투에서는 1525년 5월 15일 하루만 해도 최소 약 6,000여 명이 목숨을 잃을 정도였다. 전투의 지도자 토마스 뮌처는 교수형당하고 봉기는 실패로 돌아갔다. 그러나 카를 마르크스에 의하면 이 농민전쟁은 "프랑스혁명 이전 유럽에서 일어난 가장 주목할 만한 민중 봉기"였다.

페스트로 줄어든 인구는 16세기가 되자 이전 수준으로 회복되었지만 농민 봉기 이후 서유럽 대부분 지역의 영주는 다시는 예전 봉건 영주의 지위로 돌아갈 수 없었다. 영주는 변하지 않았지만 농민들이 변했기 때문이다. 죽을 위기를 겪고 각성한 농민들은 힘을 모아 저항하게 된다. 우리 동물 친구들처럼.

그렇다면 평생 일을 해주었는데도 주인이 죽이려 들자 각성하고 도망가는 당나귀, 개, 고양이, 수탉은 누구를 의미할까? 중세 농노들이 아닐까? 수탉은 도둑들의 식탁을 보고 "우리가 먹어야 하는 건데"라고 말한다. 봉건영주의 식탁에 차려진 푸짐하고 맛있는 음식은 농노들이 일해서 생산한 것이기 때문이다. 이야기는 알려준다. 남이 일한 대가를 빼앗아 먹는 영주가 바로 도둑이라고.

브레멘에 가다 만 이유

농노는, 아니, 동물 친구들은 도시에 가서 자유민이 되고자 한다. 그리고 정규직으로 취직하기를 원한다. 자유와 노동권은 기본권이기 때문이다. 그런데 이들은 브레멘에 가지 않았다. 대신 숲속 작은 집에서 도둑들을 쫓아내고 그 집에 정착한다. 이유가 뭘까?

동물 친구들은 도둑을 쫓아내려고 '합체'해서 함성을 지른다. 이 장면에서 앞서 말한 16세기 독일 농민전쟁이 다시금 떠오른다. 그림 형제가 『브레멘 음악대』를 채록한 독일 중북부 카셀과 파더보른은 뮐하우젠, 프랑켄하우젠 등 가장 강렬히 저항했던 뮌처 농민군이 봉기한 지역에 가깝다. 그렇다면 함께 봉건영주를 물리치고 자유를 얻으려 했던 농민전쟁의 정신이 이야기에 반영되었을 것이다.

이제 동물 친구들이 브레멘으로 가지 않고 도중에 정착한 이유를 알겠다. 음악대에 들어가서 자유를 얻으려던 목적을 이루었기 때문이다. 스스로의 힘으로 봉건영주, 아니, 도둑들을 물리치고 자유를 얻었으니까. 소리 질러 멋진 음악을 연주했으니까. '합'이 완성된 그 순간, 이들은 이미 멋진 악단이었다.

유랑 악사 이야기
...

　학계에서는 유랑 악사의 시조를 고대 로마 시절 도시의 극장에서 공연하던 예술인들과 게르만의 영웅 서사시를 노래하던 시인들로 본다.

　로마제국이 무너지자 도시는 쇠퇴한다. 콜로세움 등 도시의 극장도 본래의 역할을 하지 못하고 무너진다. 극장에 소속된 배우, 마술사, 곡예사, 가수, 악사 등은 일자리를 잃었다. 관객이 있어야 돈을 벌 수 있는데 관객이 모일 공간 자체가 없어졌기 때문이다. 예술인 중 악사는 청중을 찾아 나선다. 대사가 필요한 배우와 달리 음악은 언어의 장벽을 넘을 수 있기 때문이다.

　12세기까지 유럽에는 정기적인 공연을 해서 수입을 얻을 만한 대도시가 거의 없었다. 그래서 대부분 관객을 찾아 떠돌이 생활을 해야 했다. 일부 운 좋은 악사들만이 제후나 성직자의 보호를 받아 궁정이나 교회에 고용될 수 있었다. 더 후대의 일이지만, 영화 〈아마데우스〉의 모차르트가 잘츠부르크 대주교의 궁정에서 모욕을 참으며 연주하는 장면과 연주 여행을 다니는 장면을 떠올려보면 이해가 쉽다.

　15세기가 되면 농촌을 유랑하던 악사들이 도시에 정착하기 시작한다. 도시 부르주아가 성장하여 재력을 과시하기 위해 악사를 초청하여 화려한 결혼식을 열게 되었기 때문이다. 악사들은 시내에 집을 얻고 시민권을 획득하여 길드를 결성한다. 이 길드는 후에 도시 오케스트라의 기원이 된다. 빈 필하모닉 오케스트라 등 독일과 오스트리아의 대도시 이름을 딴 오케스트라가 유명한 것에는 이런 내력이 있다.

#중세에서 근대 초까지 #도시 발달 #한자동맹 #페스트 #농민 봉기 #독일 역사

고양이는 왕에게
왜 새를 바쳤을까

샤를 페로 「장화 신은 고양이」, 톨스토이 「커다란 순무」

다시 「장화 신은 고양이」 이야기다. 고양이는 셋째 아들을 성공시킬 꾀를 낸다. 우선 토끼를 잡아 임금님께 드리면서 카라바 후작이 보냈다고 말한다. 다음에는 메추라기 두 마리를 바친다. 임금님은 두 번다 크게 기뻐하며 고양이에게 상금을 준다.

어릴 적 나는 이 부분도 궁금했다. 메추라기라니? 주먹보다 작은 새 아닌가? 고양이는 왜 먹을 것도 없는 작은 메추라기를 선물로 바쳤을까? 겨우 메추라기 두 마리를 받고 임금님이 크게 기뻐한 이유는 무엇일까?

메추라기는 꿩과에 속하는 작은 새다. 자고새라고 번역된 동화책도 있는데, 산메추라기가 자고새의 다른 이름이니 큰 차이는 없어 보인다. 메추라기건 자고새건 이 새는 맛있어서 사냥감으로 인기가 많았다고 한다. 지금도 고급 프랑스 레스토랑에 가면 차림표에 메추라기구이가 있을 정도다. 그렇다면 임금님은 맛있는 선물을 받았기에 기뻐했던 것일까? 다른 이유는 없었을까?

수직의 질서

초기 중세 사회는 성직자와 세속인, 부유한 사람과 가난한 사람, 사유민과 비자유민 능 대립한 두 집단으로 나뉘었다. 고정된 신분제도는 아니었다. 그러다 8~9세기에 봉건제도가 성립하면서 소수의 전사 집단이 지배계층이 되었다.

크리스트교 측에서는 전사의 폭력성을 다스려 교회와 종교의 보호자로 만들려고 했다. 봉건영주가 된 전사 귀족들은 교회가 내민 손을 잡았다. 신의 뜻을 내세워 피지배민을 순종하게 만들고 싶었기 때문이다. 이리하여 기도하는 사람·싸우는 사람·일하는 사람 즉, 사제·전사·농민이란 세 위계가 성립한다.

11세기부터 위계는 신분으로 변한다. 「장화 신은 고양이」의 배경이 되는 프랑스에서는 3신분제로 정착한다. 제1신분은 성직자, 제2신분은 귀족, 그 외는 제3신분이었다. 이러한 중세적 신분질서를 구체제, 앙시앵 레짐ancien regime이라고 부른다. 이 말은 프랑스혁명까지 이어진 절대군주정을 가리키기도 한다.

1789년 대혁명 당시 제1신분과 제2신분은 프랑스 인구의 약 2퍼센트였지만 경작지 대부분을 소유하고 있었다. 1·2신분은 사실상 같았다. 제1신분인 성직자는 세습되지 않았지만 제2신분에 속한 귀족 집안의 장남 아닌 아들들이 고위 성직자가 되었기 때문이다. 두 신분 모두 세금을 면제받았으며 고위 성직과 관직을 차지했다.

제3신분인 평민은 전체 인구의 약 98퍼센트였다. 대다수는 농민이 었는데 이들은 농노 신분에서 해방되었어도 구체제 아래에서 큰 억압 을 받고 세금 등 무거운 부담을 지고 있었다.

프랑스 북부에서는 14세기 중엽이면 농노제가 사라지기 시작한 다. 일부 지역에 남아 있던 농노제까지 완전히 폐지된 것은 프랑스혁 명 시기였다. 혁명정부가 「인간과 시민의 권리 선언」을 선포하여 종 교와 신분에 따른 차별을 없애고 법적 평등을 보장하기 전까지, 프랑 스에서는 출생에 따른 신분제 차별이 굳건했다. 종교는 이런 차별을 정당화했다.

앞서 말했듯, 제1신분과 제2신분은 같은 지배계급이기에 성직자 는 귀족의 권리를 신의 이름으로 보장해주었다. '하늘의 질서는 땅에 서도 이루어져야' 한다며 신분이 낮은 사람은 높은 사람에게 절대적 으로 복종해야 한다고 설교했다. 종교가 계급투쟁을 막아준 셈이다.

음식에도 있던 수직적 위계

중세인들은 높고 뾰족한 탑이 특징인 고딕 양식 성당을 세웠다. 신 이 있는 하늘에 더욱 가까이 가기 위해서다. 세상 만물을 수직적인 이 미지로 파악하는 사고방식은 다른 데에서도 보인다. 인간 사이의 신분질서만이 아니라 인간과 동물, 인간과 자연의 관계에도 수직적 위계를 적용한다. 신이 모든 피조물에 일정한 등급을 주고 최상층에 인간을 놓아주었다고 믿은 것이다. 자연의 사다리, '스칼라 나투라이scala naturae'라고 부르는 엄격한 위계질서였다.

음식에도 수직적인 등급을 매겨 구분했다. 식재료는 신이 계신 하늘 쪽으로 올라갈수록 영양이 풍부하고 가치 있고, 아래쪽으로 내려갈수록 영양가가 낮고 맛없다고 여겼다.

식물성 음식 중 최고는 하늘을 향해 높이 솟아 있는 나무에 열리는 과일이었다. 무나 양파, 순무처럼 땅속에서 자라는 채소는 하찮게 여겨서 상류층 사람들은 먹지 않았다. 가난한 사람들이 먹거나 가축 사료로 활용했다. 이런 편견 때문에 감자도 신대륙에서 도입된 당시에는 널리 재배되지 못했다.[*]

동물성 식품 중에서는 새의 고기가 최고였다. 하늘을 날 수 있기 때문이다. 상류층 사람들이 새 사냥을 즐긴 것은 스포츠나 사교뿐만이 아니라 가치 있는 식재료를 구하기 위해서이기도 했다.

15~16세기에는 새 중에서도 특히 꿩이나 메추라기 요리가 상류층 사이에서 유행했다. 사회적 위신이나 부유함을 과시하는 성대한 연회에는 반드시 꿩과 메추라기로 만든 요리가 있어야 했다. 그러니 장화신은 고양이가 임금님께 메추라기를 잡아 바친 것은 그 시절로서는 최상급의 선물을 한 셈이다. 임금님이 기뻐하며 상금을 두둑하게 줄

---

[*]   5장 『산사나무 아래에서』와 이어진다.

만하다.

한편 음식의 수직적 위계도, 인간과 동물의 위계질서도 없는 이야기가 있다. 어릴 적에 그림책으로 보았던 「커다란 순무」를 살펴보자. 러시아의 대가 톨스토이의 작품으로 알려졌지만 원래는 러시아·우크라이나 지역의 민담이다.

러시아의 순무는 차별받지 않았을까

옛날, 어느 할아버지가 순무 농사를 지었다. 시간이 흘러 순무를 수확하는 날이 되었다. 할아버지가 아무리 힘주어 당겨도 순무는 뽑히지 않았다. 할아버지는 도와달라고 할머니를 부른다. 할머니가 와서 같이 당겨도 꼼짝도 하지 않는다. 할머니는 손녀를 부른다. 그래도 순무는 뽑히지 않는다. 손녀는 검둥개를, 검둥개는 고양이를, 고양이는 쥐를 부른다. 쥐의 힘까지 합하자 드디어 순무가 뽑힌다. 엄청나게 커다란 순무였다. 그들은 순무로 스튜를 만들어서 다 함께 나눠 먹었다.

이 이야기를 통해 러시아·우크라이나 지역에서는 순무를 사람도 동물도 모두 먹었음을 알 수 있다. 순무를 넣은 스튜는 '보르시'라고 부르는데, 양배추나 순무, 시금치, 버섯 등의 채소에 고기를 넣고 뭉근히 끓여 만든다. 부유한 집에서는 고기를 많이 넣어 요리하고 가난한 집에서는 채소를 더 많이 넣는 정도의 차이뿐, 톨스토이의 고국 러시아는 물론 동유럽 전체에서 오늘날에도 즐겨 먹는 전통 음식이라고 한다.

순무는 땅속에서 자란다. 크리스트교식 위계의 맨 아래쪽에 있다. 서유럽에서는 가축 사료로 쓰는 작물이어서 가난한 사람들만 먹었다. 그런데 러시아에서는 어떻게 높으신 귀족도 가난한 농민도 모두 즐기는 요리가 되었을까?

농업의 역사를 찾아보니 순무는 9세기경부터 러시아에서 재배되기 시작했다고 한다. 러시아에 크리스트교, 정확히 말해서 러시아정교가 전해진 연도는 공식적으로 988년, 즉 10세기 말이다. 그렇다면 크리스트교보다 순무가 먼저 자리 잡았기에 러시아의 순무는 차별받지 않은 것일까?

「커다란 순무」에서는 순무도 동물도 사람도 차별받지 않는다. 다함께 일하고 같은 음식을 나눠 먹는 결말은 어떠한 위계질서도 없는 평등한 공동체를 강조하고 있다. 구전되던 이야기에는 민중의 소망이 담겨 있는 법이다. 궁금하다. 동유럽과 러시아 지역 농민들의 삶은 어땠기에 이런 이야기가 오랫동안 전해졌을까?

다시 농노제에 묶인 농민들

서유럽 지역 장원은 중세에서 근대로 이행하는 시기에 대부분 붕괴되었다. 영주 직영지는 해체되어 봉건적 토지제도가 임대차 제도로 변했다. 농노는 부역의 의무에서 해방되어 자유농민이 되었다.

반면 독일 동부와 동유럽 지역에서는 15세기 중엽 이후 오히려 부역 노동이 강화된다. 자유농민이 다시 토지에 묶인 농노가 되어 '구츠헤어샤프트Gutsherrschaft'라 불린 영주의 직영지 농장에서 일하게 되었다. 이를 '재판 농노제Second Edition of Serfdom'라 부른다. 사라졌던 농노제가 다시 등장했다再版는 뜻이다. 동유럽에 재판 농노제가 등장한 배경에는 안타깝게도, 서유럽의 농노제 폐지와 도시 발전이 있었다.

서유럽에서는 도시가 발달함에 따라 영주가 농민의 요구를 받아들이게 되었다. 농노가 자유를 얻기 위해 도시로 도망가면 장원의 인구가 줄어들어 손해이기 때문이다. 덕분에 영주가 강제하는 봉건적 의무와 속박의 정도가 느슨해졌다. 도시 발달은 농노제 쇠퇴의 한 가지 원인이었다.

도시의 시장에 모인 중세인의 사고방식은 바뀌기 시작했다. 수직적 위계로 세상을 파악하던 사람들이 시장 거래를 통해 수평적인 관계를 경험한 것이다. 새롭게 등장한 상인은 사제와 전사 신분에 맞설수 있는 금권력을 지닌 데다가 해외 무역을 통해 열린 시야까지 갖췄다. 이들은 도시 부르주아로 성장하여 앙시앵 레짐을 무너뜨린다.

이렇듯 도시의 발전은 여러모로 신분제를 없애는 동력이 되었다. 반면 동유럽 지역은 서유럽 지역에 비해 도시가 덜 발달했다. 봉건영주들이 도시를 억압했기에 도시 부르주아가 성장하기 어려웠다.

15세기경 잉글랜드와 플랑드르, 프랑스 북부의 산업은 초기 자본주의 단계에 이르렀다. 농업 생산을 하지 않는 도시 인구가 증가함에 따라 식량이 안정적으로 공급되어야 했다. 곡물 수입량이 증가했다.

이때 동유럽 영주들은 한자동맹과 거래하여 자신의 농장에서 생산한 곡물을 수출하고 사치품을 수입한다.

이 시기 동유럽 영주의 직영지 농장은 중세 장원과 달랐다. 장원 내의 자급자족이 아니라 곡물 수출이 목적인 대규모 경작지였다. 영주들은 더 많은 사치품을 수입할 비용을 마련하기 위해 곡물을 대량으로 수출하려 했다. 그러려면 제한된 토지와 노동력을 더욱 효율적으로 써야 했다.

결국 영주는 농노를 부역시켜 직영지 농장을 경영했다. 농민들은 경작지를 빼앗기고 농노 신분으로 전락했다. 또 서유럽 지역보다 늦게 산업혁명이 진행되면서 채광 회사 등 기업이 농노를 소유하는 새로운 농노제가 생기기도 했다.

동유럽의 농노는 대체로 19세기 초에 이르러서야 해방된다. 특히 러시아에서는 유럽에서 농노제가 가장 오랫동안 지속되어 1861년에야 '농노해방령'이 선포되었다.

같이 일하고 같은 음식을 나눠 먹다

동서양을 막론하고 가난한 농민들은 농사를 지으면서도 빵이나 밥을 배부르게 먹기 힘들었다. 주요 곡물은 소작료로 바치거나 시장에 내다 팔아서 세금 낼 현금을 만들어야 했기 때문이다.

여기에 더해 근대 동유럽 지역의 농민들이 경작한 곡물은 영주의 사치품 수입을 위한 수출용이었기에 주곡으로 만든 음식을 먹기는 더욱 힘들었다. 시장 가치가 없는 거친 곡물이나 높으신 분들이 입에 대지 않는 재료를 넣어 만든 죽이 주식이었다, 순무로 만든 스튜 같은.

부역에 동원되지 않는 날에 지친 몸으로 자신이 먹을 순무 농사를 지어야 했던 사람들에게는 종교가 말하는 음식의 위계질서보다 당장의 배고픔이 급했다. 생각해보라. 영주의 농장에서 얼마나 혹사당했으면, 얼마나 굶주렸으면 순무 한 뿌리를 혼자 뽑을 기운도 없었을까. 아무리 순무가 크다고 해도 말이다.

이렇게 보니 음식의 위계질서를 이용하여 왕의 환심을 사고 주인을 귀족으로 만드는 「장화 신은 고양이」보다 사람과 동물, 심지어 순무의 차별도 없는 「커다란 순무」의 결말이 더 의미심장하다.

어떤 신분의 사람도, 어떤 종의 동물도 능력껏 도와 일하고 같은 재료로 만든 음식을 다 함께 나눠 먹는 삶, 그것이 다시 농노가 되어버린 동유럽과 러시아 민중들이 원하던 삶이었을 것이다. 그렇다면 그들은 하찮은 순무로 만든 음식을 다 같이 나눠 먹는 단순한 이야기를 두고두고 전하면서 현실의 신분질서에 저항했던 것은 아닐까.

왕에게 선물을 바치면 왜 돈을 줄까?
...

고양이는 임금님께 메추라기 두 마리를 바쳤습니다. 임금님은 이번에도 기꺼이 받으시고 상금을 두둑이 주었습니다.

「장화 신은 고양이」의 한 대목이다. 왕은 선물을 받으면 왜 원래 가격 이상으로 후한 답례를 해줄까?

봉건제도가 성립된 과정을 살펴보면 그 이유를 알 수 있다. 상위 주군은 부하 기사들을 전쟁에 동원하기 위해 약탈한 물품을 나눠주어 환심을 사곤 했다. 영국의 앨프레드 대왕은 '위대한 반지 증여자'라는 별명이 있을 정도였다.

전쟁이 없을 때에도 전시의 습관은 남았다. 보호받기 위해 봉건적 주종 관계를 맺은 귀족들은 왕에게 선물을 바쳐 평화를 보장받는다. 선물을 받은 왕은 선물의 값어치보다 비싼 하사품을 내린다. 이는 왕이 손해 보는 거래가 아니다. 자연스럽게 부하의 충성을 유도하는 한편 자신이 경제 권력을 쥐고 있음을 보여주는 의식이었다.

중세에는 이런 식으로 부의 순환이 이루어졌다. 말하자면 약탈경제가 화폐유통 체제로 나아가는 시기에 일어난 경제활동이 바로 선물증여경제였다. 이런 경제 체제에서는 왕이나 귀족, 고위 성직자의 금고는 금방 비곤했다. 그러나 신하들에게서 받은 선물과 국내의 정변, 숙청 혹은 외국과의 전쟁으로 빼앗은 물품으로 금고는 금세 가득 채워지곤 했다. 이렇게 비었다가 채워지는 금고에서 왕의 권력이 나왔다.

#중세와 근대 초의 신분제 #기독교적 위계질서 #동유럽의 재판 농노제

신데렐라는 왜 밤 12시 전에 돌아와야 할까

그림 형제 「아셴푸틀」, 샤를 페로 「신데렐라」

'신데렐라' 이야기는 유라시아대륙 전체에 약 1,000여 종이나 전해 온다. 그림 형제의 신데렐라인 「아셴푸틀」은 돌아가신 친어머니를 그리워하며 꿋꿋이 일하는 여성을 보여준다. 그런데 신데렐라는 왕자의 구원이나 기다리는 의존적이고 나약한 여자로 그려질 때가 많았다. 페로가 쓴 「신데렐라」를 바탕으로 만든 디즈니 애니메이션이 유명해진 까닭이다.

과연 「신데렐라」의 주제는 여자의 인생에 사랑과 결혼이 중요하다는 것뿐일까? 겨우 그 정도의 주제를 담고 있다면 이 이야기가 많은 사랑을 받으며 오랫동안 전해온 이유가 없다고 나는 생각한다.

백마 탄 왕자님을 사랑한 여자들

'백마 탄 왕자'가 구해서 결혼하는 여성들은 누구인가? 백설공주, 잠자는 공주, 그리스신화에 나오는 안드로메다 공주 등 공주가 많다. 왕자와 결혼하기에 문제없는 신분, 굳이 모르는 왕자가 나타나 구해 주지 않아도 이웃 나라 왕자와 정략결혼하는 여성들이다.

한편 신데렐라는 공주가 아니다. 신데렐라의 아버지는 그림 형제 판본에는 부자reichen manne로, 페로 판본에는 신사gentilhomme라고 나온다. 왕족끼리 결혼하는 유럽 왕실의 풍속으로 보면 신데렐라는 왕자와 정식으로 결혼할 수 없는 신분이다. 이런 여성이 왕자와 사랑에 빠지면 어떻게 될까?

안데르센의 동화 「인어공주」를 보자. 주인공은 바닷속에서는 공주였지만 인간 세상으로 올라와서는 신분 미상의 장애 여성이 되었다. 인어공주는 왕자의 사랑을 받았지만 정식 결혼 상대로 대우받지는 못했다. 동심을 파괴해서 미안하지만 「인어공주」 원작을 어른의 눈으로 다시 읽어보라. 왕자가 인어공주를 "주워 온 이쁜이"라고 부르며 입을 맞추고 침대 발치에서 자게 했다는 대목이 있다. 시녀가 아니라 첩이라는 의미다. 유럽 궁정에서는 신분 높은 주인의 방에서 같이 자면서 시중을 들기 위해 대기하는 아랫사람은 동성同性을 고용했기 때문이다. 결국 사랑하는 왕자와 결혼하지 못한 인어공주는 공기의 요정이 된다. 죽었다는 말이다.

고전 발레 〈지젤〉은 왕자를 사랑한 평민 여성이 상처받고 슬퍼하다 죽은 이야기다. 농민의 딸 지젤은 사냥 나온 영주의 아들 알브레히트를 만나 사랑에 빠진다. 알브레히트는 지젤에게 자신은 시골 청년 로이스라고 말하여 신분을 감춘다. 약혼한 공녀가 있다는 말도 하지 않는다. 모든 사실을 알게 된 지젤은 충격을 받아 죽어서 '빌리'가된다. 빌리는 원래 숲에 들어온 젊은이를 죽을 때까지 춤추게 만드는요정이다. 하지만 알브레히트가 죽을 위기에 처하자 지젤은 외면하지않고 구해준다.

〈지젤〉은 독일판 처녀귀신 설화를 바탕으로 만들어졌다. 설화는기록되지 않은 민중의 역사다. '백마 탄 왕자'를 만난 평민 여성의 사랑은 실제로는 이런 슬픈 결말이 대부분이었을 것이다. 「신데렐라」처럼 정식으로 결혼하는 것은 거의 불가능했다. 드물게 있었는데, 그런결혼을 '귀천상혼morganatic marriage'이라 불렀다.

장남 혹은 외동 왕자에게 귀천상혼이 가능했을까

귀천상혼은 말 그대로 귀한 신분의 사람과 천한 신분의 사람이 혼인한다는 뜻이다. 유럽사에서는 왕이나 공작, 후작, 백작 등 귀족 가문의 남성과 신분이 낮은 여성의 결혼을 말한다. 이때 아내는 남편의 작위나 특권을 함께 누릴 수 없다. 태어난 아이들은 아버지의 작위나 영지, 가문의 재산을 상속받을 자격을 박탈당한다.

예를 들어 공작과 농부 여성이 결혼하면, 여성은 공작 부인의 대우를 받을 수 없다. 둘 사이에 태어난 아이는 아버지의 공작 작위와 영지, 유산을 물려받을 수 없다. 단, 둘의 결혼은 법적으로 승인받는다. 여성은 첩이나 정부가 아니라 정실부인이다. 그러나 귀부인이 아니기에 귀족 사회의 공식 행사에 초대받을 수 없다.

게르만족의 관습법은 원래 남자 후손에게 토지를 균등하게 분할해 상속했다. 이렇게 되면 땅의 면적은 한정된 반면, 상속받을 사람은 계속 늘어난다. 갈수록 영토가 줄어들어 가문의 영향력은 약해진다. 이를 막기 위해 왕족이나 귀족의 전체 숫자를 줄일 방법을 고안한다. 왕족은 왕족끼리, 귀족은 귀족끼리 결혼하는 것을 장려하고 격이 떨어지는 결혼을 하면 상속권을 박탈하는 제도를 만든 것이다. 프랑스나 영국에 비해 수백 개 봉건영주 국가로 나뉘어 발전한 독일어권 지역에서 귀천상혼 금지를 더 엄격히 지킨 사실도 이 제도의 목적을 알려준다.

봉건제가 성립하는 과정에서 유럽 귀족 사회에 장자상속제가 자리 잡는다. 모든 아들에게 영토를 균등하게 분할할 때보다 가문의 힘을 보존하기가 쉬워진 것이다. 덕분에 다른 아들들은 상대적으로 자유롭게 혼인 상대를 자신이 고를 수 있었지만, 가문을 계승할 장남은 여전히 엄격하게 귀천상혼 금지를 지켜야 했다.

장남이 낮은 신분의 여성과 가문이 반대하는 결혼을 하려면 많은 것을 포기해야 했다. 왕관을 버리거나 '족보를 파고' 나가서 결혼하거나. 어려운 일이었지만, 작위를 대신 계승할 남동생이 있고 본인이 지위와 상속을 포기하면 가능하기는 했다. 그러나 외동아들이라면, 가문과 하나뿐인 아들을 절대 포기할 수 없는 부모는 귀천상혼을 승낙

하지 않았다. 귀천상혼도 장남이나 외동아들이 아닌 경우에 가능했던 것이다.

그런데 신데렐라가 만난 상대는 하급 귀족의 아들도 아니고 무려 한 나라를 상속할 왕자님이다. 이런 경우가 진짜로 있다면 어떤 일이 벌어질까? 유럽 역사에서 예를 찾아보자.

귀천상혼한 죄

바이에른뮌헨의 왕자 알브레히트 3세와 아그네스 베르나우어는 1432년경 비밀리에 결혼했다. 알브레히트는 아버지 에른스트 공작의 유일한 아들이었다. 아그네스는 목욕탕 혹은 이발소 집 딸이라고 전해진다.

에른스트 공작은 유일한 상속자인 아들의 귀천상혼을 용납할 수 없었다. 같은 신분의 공녀와 정략결혼을 시켜서 거액의 지참금을 받거나, 며느리가 상속받을 영지를 합병하여 공국을 부강하게 만들 기회가 사라지기 때문이었다. 게다가 이 결혼으로 탄생할 자손은 공작 위계승권이 없다. 그렇다면 후에 주인 없는 바이에른뮌헨공국을 탐내는 이웃 나라들과 전쟁을 해야 할지도 모른다.

에른스트 공작은 이 모든 문제의 원인을 없애려 든다. 며느리 아그네스를 죽이기로 결심한 것이다. 그는 아들이 집을 비운 사이에 마녀라는 누명을 씌워 아그네스를 체포하여 도나우강에 빠뜨려 죽인다.

알브레히트는 아버지와의 전쟁을 준비한다. 그러나 황제가 중재에 나서자 포기하고 아그네스를 애도하기 위한 수녀원을 짓는다. 에른스트 공작도 아그네스를 위한 교회를 짓는다. 이후 부자는 화해했다. 알브레히트는 아버지가 주선해준 브라운슈바이크의 공녀 안나와 결혼해서 자녀를 열 명이나 낳았다.

이렇듯 왕자와 귀천상혼에 성공해도 시댁에서 며느리로 인정받기란 어려웠다. 차별받고, 따돌림당하고, 공작 부인으로 행세하지 못하는 정도가 아니다. 천한 것이 감히 귀한 남성을 홀린 죄로 마녀로 몰려 처형당할 수도 있었다. 평빈 여성이 왕자와 사랑에 빠지는 것은 행운이 아니었다. 목숨까지 잃을 수 있는 위험한 일이었다.

왕과 결혼하면 안전할까

부왕의 결혼 승낙을 받아야 하는 왕자가 아니라면, 이미 즉위해 있는 왕이라면 신분과 관계없이 사랑하는 상대와 결혼하기가 쉬웠을까? 여기, 북유럽 역사에서 신데렐라로 유명한 카린 몬스도테르Karin Månsdotter가 있다.

카린은 스웨덴 왕 에리크 14세와 1567년에 결혼했다. 에리크 14세는 스웨덴이 덴마크, 한자도시 뤼베크, 폴란드를 상대로 발트해의 제패권을 놓고 싸운 북유럽 7년전쟁(또는 북방 7년전쟁)으로 유명한 왕이다. 이 전쟁의 승리를 계기로 스웨덴은 17세기 내내 북유럽에서 강자로 군림했다. 에리크 14세와 카린은 에리크가 왕자가 아니라 왕이었을 때 만나서 결혼했다.

카린의 신분은 낮았다. 당시 평민에게는 성이 없었기에 '몬스도테르'라는 카린의 성은 그저 '몬스의 딸'이란 뜻이다. 야사에 의하면, 카린이 시장에서 땅콩을 팔고 있을 때 왕의 눈에 띄었다고 한다. 군인인 몬스의 딸이었는데 1564년 열네 살 무렵 궁정음악가의 하녀로 고용되었을 때 왕과 처음 만났을 것이라고 추측하는 기록도 있다.

어쨌든 카린은 1565년에 에리크 14세의 여동생인 엘리자베트 공주의 시녀가 되었다. 그때 신분에 맞지 않게 호화로운 드레스를 입고 다녀서 궁정 안 사람들은 카린이 왕의 연인이 되었음을 알아챘다고 한다.

에리크는 카린을 깊이 사랑했다. 읽기와 쓰기를 배우게 하고 잘 대해주었다. 카린도 에리크의 사랑에 보답했다. 에리크가 반역을 꾀하는 귀족들을 살해한 후 정신착란을 일으켰을 때 극진히 간호했다. 이에 감동받은 왕은 1567년에 카린과 비밀리에 결혼하고 다음 해에는 정식으로 결혼식을 올렸다. 스웨덴 왕비의 대관식을 치러주고 태어난 아이들을 적자로 인정해서 왕위계승권을 인정했다. 해피엔딩인가?

귀족들은 미친 왕이 천한 신분의 부인과 함께 왕위에 있는 것을 원치 않았다. 혈통을 중시하는 귀족들은 천한 여자를 왕비로 인정하고 그 앞에서 고개를 숙여야 하는 것을 모욕으로 여겼다. 둘 사이에 태어나서 반은 천한 피가 흐르는 후계자도 왕으로 인정할 수 없었다. 물론 핑계다, 이 틈을 타서 권력을 잡고 싶었을 뿐.

귀족들은 핀란드 공작 요한 편에 모이기 시작했다. 왕의 이복동생인 요한의 외가는 스웨덴의 강력한 귀족 가문이었다. 결국 반란이 일어났다. 요한 공작은 요한 3세로 즉위하고, 에리크 14세와 그 자손의 왕위계승권을 영원히 박탈했다. 폐위당한 에리크 14세는 감금당한 와중에 사망했다. 독살당했다는 설도 있다.

한 나라 왕의 귀천상혼은 부모의 반대가 없어도 힘든 일이었다. 정적에게 공격의 명분을 주기 때문이다. 그래서 눈치를 볼 부모가 없는 왕들도 사랑하는 여자와 정식으로 결혼하지는 않고 사실혼 관계만 유지했다. 카린은 매우 예외적인 경우다. 영국의 앤 불린이나 우리나라 장희빈처럼 스웨덴에서 사극에 자주 등장할 정도다.

밤 12시까지는 돌아오렴

유럽 왕실은 후궁이나 하렘을 두지 않았다. 일부일처제를 규정한 크리스트교의 영향이다. 그렇다고 모든 왕실의 남성들이 애정 없이 정략결혼한 아내에게 평생 충실했던 것은 아니다. 그들은 지참금과 영지를 가져오고 후계자를 낳아줄 여성, 사랑을 나누거나 성적 만족을 얻을 여성을 분리해서 만나고 대했다. 그러기에 평민 여성이 사냥이나 영토 시찰 중인 '백마 탄 왕자'를 만나는 것은 결코 행운이 아니었다. 왕족으로 편입해 신분 상승할 기회가 아니라 강제로 첩이 될 위험에 처하는 것이다.

이런 현실을 바탕으로 생각해보자. 요정 대모는 왜 신데렐라에게 "밤 12시 전까지 돌아오라"고 당부했을까? 여기서 잠깐, 이해를 돕기 위해 그림 형제 『독일 전설집』 58번 이야기 「뒹게스 호수」를 소개한다.

옛날 독일 헤센 지방 뒹게스 마을에 축제가 열렸다. 예쁜 처녀 둘이 와서 농촌 총각들과 춤을 추다가 밤 12시가 되자 사라졌다. 다음 날에도 그들은 축제에 나타났다. 처녀들을 못 가게 하려고 한 총각이 장갑을 빼앗았다. 장갑을 찾는 사이에 12시 종이 울렸다. 처녀들은 불안해하면서 호수로 달려가 뛰어들었다. 다음 날 아침에 보니 호수는 피로 붉게 변해 있었다. 그 후 해마다 축제일이 되면 뒹게스 호수는 핏빛으로 변한다고 전한다.

세상에, 핏빛이 된 호수라니, 늦게 왔다고 처녀들이 심한 체벌을 당한 것일까? 집에 간다며 호수에 뛰어들다니, 처녀들은 물귀신이었을까? 사람이건 물귀신이건 왜 젊은 여성들에게는 통금 시간이 있을까?

밤 12시의 의미를 생각해보자. 자정을 전후해 날짜는 바뀐다. 그렇다면 자정까지 돌아오라는 말은 '그날 안에 돌아오라', '잠을 자지 말고 오라'는 말이다. '잠을 잔다'는 것은 성관계를 돌려서 하는 말이기도 하다.

한껏 멋내고 데이트하러 나가는 딸에게 엄마는 당부한다. "일찍 들어와라. 위험하니까 몇 시까지는 들어와라." 밤거리의 치한이나 강도가 위험하니까 일찍 들어오라는 말 같지만, 아니다. 오늘 만날 그 남자를 조심하란 뜻이다. 세상 모든 엄마는 안다. 내 딸에게 가장 위험한 남자는 내 딸이 사랑하는 바로 그 남자임을.

대부나 대모는 가톨릭에서 신앙 후견인이다. 대모代母는 엄마를 대신하는 존재다. 신데렐라의 돌아가신 엄마를 대신해서 요정 대모는

왕자와 밤을 보낸 후 한낱 첩으로 전락하지 않기 위해
실데렐라는 자정을 넘기지 않고 집으로 돌아간다.

말한다. 밤 12시 전까지 돌아오라고. 이는 섣불리 왕자와 성관계를 해서 왕자의 첩이 되지 말라는 의미가 아닐까?

신데렐라는 더 있어달라는 왕자를 뿌리치고 요정 대모의 당부대로 자정 전에 집으로 돌아온다. 이따금 구두 한 짝을 꺼내 보며 힘든 현실에서 벗어나 즐거운 추억이 생긴 데 만족할 뿐이다.

한편 무작정 있어달라고 붙잡던 눈먼 욕망이 식고 나서도 왕자는 신데렐라가 그립다. 신분과 상관없이 그녀를 진지하게 대하겠노라 다짐한다. 왕자는 구두 한 짝을 들고 신데렐라를 찾아 나선다. 마침내 둘은 모든 사람의 축복을 받으며 정식으로 결혼한다. 신데렐라는 귀천상혼에 제약받지 않고 왕자비가 되었다.

신데렐라 이야기의 혁명성

「신데렐라」는 구전되던 설화를 기록했다. 작가는 일반 민중이다. 설화를 즐기는 민중은 하룻밤 성적 노리개나, 기껏해야 첩이 될 신분의 여성을 왕자와 정식으로 결혼시킨다. 한참 왕자가 달아올랐을 때 뿌리치고 가버리는 신데렐라는 보여준다. 우리는 너희의 욕망을 위해 이용당하는 존재가 아님을. 신분, 재산, 권력과 상관없이 모든 인간은 평등하며 사랑은 평등한 관계에서만 진실하다는 것을.

신데렐라 이야기가 오랫동안 전 세계에서 사랑받은 진짜 이유는 어쩌면 여기에 있지 않을까? 그러기에 나는 신데렐라 이야기에서 놀라운 혁명성을 발견하고 감탄하곤 한다.

12시 종이 다 울리기 전까지 어떻게 돌아왔을까?
...

요정 대모는 12시 종이 다 울리기 전까지 돌아오라고 당부한다. 왕자와 즐거운 시간을 보내던 신데렐라는 종소리를 듣자 놀라서 뛰기 시작한다. 다행히 마지막 종이 울리는 순간 집에 도착했다.

어릴 적 나는 이 대목이 이상했다. 어떻게 신데렐라는 12시를 알리는 첫 종소리를 듣고 뛰기 시작해서 마지막 종이 치는 그 짧은 시간 동안 궁전을 빠져나와 집까지 올 수 있었을까?

신데렐라와 요정 대모의 약속에는 근대적 시간 개념이 반영되어 있다. 시계가 보급되기 이전에 중세 사람들의 생활 리듬은 자연을 따랐다. 기준은 태양이었다. 해가 뜰 때부터 질 때까지가 낮이었고, 이후부터 다음 해가 뜰 때까지는 밤이었다. 낮과 밤은 로마인들의 관습에 따라 각각 12시간으로 나눴다.

서유럽에서는 위도에 따라 동짓날 낮 길이가 6~8시간밖에 되지 않는다. 낮을 12등분하면 중세 동지의 한 시간은 30~40분 정도였다. 반면 하지의 한 시간은 80~90분이나 되었다. 낮과 밤이 정확히 12시간씩 양분되는 시기는 1년 중 춘분과 추분 두 번뿐이었다. 그래서 일꾼들은 자연의 시간에 따라 낮이 긴 여름에는 오래 일하고 밤이 긴 겨울에는 여름보다 덜 일했다.

이런 중세적 시간 개념은 도시가 성장함에 따라 바뀌었다. 도제와 직인에게 일을 시켜야 하는 장인들에게는 정확한 시간 분할은 중요한 문제였다. 14세기에 기계식 시계가 보급되면서 이 문제가 해결되었다. 도시의 망루, 시의회당, 교회 등 공공건물에 시계가 설치되었다. 이제 하루 24시간은 균등하게 나뉘었으며 시간을 기준으로 하여 정확한 임금 체계가 생겼다.

초기의 시계는 숫자판이나 시곗바늘 없이 종을 울려서 시간을 알렸다. 1370년, 프랑스의 샤를 5세는 왕궁의 탑에 시계를 설치하고 파리에 있는 모든 성당이 왕궁의 시계 소리에 맞춰 종을 울리도록 명령했다. 매 시간 정각만을 알려주는 시계였다. 이후 프랑스에서 15분마다 한 번씩 울려서 분 단위도 알려주는 시계가 등장했다.

　그렇다면 신데렐라는 밤 11시 45분을 알리는 첫 종소리를 듣고 뛰기 시작해서 12시를 알리는 마지막 종소리가 끝나는 때에 집에 돌아왔을 수 있겠다. 마차를 탔으니 궁전에서 집까지 15분 만에 올 수 있었을 테다. 교통체증이 심한 시절도 아니었을 테니.

#중세에서 근대까지 #유럽 왕가 #귀천상혼 #사랑 이야기의 혁명성

#중세에서 근대로
#이탈리아 해양 도시국가에서
#에스파냐-네덜란드-영국으로
#해양 제국 패권사
#종교개혁과 이주, 시민혁명
#부르주아 계급의 성장

3장

대항해시대,
패권의 흐름

베네치아 해군 제독이
왜 흑인이었을까

셰익스피어 『오셀로』

고뇌하는 남자 햄릿, 아첨에 약하고 어리석은 리어 왕, 권력욕으로 타락한 맥베스……. 셰익스피어 작품의 주인공들은 인간의 성격 유형을 대표하는 예로 자주 쓰인다. 오셀로는 질투 때문에 파멸한 남자로 유명하다. 질투를 '초록색 눈의 괴물green-eyed monster'이라 표현한 『오셀로』의 표현을 따서 영어권에서는 '그린green'을 '질투하다'란 의미로 쓸 정도다.

데스데모나는 베네치아 귀족인 아버지의 반대를 무릅쓰고 흑인 장군 오셀로와 결혼한다. 베네치아공화국 의회는 튀르크와의 전쟁이 임박하자 오셀로를 수비대장으로 임명해 키프로스로 보낸다. 데스데모나도 남편과 같이 간다.

한편 오셀로의 부하인 이아고는 캐시오가 자신보다 먼저 승진하자 앙심을 품는다. 캐시오를 파멸시키기 위해 여러 가지로 정황과 증거를 조작하여 오셀로가 아내와 캐시오의 관계를 의심하게 만든다. 질투와 열등감으로 괴로워하던 오셀로는 데스데모나를 죽인다. 진실이 밝혀지자 오셀로는 자살하고 이아고는 처형당한다.

선진국 베네치아

셰익스피어의 작품은 공간 배경이 이탈리아인 경우가 많다. 베로나가 배경인 『로미오와 줄리엣』이 대표적이다. 10세기경부터 유럽은 안정되어 인구가 증가하고 농업 생산량이 늘었다. 원거리 무역이 활성화해 북부 유럽에서는 한자동맹 도시가, 남부 유럽에서는 이탈리아 반도의 항구도시가 성장했다.

베네치아, 제노바, 피사, 아말피 등은 비잔티움제국, 이슬람 세계와 교역을 했다. 향신료와 비단 등 사치품을 동지중해 항구에서 들여와서 서유럽 시장에 판매하는 중계무역으로 막대한 이익을 남겼다. 경제력을 바탕으로 르네상스로 이어지는 세련된 도시문화를 꽃피웠다. 그래서 셰익스피어 시절에 유럽의 변방이었던 잉글랜드 사람들은 선진국인 이탈리아 도시를 배경으로 한 연극을 좋아했다.

잉글랜드 사람들은 특히 베네치아에 관심이 많았다. 당시 사람들은 공화정이 불완전한 정부 형태라고 생각했다. 그런데 왕도 없는 작은 공화국 베네치아는 상업적인 번영을 누리고 있었다. 이슬람 강국

오스만튀르크제국에 맞서 여러 번 전쟁을 벌였을 뿐 아니라, 크리스트교 국가였지만 교황에게 굽히지 않고 종교적 명분을 떠나 자기 나라의 이익을 챙겼다. 교황과 황제의 다툼에 휘말리지 않고 주권을 지켰다.

이러한 베네치아는 잉글랜드 사람들이 보기에 여러 모로 본받을 만한 나라였다. 셰익스피어가 활동하던 엘리자베스 1세 시대의 잉글랜드는 헨리 8세의 종교개혁 이후 교황청과 단절하고 독자적인 길을 걸으며 해양 강국을 꿈꾸고 있었기에 더욱 그랬다.

베네치아와 오스만제국이 대결하기까지

베네치아는 5~6세기에 훈족과 고트족, 랑고바르드족에 쫓긴 피난민 무리가 갯벌에 나무말뚝을 박아 터를 다져서 만든 해양 도시다. 농사지을 토지도, 별다른 자원도 없기에 이들은 생존을 위해 교역에 나선다. 소금 등을 주변 하천에서 거래하다가 바다로 진출한다.

베네치아는 7세기경에 비잔티움제국의 형식적인 속국이 되기를 택했다. 이는 국가 발전에 큰 도움이 되었다. 비잔티움제국은 멀리 있어서 내정에 간섭할 수 없었기 때문이다. 덕분에 교황이나 신성로마제국 황제에게 의존한 다른 이탈리아 도시국가들과 달리, 베네치아는 교황과 황제의 고래 싸움에 등 터지지 않고 자국의 발전을 추구할 수 있었다.

1081년, 노르만족이 비잔티움제국을 침략하자 베네치아는 군사를 원조하고 제국 내의 자유로운 상업 활동과 관세 면제를 보장받는다.

1차 십자군전쟁 때에는 유럽 군대의 수송을 돕는다. 이후 팔레스타인에 세워진 십자군 국가들에 정기적으로 물자를 공급하여 큰 이익을 본다.

13세기 초, 4차 십자군전쟁 때에 서유럽 영주들이 이탈리아 해상 무역 도시에 배편을 부탁하자 베네치아는 이에 투자한다. 그런데 수송 업무를 맡은 베네치아는 팔레스타인으로 바로 가지 않았다. 비잔티움제국의 수도 콘스탄티노플을 점령하고 약탈하도록 십자군을 이끌어 그 영토 일부를 획득한다.

이렇게 상업 기지 역할을 할 항구를 점령하거나 병합해가며 베네치아는 동지중해의 무역 제국으로 성장한다. 독립을 유지하고 상선의 안전과 무역로, 거점 항구를 확보하기 위해 베네치아는 교섭, 회유, 매수, 외교, 전쟁을 상황에 맞게 사용했다. 상선이 출항할 때에는 해적에 대처하기 위한 무장선과 같이 항해하도록 했다. 국영 조선소를 세워서 배를 만들고 외국인 용병은 쓰지 않았다. 이리하여 최초의 국가원수인 도제Doge를 선출한 697년부터 나폴레옹에게 점령당한 1797년까지 1,100년 동안 독립적인 공화국을 유지한다.

베네치아는 14~15세기에 '동지중해의 여왕'이라 불리며 전성기를 누렸다. 밀라노, 피렌체, 나폴리왕국, 교황령과 더불어 이탈리아 5대 강국이었다. 그러나 오스만제국과 잦은 해전을 치르며 국력이 약해지기 시작한다.

오스만제국은 1299년에 '오스만 가지'가 아나톨리아에 세운 튀르크계 국가였다. 주변 나라들을 병합하며 성장해 비잔티움제국을 압박하던 오스만제국은 1453년에 마침내 비잔티움제국의 수도 콘스탄티노플을 함락한다. 동서 분할 후 1,050여 년간 지속된 동쪽의 로마제국을 멸망시킨 것이다. 고대 로마제국처럼 유럽, 아시아, 아프리카 세 대륙에 걸친 대제국이 된 오스만제국은 바다로도 눈을 돌린다. 당시 동지중해를 장악하고 있던 베네치아와 충돌하기 시작한다.

오셀로가 흑인이어야만 했던 까닭

1489년, 베네치아는 지중해에서 세 번째로 큰 섬이자 설탕 산업이 발달한 키프로스를 차지하고는 무역선의 중간 기항지로 삼고 요새를 짓는다. 오스만제국은 키프로스를 여러 차례 공격한 끝에 점령한다. 『오셀로』의 시간적 배경이 바로 이때다. 작품 초반에 튀르크 함대가 키프로스를 공격하기 위해 출항했다는 첩보를 받고 베네치아가 오셀로를 해군 제독으로 임명하는 장면이 있기에 알 수 있다.

그런데 이상하다. 오셀로는 어째서 흑인이어야만 했을까? 베네치아는 외국인 용병대장에게 해군을 맡기지 않았다. 그런 예가 기록된 사료도 보이지 않는다. 안보 문제 때문에 16세기 중반까지 갤리선의 노잡이도 포로나 노예 대신 자유민 선원에게 봉급을 주고 고용할 정도로 베네치아는 신중했다. 그러니 다른 민족 출신을 해군 제독에 임명할 리가 없다.

『오셀로』의 원제는 "베니스의 무어인 오셀로의 비극"이다. 무어인 Moors은 이베리아반도와 북아프리카에 살던 아랍계 이슬람교도를 가리킨다. 그런데 '무어인 남자'라는 뜻의 이탈리아어 '일 모로il Moro'는 피부가 검은 남자에게 붙이는 별명이기도 했다. '검다'는 뜻의 라틴어 '마우루스maurus'가 어원이기 때문이다.

15세기의 밀라노 공작 루도비코 스포르차도 본명보다 별명인 '일 모로'로 불렸다. 오셀로도 피부가 검은 사람이라서 무어인이라는 별명으로 불린 것일까? 원작을 다시 보니 오셀로에 대해 "무어 왕족의 피를 이어받은 고결하고 용감한 장군"이라고 설명한 부분이 있다. 그렇다면 진짜 북아프리카의 무어인이라고 설정한 것인데, 그 이유는 무엇일까?

1570년, 베네치아는 오스만제국에 키프로스를 빼앗긴다. 다음 해, 이를 설욕하기 위해 베네치아는 에스파냐, 교황 등과 크리스트교 연합 함대를 구성한다. 그리스의 레판토항 앞바다에서 오스만제국 함대와 싸워 이긴다. 역사는 이 사건을 '레판토해전'이라 기록한다. 레판토해전은 1571년에 일어났고 『오셀로』는 그로부터 33년 후인 1604년에 무대에서 공연되었다. 신혼을 누릴 새도 없이 키프로스로 급히 떠나는 해군 제독 오셀로를 무대에서 보고 있지만 관객들은 이미 알고 있다. 키프로스의 운명은 물론 레판토해전의 승패와 이후의 역사까지.

베네치아는 동지중해 패권을 잃고, 대서양으로 나선 에스파냐제국은 번영하며, 잉글랜드는 1588년 에스파냐의 무적함대를 무찌르고 새로운 해상 강국이 된다. 이러한 사실을 다 알고 보는 관객은 연극 《오셀로》를 허구의 가정 비극으로만 보지 않았을 것이다. '국가의 운명을 짊어진 해군 제독이 질투라는 개인적 감정에 휘말리다니! 이래서 베네치아가 튀르크에 밀린 것인가?' 잉글랜드의 관객들은 오셀로에게서 베네치아가 쇠락한 이유를 찾았을 것이다.

오셀로는 아내를 의심하여 살해한 남자다. 이성을 잃고 순간의 감정에 휘말려 일을 저지르고 후회한 남자다. 이아고의 부추김 탓이기는 하지만, 백인이며 귀족 출신이고 젊고 아름다운 아내에 대한 열등감을 마음속 깊이 가졌기 때문이다.

이러한 캐릭터를 백인 크리스트교도로 설정했다면 작가는 관객들에게 엄청난 비난을 받았을 것이다. 그래서 셰익스피어는 오셀로를 '무어인 남자'로 설정한 것이 아닐까? 이탈리아에서 '일 모로'란 피부가 검다는 의미임을 알고 있었든 아니든.

영국의 라이벌, 에스파냐

한편, 주인공을 파멸로 몰아가는 악당의 이름이 '이아고'라는 점도 주목할 만하다. 이아고는 예수의 열두 사도 중 한 명인 '야곱'의 에스파냐식 이름이다. 성 야곱(산티아고)은 에스파냐의 수호 성인이기에 이아고는 유럽인에게 전통적으로 에스파냐를 상징하는 이름이다. 야곱은 이탈리아에서는 '자코모'로 불린다. 그런데 셰익스피어는 이탈리아의 도시 베네치아가 배경인 극본을 쓰면서 자코모가 아니라 이아고라고 표기했다. 오셀로의 부관인 이아고가 에스파냐 사람이란 의미다.

당시 갤리선은 사람들이 노를 저어서 움직였다. 다른 나라들은 노 젓는 노예를 배에 태웠지만, 베네치아 해군은 전투선에 자국민만 태웠다. 전시 안전을 위해서였다. 노잡이 노예가 적군 편이 되어 반란을 일으키면 안 되기 때문이다. 노예라면 내내 묶어두어야 하지만, 자국민이 노잡이면 평소에는 노를 젓다가 전투 상황에는 같이 싸울 수 있기에 더욱 좋다.

이런 방침을 가진 베네치아가 제독을 가까이 모시며 유사시에는 함대를 지휘해야 하는 부관을 외국인으로 임명했을 리 없다. 작가가 악당을 에스파냐 사람으로 설정한 이유는 뭘까?

세익스피어가 활동하던 당시, 잉글랜드는 에스파냐와 해상 지배권을 놓고 대립했다. 왕실과 상인들은 한발 앞서 대서양으로 진출한 에스파냐가 획득한 부에 관심이 많았다. 잉글랜드는 프랜시스 드레이크, 월터 롤리 등 모험가를 지원해서 식민지로 삼을 만한 땅을 찾는 한편, 식민지에서 본국으로 오는 에스파냐의 보물선을 약탈했다. 인도적 차원에서가 아니라 라이벌의 힘을 꺾기 위해서 에스파냐제국 식민지의 독립 활동을 도왔다.

1585년, 엘리자베스 1세는 에스파냐에 저항한 네덜란드 북부 지역에 군대를 지원한다. 이에 에스파냐 측은 엘리자베스를 퇴위시키기 위해 가톨릭 세력의 반란을 부추긴다. 엘리자베스 1세가 스코틀랜드 여왕이자 자신의 후계자인 메리 스튜어트를 가톨릭교도로서 반란 음모에 연루되었다는 죄로 처형하자, 에스파냐는 이를 핑계로 1588년에 잉글랜드를 공격한다. 잉글랜드는 에스파냐의 무적함대를 격파하고, 6년 후인 1596년에는 에스파냐의 해양 진출 기지인 카디스를 공격하여 새로운 무적함대가 꾸려지는 것을 막는다. 해양 강국 에스파냐의 태양은 이제 기울고 있었다.

이 시절 잉글랜드의 관객들은 연극을 보면서도 무대 밖의 현실을 잊지 않았다. 로마가 카르타고나 이집트의 클레오파트라와 해전을 벌이는 장면을 볼 때면 잉글랜드와 라이벌인 에스파냐를 떠올렸다. 카르타고의 여왕 디도가 아이네이아스와 사랑에 빠지는 연극을 보면 엘리자베스 여왕의 혼사와 나라의 앞날을 걱정했다. 그런 관객들이라면 중요한 해전을 앞둔 때에 제독 오셀로를 파멸시키는 악당 이아고를 보면서 그의 국적을 떠올리지 않을 수 없었을 것이다.

극작가인 셰익스피어가 작품 속 악인을 자신들이 싫어하던 에스파냐 사람으로 설정한 이유가 여기에 있지 않을까? 베네치아 해군의 실정과 맞지는 않지만, 잉글랜드의 관객들이 악당을 더욱 미워하게 만들기에는 딱이다.

데스데모나는 왜 죽어야만 했을까

의원 1 : 잘 가시오, 용감한 무어인 장군. 데스데모나를 아껴주시오.
브러밴쇼 : 그 애를 잘 지키게, 무어인, 자네에게 눈이 있다면. 그 애는 아비를 속였으니, 자네도 속일 수 있지.*

키프로스로 떠나는 오셀로에게 데스데모나의 아버지 브러밴쇼가

---

*   셰익스피어, 『오셀로』, 펭귄클래식코리아, 44쪽.

하는 말이다. 그 전에도 브러밴쇼는 딸의 결혼을 마지못해 허락하면서 같은 말을 한 적이 있다. 조심하라고, 아버지를 속인 여자가 남편은 못 속이겠느냐고. 오셀로는 후에 이 말을 떠올리며 아내를 의심하고 괴로워한다.

결국 데스데모나가 죽는 것은 마땅한 죗값인 셈이다. 남편을 속이지는 않았지만 이미 가부장인 아버지를 속이고 거역한 죄를 지었기 때문이다. 이 대목에서도 당시 잉글랜드의 시대 상황이 보인다. 《오셀로》가 공연되던 제임스 1세 시절, 제임스 왕은 자신을 '국가의 아버지'로 부르며 국민에게 자식으로서 복종할 것을 강조했기 때문이다.

그러나 집필 당시의 사회 현실을 떠나서 보더라도 데스데모나의 죽음에는 여성 혐오가 보인다. 작가는 데스데모나에게 설명하여 오해를 풀 기회를 주지 않는다. 또 캐시오와 실제로 불륜 관계였다고 해도 이혼하면 될 것을 굳이 오셀로는 데스데모나를 죽이고 만다. 배신감과 질투심 때문만은 아니다. 오셀로는 "그래도 죽어야 해. 그러지 않으면 더 많은 남자를 배신할 테니까"라며 미래의 남편에게 저지를 죄까지 미리 단죄하여 데스데모나를 죽인다. 이런 설정은 이상한 정도가 아니라 괴이하게까지 보인다.

『오셀로』에서 보이는 것들

『오셀로』는 15~16세기 유럽의 해양 패권이 베네치아에서 포르투갈과 에스파냐, 잉글랜드로 이동하는 역사를 반영한다. 대항해시대에 대서양에 면한 서유럽 국가들이 해외로 팽창하는 데 주도적 역할을 했지만, 이는 과거와 단절된 서유럽 국가들만의 업적이 아니다. 지중해를 항해하던 이탈리아의 경험과 자본이란 토대가 있었다.

1492년에 에스파냐 함선을 이끌고 아메리카로 향한 콜럼버스는 제노바 사람이었고, 그가 상륙한 곳이 인도가 아니라 신대륙임을 알아낸 아메리고 베스푸치는 피렌체 출신이었다. 1497년 잉글랜드의 원조를 받아 탐험가 존 캐벗이 현재 캐나다의 뉴펀들랜드 지역에 상륙했는데, 그는 베네치아 사람이었다.

그런데 셰익스피어가 집필한 희곡 『오셀로』는 당시 베네치아의 실상과 업적을 제대로 반영하지 않았다. 이성적 판단력이 모자란 해군 제독 오셀로는 이교도가 사는 지역의 흑인 용병이며, 오셀로를 파멸로 이끄는 이아고는 잉글랜드의 라이벌 국가 에스파냐 출신이다. 16세기 제국주의 영국의 편견을 반영한 설정이다. 또 죄 없는 데스데모나가 의심을 받다 살해당하는 데에는 가부장제에서 비롯한 유구한 여성 혐오가 있다.

그렇기에 우리는 『오셀로』에서 질투에 눈먼 한 남자 말고도 크리스트교의 신과 국왕, 아버지와 남편이 하나인 가부장적 제국주의 국가, 16세기 잉글랜드를 본다. 유럽 세력이 지중해에서 나와 대서양으로, 이어서 태평양까지 항해하면서 그와 함께 유럽인들의 전통적인 인종적·종교적 편견과 여성 혐오도 고전 명작이란 옷을 입고 세계로 진출했음을 본다.

손수건이 중요한 이유

...

오셀로는 데스데모나의 손수건을 캐시오가 갖고 있다는 이유로 둘 사이를 불륜이라 확신한다. 이유가 뭘까?

그 손수건은 원래 오셀로 어머니의 유품으로, 오셀로가 데스데모나에게 처음으로 준 선물이었다. 손수건에는 이집트 마녀의 주술이 걸려 있어서 갖고 있는 동안에는 남편의 사랑을 받지만 잃어버리면 파멸한다고 한다. 오셀로가 화를 낸 이유는 또 있다. 그 손수건에는 새하얀 바탕에 빨간 딸기가 수놓여 있는데, 이는 여자의 성적 순결을 상징한다. 당시 여자들의 손수건은 속옷과 마찬가지였다. 그래서 짝사랑하는 여자와 결혼하고 싶은 남자가 교회 안에서 여자의 손수건을 빼앗는 일도 종종 생겼다.

빼앗은 손수건의 주인은 어떻게 알 수 있을까? 주인을 찾기는 쉬웠다. 옛날에는 손수건이 값비싼 사치품이었기에 이름을 수놓았다. 그래서 찰스 디킨스의 1838년 작 『올리버 트위스트』를 보면 런던의 범죄자 무리에 끌려간 올리버가 손수건의 자수를 뜯어내는 일을 한다. 당시 소매치기들은 손수건을 훔쳐서 이름을 새긴 자수를 뜯은 후 되팔아 돈을 벌었다. 19세기 후반에 얇은 아사 면으로 만든 손수건이 대량 생산되면서부터 손수건은 더 이상 사치품이 아니었다. 그 후로 사람들은 손수건에 이름을 새기지 않았다.

이런 내막 때문일까? 여성이 호감 있는 남성 앞에서 손수건을 떨어뜨려서 데이트를 유도하는 방법은 최근까지 사용되었다. 본래 비싼 물건이었으니 찾아주는 사람에게 당연히 사례를 해야 했던 것이다. 요즘 식으로 말하자면, 잃어버린 명품 지갑을 찾아준 것과 같다.

#근대 초 베네치아 #에스파냐 #잉글랜드 #셰익스피어의 시대

제방 관리로 성공한 나라,
네덜란드

메리 도지 「은 스케이트」 중 「나라를 구한 소년」

"그래, 니 팔뚝 굵다!"

어린 시절, 친구와 다투다 말문이 막히면 이렇게 말하는 아이들이 있었다. 이 말을 들을 때마다 나는 떠올렸다, 팔뚝으로 제방의 구멍을 막았다는 네덜란드의 소년을. 나라를 구할 정도로 굵은 팔뚝이라니, '너 잘났다, 네가 옳다'라는 뜻으로 쓰일 만하지 않은가.

네덜란드 소년 한스는 심부름 다녀오던 길에 바닷물을 막는 둑에서 물이 새는 것을 발견한다. 둑이 무너지면 마을 전체가 물바다가 된다. 한스는 옷을 벗어 팔에 감아 구멍을 막는다. 밤이 되었다. 한스는 기도하며 버틴다. 다음 날 새벽, 일하러 가던 농부가 팔로 구멍을 막은 채 기절한 한스를 발견했다. 둑은 수리됐고, 한스는 나라를 구한 영웅이 되었다.

　초등학교 교과서에서 읽었던 「나라를 구한 소년」의 줄거리다. 이 이야기는 실화가 아니다. 미국 작가인 메리 도지가 쓴 동화집 『은 스케이트』에 실린 단편 동화다. 1865년 출간된 원작에서 소년은 이름 없이 '하를렘Haarlem의 영웅'으로만 적혀 있다. 작가가 이웃에 사는 네덜란드 이민자들에게 들은 민담을 바탕으로 썼기 때문이다. 그런데 같은 동화집에 실린 「은 스케이트」의 주인공 '한스 브링커'가 유명해지면서, 제방의 구멍을 막은 소년의 이름도 '한스'로 잘못 알려졌던 것이다.

　책을 감명 깊게 읽은 미국 관광객들이 와서 소년에 대해 자꾸 물어보자 네덜란드 사람들은 당황했다. 둑을 막은 소년 이야기는 네덜란드 민담이지만, 전국적으로 널리 알려진 이야기는 아니었다. 그래도 네덜란드 사람들은 소년의 기념상을 세운다. 실존 인물은 아니지만 관광 수입을 챙기기 위해서다. 현재 기념상은 암스테르담, 스파른담 등 세 군데나 있다. 그중 어디에도 소년의 모델이 되는 인물이 살았다는 증거는 없다. 어린 소년도 선뜻 목숨을 바치려 할 정도로 네덜란드에서 제방 관리가 중요했던 것만은 사실이지만.

유럽 최강국, 에스파냐

　네덜란드, 벨기에, 룩셈부르크가 있는 유럽 북서부는 '저지대 지역'이라 불린다. 고대에는 로마제국, 중세 초기에는 프랑크왕국의 지배를 받던 저지대 지역은 9세기에 프랑크왕국이 분열한 이후 자치를 누린다. 1433년부터 부르고뉴공국의 지배를 받다가 유럽 왕가들의 정략결혼으로 에스파냐제국에 속했지만, 이후 에스파냐의 강압과 종교 탄압에 반발하여 1568년부터 1648년까지 독립전쟁을 치른다.

당시 에스파냐는 유럽 최강국이었다. 13세기에 십자군운동이 실패로 끝난 후 유럽은 일단 팽창을 멈춘다. 이슬람 세력이 성장하고 페스트가 창궐하자 유럽은 더욱 움츠러든다. 오스만제국이 지중해에도 진출하여 이탈리아 항구도시들의 세력이 약해진다. 이때 포르투갈과 에스파냐는 대서양을 통해 유럽의 팽창 시대를 연다.

포르투갈의 항해자들은 아프리카 남단을 돌아 인도, 중국, 일본까지 항해한다. 해안가에 교역 거점을 두고 해상무역 제국을 건설한다. 한편 에스파냐는 무역보다 영토 정복과 정주, 식민화 사업에 더 힘쓴다. 이 과정은 코르테스, 피사로 등 직업적 정복자들이 주도했다. 16세기 중반 이후로는 정복지에서 플랜테이션 농업과 목축을 하고 광산을 개발했다. 에스파냐가 들여온 신대륙의 은은 유럽과 아시아의 교역을 활발하게 만들어 근대적 세계 경제 체제의 기초가 된다.

유럽인들은 무역으로 경제적 이득을 얻고 해외 영토를 차지하기를 원했다. 신앙심 또한 해외 진출의 동기 중 하나였는데, 특히 에스파냐가 그랬다. 15세기에 카스티야 공주인 이사벨과 아라곤 왕자인 페르난도가 결혼하여 왕국을 합친 후 이베리아반도에 남아 있던 이슬람 세력을 정복하여 만든 나라가 에스파냐이기 때문이다. 이 과정을 재정복, '레콩키스타Reconquista'라고 한다.

'이슬람을 상대로 싸우는 십자군'이라는 국가 정체성은 이사벨 여왕이 1492년에 콜럼버스의 항해를 지원할 때도, 후에 아메리카를 식민지로 삼을 때도 중요하게 작용한다. 크리스트교를 이방인들에게 포교한다는 종교적 명분을 주었기 때문이다.

카를로스 1세 시절 에스파냐는 유럽과 아메리카, 아시아에 영토를 둔 '해가 지지 않는 제국'이 된다. 카를로스 1세는 '가톨릭 왕들'이라 불린 이사벨과 페르난도의 외손자였다. 친가 쪽에서 상속받은 신성로마제국의 황제 카를 5세이기도 했다. 그는 가톨릭의 수호자로서 유럽의 종교전쟁에 뛰어들곤 했다.

제국에 맞서는 거지들

전쟁에는 돈이 들었다. 해외 식민지에서 가져오는 막대한 은이 있기는 했지만, 채무는 늘어가는 반면 은 채굴량은 줄어갔다. 게다가 너무 많은 은을 들여온 탓에 물가가 상승하면서 경제위기가 닥쳤다.

카를로스 1세의 아들인 펠리페 2세는 광대한 제국과 함께 악화된 재정도 물려받았다. 세계에 흩어져 있는 제국의 영토를 관리하고 물려받은 전쟁까지 치르느라 그는 여러 차례 파산을 선언한다. 경제 회생 방법을 찾던 펠리페 2세는 에스파냐 통치 지역 중 가장 부유한 네덜란드에 세금을 더 내라고 요구했다. 네덜란드는 반발했다. 에스파냐의 가톨릭 지배자들이 네덜란드의 칼뱅파 신교도들을 탄압하여 분개하던 차였다.

1566년, 하급 귀족 200여 명이 모여 에스파냐에 항의하는 탄원서를 제출한다. 에스파냐 총독부 관리가 이들을 보고 "거지 떼 같다"고 비웃었기에 이후 네덜란드의 독립운동 단체는 '거지기사단'으로, 해군은 '바다거지들Watergeuzen'이라고 불렸다. 거지란 뜻의 네덜란드어 '회젠geuzen'이 네덜란드의 칼뱅파 신교도를 가리키는 역사 용어로 쓰이게 된 내력이다.

이렇듯 네덜란드 신교도들의 저항은 가톨릭의 수호자라는 정체성을 가진 에스파냐에 저항하는 종교운동이자 민족운동, 독립운동이었다.

네덜란드 사람들은 지도자를 찾아 오라녜 공작 빌럼에게로 모여들었다. 빌럼은 자금과 병사를 모았고, 해적으로 '바다거지들'을 만들어 바다와 육지 양쪽에서 에스파냐 군대를 공격했다.

에스파냐군이 마을을 공격하여 약탈하고 주민을 살해하는 일이 잦아지자 반反에스파냐 봉기가 잇달았다. 특히 1573년 하를럼 공성전에서 전 주민이 몰살당하자 민심은 급격히 기운다. 펠리페 2세를 배반하기를 망설이던 도시들까지도 빌럼 측에 합류한다.

독립을 위해 제방을 터뜨리다

1574년은 80여 년에 걸친 네덜란드 독립전쟁의 분기점이 되는 해다. 에스파냐군은 1년 넘게 레이던시를 포위하고 공격했다. 고립된 채 식량이 바닥나자 빌럼은 제방을 무너뜨려 공격할 생각을 했지만 망설였다. 집이 물에 잠기고 농토가 염해를 입어 몇 년 동안이나 농사를 못 짓는 등 극심한 피해가 예상되었기 때문이다.

빌럼은 비밀 요원을 보내고 편지를 전하는 비둘기를 날려서 레이던 시민의 동의를 얻은 후에야 상류의 제방을 무너뜨린다. 조수와 폭풍의 영향으로 물이 차오르자 '바다거지들'이 보트를 타고 레이던시로 들어갔다. 육군과 레이던 시민들도 일제히 공격했다. 에스파냐군은 제대로 싸우지도 못하고 퇴각한다.

승리한 빌럼은 레이던 시민에게 소원을 묻는다. 세금 면제 정도를 예상했으나 시민들은 대학을 세워달라고 요청한다. 네덜란드 최초의 대학교인 레이던대학교는 이렇게 설립되었다. 저지대 국가인 네덜란드의 생존에 치명적인 것을 알면서도 독립을 위해 제방을 터뜨린 것, 금전적 보상 대신 대학 설립을 원한 것 모두, 멀리 내다보고 실리를 중시하는 네덜란드 사람들의 국민성이 드러난다.

레이던 공성전 후에도 독립전쟁은 계속되었다. 1584년, 에스파냐는 빌럼을 암살한다. 네덜란드 독립군은 빌럼의 아들 마우리츠를 지도자로 세우고 계속 싸운다. 펠리페 2세와 정전협상 끝에 드디어 1588년, 북부 일곱 개 주는 네덜란드공화국을 수립한다. 국제적으로는 1648년에 30년전쟁을 종결짓는 '베스트팔렌조약'으로 독립을 인정받았다. 가톨릭을 믿는 열 개 주는 따로 독립해 벨기에가 되었다.

제방 너머 바다로

네덜란드는 국토의 30퍼센트가 해수면보다 낮다. 나라 이름 자체가

'낮은 땅'이란 뜻이다. 사람들은 이 낮은 땅에 둑을 쌓고 물을 퍼내어 농경지로 만들었다. 그래서 로테르담, 스파른담 등 '담'으로 끝나는 도시 이름이 많다. 네덜란드의 수도 암스테르담은 13세기에 어민들이 암스텔강에 둑을 쌓아 만든 도시다. '담dam'은 우리말로 둑이라는 뜻이다.

네덜란드의 간척 사업은 다른 유럽 지역과 달랐다. 영주들이 농노를 시켜 개간한 것이 아니라 평민이 주체였다. 늘어난 간척지는 사업에 참여한 평민들이 나눠 가졌다. 이에 부유한 농민과 어민, 상인이 성장해 중산층이 늘어난다. 모직물 공업과 조선업을 주축으로 제조업도 성장한다. 15세기에는 상권을 장악하기 위해 한자동맹 도시들과 전쟁을 하기도 한다.

도시에 모인 상공업자들은 가톨릭교회와 신성로마제국 황제의 간섭에서 벗어날 방법을 찾는다. 세금 인상과 종교 탄압에 저항하여 독립전쟁을 시작한다. 이 점에서 네덜란드 독립전쟁은 상공업 부르주아가 봉건적 속박을 벗어나 자유를 얻으려 싸운 부르주아 혁명이기도 하다.

1581년, 에스파냐와 싸울 것을 결의한 북부 일곱 개 주는 '철회령'을 선언한다. 펠리페 2세에 대한 충성서약을 철회하고 각 주의 위원회가 주권을 가진다는 내용이었다. '철회령'은 후에 미국 독립선언의 본보기가 되었다. 이런 역사적 의의를 높이 평가하여 네덜란드 독립전쟁을 영국 명예혁명, 미국 독립혁명, 프랑스혁명과 함께 세계 4대 시민혁명으로 보는 견해도 있다.

16세기 중엽 네덜란드는 북방, 발트해 무역량의 70퍼센트를 차지

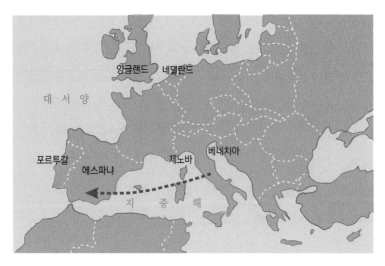

동쪽의 지중해에서 서쪽의 대서양 연안으로 해양 패권이 옮겨 갔다.

했다. 그러나 독립전쟁으로 에스파냐 본국과 해외 식민지를 상대로 한 대서양 무역이 중단되면서 경제위기가 닥쳤다. 대규모 무역선단을 꾸려서 이겨내려고 했지만 투자금이 부족했다. 이때, 여러 사람에게서 투자를 받아 선단을 꾸린 후에 이익을 나누자는 의견이 나왔다. 투자금에 대한 소유권을 증명하는 문서도 만들었다. 근대적인 주식의 개념이 생기고 세계 최초의 증권거래소가 암스테르담에 문을 연다. 세계 최초의 대기업이자 주식회사가 네덜란드에서 시작된 것이다.

1602년, 네덜란드는 인도를 비롯한 아시아 지역과 교역하기 위해 동인도회사를 설립한다. 회사는 주식을 사는 방법으로 투자를 받았다. 이렇게 하면 무역선 한 척이 아니라 회사 자체에 투자하는 방식이기에 배 한 척이 사고를 당해도 투자한 개인은 상대적으로 안전했다.

회사가 거둔 수익은 투자자가 가진 주식의 양에 따라 배분되었다. 이렇게 하여 부르주아 혁명을 이룬 네덜란드에서 현대 자본주의가 탄생한다.

네덜란드는 에스파냐를 능가하는 해양 강국이 되었다. 17세기 중반 세계 무역선의 75퍼센트가 네덜란드 선박일 정도였다. 네덜란드의 화물 운송비는 경쟁국의 3분의 1 수준이었기에 전 세계 무역품이 네덜란드 배에 실려 암스테르담으로 들어왔다. 화물은 유럽 각지로 다시 팔려 나갔다. 네덜란드는 엄청난 이익을 챙겼다.

그러나 산업화 시대에 접어들면서 인구와 천연자원의 부족으로 곤란을 겪는다. 잉글랜드와 세 번 전쟁해서 두 번을 이길 정도로 강력한 해군을 가졌던 네덜란드였지만, 17세기 후반 이후 경쟁에서 밀린다. 에스파냐에게서 건네받은 해양 제국이라는 명패는 이제 영국, 1707년에 성립한 그레이트브리튼Great Britain으로 넘어간다.

제방 관리로 성공한 나라

다시 카를로스 1세의 외조부모 시절 이야기다. 이사벨과 페르난도, 교황이 인정한 가톨릭 왕들은 이교도에 엄격했다. 레콩키스타가 완료된 1492년에 이교도 유대인들의 추방을 명하는 '알람브라칙령'을 발표한다.

쫓겨난 유대인 중 6만 명은 포르투갈로 갔지만, 펠리페 2세 시절에 포르투갈이 에스파냐에 병합되자 다시 네덜란드로 가서 정착한다. 유대인의 지식과 기술, 재산은 네덜란드의 경제발전에 큰 도움이 되었다. 반면 에스파냐 측은 고급 두뇌가 유출되면서 국가 경쟁력에 문제가 생겼다.

유대인뿐만이 아니다. 네덜란드에는 신교도 망명객과 종교전쟁의 피난민도 모였다. 위그노전쟁을 피해 온 프랑스인, 30년전쟁을 피해 온 독일인, 그 외 소수파에 속하는 급진적 신교도…… 종교의 자유를 찾아 네덜란드로 이주한 이들 대부분은 상인이거나 특별한 기술을 지닌 장인이었다. 덕분에 네덜란드에 상업과 제조업은 더욱 발달한다.

암스테르담의 금융업이 성장하게 된 계기도 비슷하다. 레이던 공성전 이후 1576년, 에스파냐는 당시 유럽 최고의 금융 도시였던 안트베르펜을 약탈한다. 이때 수많은 상인과 지식인, 예술가들이 네덜란드 북부 지역으로 이주한다. 이주해 온 은행가들 덕분에 암스테르담에는 안정적인 금융 체계가 갖춰진다. 에스파냐는 더욱 내리막길로 접어든 반면 이주자들의 재산과 금융 지식을 받아들인 네덜란드는 눈부신 경제성장을 이룬다. 현대의 경제사학자들이 암스테르담을 '17세기의 월가'라고 부를 정도였다.

경제적 번영은 문화를 꽃피우기 마련이다. 인쇄소, 출판사, 서점이 늘어났다. 에라스무스, 스피노자, 데카르트 등 철학자와 렘브란트, 페르메이르 등 예술가가 활약했다. 스피노자는 에스파냐에서 추방된 유대인의 아들이었다. 데카르트는 프랑스인이었지만 사상의 자유를 찾아 16년간 네덜란드에 머물며 레이던대학교에서 『방법서설』을 펴낸다. '관용의 나라'로 알려진 네덜란드에 유럽 전역에서 인재들이 모여들었다. 외국인은 17세기 초반 암스테르담 인구의 40퍼센트나 되었다.

여기까지 살펴보니 네덜란드가 발전한 비결은 '제방 관리'라고 볼 수 있겠다. 네덜란드는 해수면보다 낮은 국토를 제방으로 보호한다. 종교 박해를 피해 밀려드는 사람들의 물결을 네덜란드의 둑 안에 받아준다. 부유한 상인, 신교도 무역상, 유대인 금융업자, 숙련 노동자의 이주를 받아들인 결과 무역과 금융업 강국이 된다.

네덜란드의 실용 정신은 필요할 때는 과감하게 제방을 허무는 데에서도 나타난다. 레이던 공방전에서도, 100년 후 프랑스와 전쟁할 때에도 네덜란드는 제방을 터뜨려 적을 물리친다. 필요할 때는 거침없이 벽을 없애서 실리를 추구하는 것이 작은 나라 네덜란드의 성공 비결이었다. 국토는 둑으로 둘러싸였지만 사고는 막히지 않았던 것이다.

둑 뒤편의 그림자

물론 네덜란드 역시 빛과 어둠의 역사가 교차한다. 관용의 나라라고는 하지만, 네덜란드도 종교의 자유를 완벽히 보장하지는 않았다. 개신교 신자의 자유만 보장했고 가톨릭 신자에게는 종교의 자유가 없었다. 에스파냐에 악명 높은 종교재판소가 있었듯이 네덜란드에도 종교기관이 있었다. 네덜란드의 종교기관은 가톨릭 신자의 토지를 몰수한 후 팔아서 에스파냐와 전쟁할 때 사용했다.

남아프리카에 케이프 식민지를 세우고 인도네시아를 식민 지배하는 등 네덜란드는 당시 서구 제국주의 국가들의 전형적인 침략의 역사도 갖고 있다. 서인도회사를 설립해서 아프리카인들을 카리브해 지역에 노예로 공급하여 큰돈을 벌기도 했다. 모두 다 둑을 막아 나라를 구한 소년이 자라서 그 굵은 팔뚝으로 한 일이다.

네덜란드는 왜 스피드스케이팅에 강할까
...

네덜란드의 제방과 운하를 관리하는 것은 주민들의 생존이 걸린 중요한 일이었다. 「은 스케이트」의 브링커 씨처럼 제방을 관리하다가 사고를 당하는 사람도 많았다.

그러기에 겨울이 되어 운하가 얼어붙으면 네덜란드 사람들은 기뻐했다. 한동안 제방과 운하를 걱정하지 않아도 되므로 안심하고 스케이트를 타며 겨울을 즐겼다. 연례행사로 열리는 총 6,000여 킬로미터가 넘는 장거리 스케이팅 경주 대회에 많은 사람이 참여하고 응원했다. 네덜란드가 스피드스케이팅에 강한 이유다.

동계 올림픽에 출전한 네덜란드 스케이트 선수들은 오렌지색이 들어간 유니폼을 입는다. 네덜란드를 상징하는 색이기 때문이다. 이는 독립전쟁을 이끌어 네덜란드의 국부國父로 숭상받는 오라녜 공 빌럼과 관계있다.

빌럼은 현재 네덜란드 왕가인 '오라녀나사우Oranje-Nassau' 가문의 조상이다. 원래 나사우 백작이었던 빌럼은 사촌 형에게서 프랑스 남부의 오랑주 공작령을 상속받은 후 오라녜 공을 겸하게 되었다. 오랑주, 오라녜는 영어로 '오렌지'다.

#네덜란드 운하 #16세기 후반 #네덜란드 독립전쟁 #해외무역의 역사

다시 돌아온
크리스마스

루시 몽고메리 「빨간 머리 앤」, 찰스 디킨스 「크리스마스캐럴」,
오 헨리 「크리스마스 선물」

매슈와 마릴라 남매에게 입양된 고아 소녀 앤은 캐나다 에이번리 마을의 초록 지붕 집에서 자란다. 마릴라 아주머니는 앤을 사랑하지만 엄격하게 대한다. 옷도 어두운 색 천을 써서 수수한 디자인으로만 만들어준다. 매슈 아저씨는 구닥다리 옷을 입은 앤을 안쓰럽게 여겨 이웃 아주머니에게 유행 중인 드레스를 만들어달라고 부탁한다. 크리스마스 선물로 새 옷을 받은 앤은 매우 기뻐한다.

크리스마스가 다가오면 앤이 드레스를 선물받는 장면이 생각나곤 한다. 궁금했다. 마릴라는 왜 그렇게 앤에게 엄격할까? 밝은 색이 어울릴 아이에게 왜 칙칙한 옷만 입힐까?

앤이 수수한 옷을 입은 이유

답은 종교에 있다. 『빨간 머리 앤』의 배경인 캐나다는 유럽에서 건너온 사람들이 세운 나라다. 이들은 마을을 건설하면 반드시 교회를 지었다. 프랑스에서 온 사람들은 가톨릭교회를, 영국계 이민자들은 프로테스탄트계 교회를, 영국계 중 스코틀랜드 사람들은 장로교회를 세웠다. 초록 지붕 집 가족도 에이번리 장로교회에 다닌다. 매슈와 마릴라 남매의 조상은 스코틀랜드 출신이었기 때문이다.

현재 영국의 공식 명칭은 '유나이티드 킹덤 오브 그레이트 브리튼 앤드 노던 아일랜드The United Kingdom of Great Britain and Northern Ireland'로 잉글랜드, 스코틀랜드, 웨일스, 북아일랜드를 연합하여 성립한 왕국이다. 왕위계승, 종교, 귀족의 권력과 이권 추구가 맞물려서 잉글랜드와 스코틀랜드 사이에는 갈등이 많았다. 전쟁도 여러 번 했다.

국교도 다르다. 헨리 8세가 종교개혁을 하여 1534년에 세운 '성공회'라는 영국국교회는 잉글랜드에만 해당한다. 스코틀랜드는 독자적으로 종교개혁을 하여 1560년에 장로교를 국교로 정한다. 장로교는 칼뱅의 제자 존 녹스가 세운 스코틀랜드 칼뱅주의 교회다.

제네바에서 신정정치를 펼친 프로테스탄트 종교개혁가 칼뱅은 기존의 가톨릭과 엄격히 거리를 두었다. 교회의 장식도 검소하게 했으며 가톨릭의 사치·향락 풍조를 비판했다. 일상에서도 늘 경건한 자세를 갖고 금욕할 것을 강조했다. 신자들은 가정 생활도 검소하게 꾸리고 아이들을 엄하게 교육했다. 그래서 장로교 신자 마릴라는 본심과 다르게 앤을 엄격히 대한다.

앤에게 수수한 드레스를 만들어준 이유, 매슈가 앤에게 선물한 최신 유행 드레스를 못마땅해한 이유가 여기에 있다. 마릴라는 화려한 드레스를 크리스마스 선물로 주는 것조차 용납하기 힘들었을 것이다. 칼뱅주의 신자들은 크리스마스를 성대하게 축하하는 것을 오랫동안 꺼렸기 때문이다. 법으로 크리스마스를 금지하던 시절이 있을 정도다.

그들이 북아메리카로 간 이유

1492년, 에스파냐의 지원을 받은 콜럼버스가 아메리카의 서인도 제도에 도달한다. 다른 대륙이 있다는 걸 알고 유럽 각국은 경쟁하듯 해외 진출에 나선다. 잉글랜드의 헨리 7세는 1497년에 존 캐벗 원정대를 파견한다. 원정대는 캐나다 북동부의 뉴펀들랜드에 도착한다. 1534년에는 프랑스 탐험가인 자크 카르티에가 뉴펀들랜드의 아래쪽 세인트로런스만에 도착한다. 당시 왕인 프랑수아 1세의 이름을 따서 그 지역을 '뉴프랑스'로 선언한다.

영국과 프랑스는 정착촌을 세우고 모피 무역과 어업을 했지만 본격적인 식민지 개척 사업은 17세기 중반부터였다. 두 나라는 캐나다에 대한 영유권을 주장하며 끊임없이 충돌하고 전쟁을 벌였다. 1760년에 뉴프랑스 전 지역이 영국에 항복하면서 캐나다는 영국령이 되었다. 그 후 영국령 '북미법'에 따라 1867년에 캐나다 연방이 결성되어 오늘에 이른다.

한편, 잉글랜드의 월터 롤리는 1584년부터 현재의 미국 동부 지역을 탐험하고 처녀 여왕 엘리자베스 1세에게 경의를 표하기 위해 버지니아라 이름 짓는다. 영국은 에스파냐가 차지한 중·남부 아메리카를 피해 북아메리카에 집중한다.

1607년, 이주자 143명을 태운 배 세 척이 버지니아에 도착하여 제임스타운 정착지를 건설한다. 1620년에는 102명이 메이플라워호를 타고 버지니아 북쪽 플리머스에 도착한다. 이들은 '필그림파더스'라고 불리며 미국인의 조상으로 숭배받는다. 미국인들은 1775년에서 1783년까지 영국과 전쟁을 하고 독립한다.

유럽 출신 이민자들은 대부분 인구 과잉으로 경작할 땅이 부족해지자 살길을 찾고 부자가 되기 위해 신대륙에 왔다. 북아메리카의 식민 사업은 국왕에게 특허장을 받은 회사가 주도했다. 신세계로 이주할 사람들을 모집하기 위해 회사는 새로운 토지제도를 도입했다. 이주자에게 사람 수에 따라 토지를 나누어주고 현금 대신 농산물을 대가로 받았다.

사람들을 많이 모집하기 위해 회사는 본국에서보다 신앙과 정치의 자유를 더 많이 주었다. 이리하여 북아메리카는 기회의 땅이자 신앙의 자유가 있는 곳으로 알려진다. 덕분에 유럽의 개신교도가 많이 이주한 것은 사실이지만, 오늘날 미국인과 캐나다인의 조상 전부가 종교적 이유로 본국을 떠난 것은 아니다. 메이플라워호의 승객 102명 중 영국에서 국교를 강요당하자 종교 박해를 피해 온 청교도는 35명뿐인 것을 예로 들 수 있다.

크리스마스를 금지한 종교적 이유

청교도, 즉 잉글랜드의 칼뱅파 개신교 신자들은 가톨릭과 거리를 두었다. 크리스마스도 이교도적인 축제라고 비난하며 명절로 쇠는 것을 금지했다.

근거는 이렇다. 로마제국의 아우렐리우스 황제는 페르시아의 태양신 미트라와 이집트 신 호루스의 탄신 축제에서 영향을 받아 태양신의 탄신일을 12월 25일로 정했고, 이날 시작한 축제를 1월 6일에 끝냈다. 게르만족에도 고유의 동지 풍습이 있었다. 12월 25일에서 26일로 넘어가는 밤부터 1월 5일에서 6일로 넘어가는 기간에 특별한 의미를 두어 성직자가 이끄는 축제를 열었다.

이러한 이교도들의 축제 전통을 흡수하여 크리스트교 교회가 기획한 예수 탄신 축제가 크리스마스였다. 성탄절을 12월 25일로, 공현절이라고도 불리는 주현절을 1월 6일로 정한 것을 보아 이름만 바꾸었을 뿐 같은 축제를 계승했음을 알 수 있다.

가톨릭교회 측에도 이유는 있다. 박해받던 크리스트교는 313년에 콘스탄티누스 황제에게 공인받는다. 392년에는 테오도시우스 황제에 의해 로마제국의 국교가 된다. 로마가 영토를 확장하면서 여러 민족을 로마 시민으로 받아들임에 따라 교회는 제국의 분열을 막고 포교를 쉽게 하기 위한 방법을 연구했다. 그중 한 가지가 고대부터 이어진 민간 신앙과 풍습, 농민들의 세시풍속을 크리스트교의 축제로 받아들여 교회 달력에 반영하는 것이었다. 대중의 정서에 다가가기 위해서다.

하지만 고대 이교도의 풍습까지 포용했다는 이유로 기존의 가톨릭 축제는 종교개혁 이후 청교도에게서 공격받는다. 가톨릭을 거부하는 빌미로 쓰인 것이다.

크리스마스를 금지한 정치적 이유

청교도들이 크리스마스를 금지한 데는 정치적 이유도 있다. 헨리 8세는 이혼을 계기로 종교개혁을 단행한다. 그가 세운 국교회는 정치적으로 로마 가톨릭에서 독립했을 뿐, 교리상 큰 차이는 없었다. 다음 왕인 에드워드 6세는 외가 쪽 청교도 신하들을 중용하고 부왕보다 더 철저한 개혁으로 영국 교회를 이끌었다.

에드워드 6세가 어린 나이에 사망한 후 즉위한 메리 1세는 가톨릭을 옹호하고 개신교 신자들을 박해했다. 그랬기에 청교도 신하들은 이후 엘리자베스 1세가 즉위하자 에드워드 6세에 이어 종교개혁을 마무리해주기를 기대했다. 그러나 여왕은 영리했다. 지나친 개혁으로 권력을 잃고 왕국을 분열시킬 생각이 없었던 것이다. 법령을 정비하여 새로운 교회를 만든다는 방향은 제시하면서 가톨릭에 바탕을 둔 기존 관습을 존중했다. 국민들에게 남아 있는 가톨릭 정서를 통치에 이용했다. 성모마리아 신앙을 처녀 여왕인 자신에 대한 숭배로 유도하기도 했다.

그러자 급진적 개혁을 원하는 청교도 신하들, 특히 이후 청교도혁명의 주요 세력이 되는 젠트리의 불만이 쌓여갔다. 젠트리는 시골에 사는 지주로, 원래 평민이었지만 지역에서 존중받아 하급 귀족으로 인정받은 이들이다. 치안 판사 등 지방행정을 담당하던 젠트리는 점차 중앙의회로 진출하여 정치 세력으로 성장한다.

엘리자베스 1세가 사망하면서 튜더왕조는 끝났다. 헨리 7세의 고손자인 스코틀랜드의 제임스 6세가 잉글랜드의 제임스 1세로 즉위했다. 제임스 1세와 아들 찰스 1세는 친親가톨릭 정책을 펼쳤다. 덕분에 잉글랜드의 축제날에는 종교적 색채와 세속적 색채, 개신교 신앙과 중세적 미신이 어우러졌다. 크리스마스에는 연극을 관람하고 노름과 각종 경기를 즐겼다. 축구 시합은 술에 취해 패싸움으로 이어지기 일쑤였다. 금욕과 절제를 신앙의 실천으로 여기던 청교도들은 종교 행사를 핑계로 취한 자들을 보며 눈살을 찌푸렸다.

청교도 의회파는 찰스 1세의 친가톨릭 정책과 전제정치에 반발했다. 내전이 일어났다. 젠트리 출신 크롬웰이 이끈 의회파가 찰스 1세 쪽 왕당파를 이겼다. 크롬웰은 찰스 1세를 처형하고 공화정을 선포한다. 바로 청교도혁명이다.

권력을 잡은 청교도들은 1647년에 '크리스마스금지법'을 제정한다. 예수 탄생을 핑계로 행하는 폭음, 고성방가, 음란한 공연, 도박, 패싸움을 막기 위한 의도라지만 정치적 의도가 더 크다. 크리스마스를 성대하게 축하하는 가톨릭 신자와 국교도가 많은 왕당파를 공격하기 위해서였다. 그래서 크롬웰은 크리스마스를 기념해서 일하지 않고 집에서 쉬는 것을 범죄로 여겨 형법으로 처벌했다. 아예 매년 12월 25일에 의회를 소집해버렸다.

다른 지역에서는 어땠을까? 크롬웰은 아일랜드에서도 가톨릭 신앙을 탄압하고 크리스마스 미사를 금지했다. 가톨릭교도인 민중의 봉기를 막고 반反잉글랜드 저항을 이끄는 가톨릭 귀족 왕당파를 탄압하기 위해서였다.

미국은 처음부터 크리스마스를 금지했다. 제임스 1세의 박해를 피해 간 청교도 이민자들이 주도해 건국한 나라였기 때문이다. 영국과 싸우던 독립전쟁 시기에는 압제자 영국의 풍습이라고 여겨 더욱 엄격히 금지했다. 캐나다는 개신교 지역인지, 가톨릭 지역인지에 따라 달랐다. 개신교 지역에서는 크리스마스를 성대하게 기리기를 꺼렸다.

이 대목에서 유럽의 종교개혁은 근대 민족국가를 형성하는 과정에서 이루어졌으며, 크리스마스 금지 등 종교 관련 법률은 겉으로는 신앙을 내세웠지만 실은 정치적 입지와 이득에 따라 제정되었음을 기억하자. 나라에서 국교로 지정한 종교를 믿지 않으면 반역죄로 처벌할 수 있는 시대였다. 종교개혁과 시민혁명은 기존 권력을 공격한다는 점에서 같았다.

크리스마스를 금지한 경제적 이유

올리버 크롬웰이 사망했다. 영국은 종교적 원리주의와 공화제를 내건 독재에 지친 상태였다. 왕정복고가 이루어져 처형당한 찰스 1세의 아들이 망명지 프랑스에서 돌아와 즉위했다. 가톨릭교도인 찰스 2세는 왕위에 오른 해인 1660년에 크리스마스를 부활시킨다. 찰스

2세가 사망한 후 동생인 제임스 2세가 왕위에 오른다. 그는 가톨릭 편중 정책을 폈다. 마찬가지로 가톨릭교도인 그의 아들이 왕위를 계승할 가능성이 커지자 의회는 개신교도 국왕 후보를 찾는다.

1689년, 의회는 제임스 2세의 장녀 부부를 네덜란드에서 불러들여 메리 2세와 윌리엄 3세로 추대한다. 내정은 의회가 전담하고, 의회 동의 없이 왕 마음대로 세금을 부과하거나 상비군을 유지하는 것은 불법이라는 내용이 담긴 '권리장전'을 승인받는다. 이렇게 영국에 입헌군주제가 시작되었다. 주권이 국왕에게서 의회로 넘어가는 혁명 같은 변화가 일어났지만 유혈 참극 없이 진행되었기에 이를 '명예혁명'이라고 부른다.

개신교도 왕이 즉위하고 권력이 청교도로 넘어갔지만 크리스마스를 금지하는 법령을 새로 제정하지는 않았다. 크리스마스는 이미 유명무실한 축제가 되어 있었기 때문이다. 여기에는 경제적 이유가 있었다.

전통적인 크리스마스 축제 기간은 12월 25일부터 1월 6일 주현절까지다. 개신교도 자본가들은 노동자들이 크리스마스 전후부터 1월 초까지 일하지 않고 노는 것이 맘에 들지 않았다. 공장주들은 12월 25일에 출근하지 않는 노동자들을 해고했다. 출근 시간을 앞당겨서 평소보다 이른 시간부터 기계를 가동하기도 했다. 가톨릭 신자인 직원이 성탄절 아침 미사에 참가하는 것을 막기 위해서였다.

공장이 쉴 새 없이 돌아가는 산업혁명기에 이르자 원래 농한기인 동짓날 축제였던 크리스마스는 시대와 맞지 않는 명절이 되었다. 크리스마스는 가을걷이가 끝나고 겨우내 먹을 음식을 쌓아두고 한숨 돌리며 태양의 부활과 다음 해 농사를 기대하던, 근대 이전 농촌사회의 축제였기 때문이다. 낮은 급료를 받고 1년 내내 굶주림에 시달리는 도시의 임금 노동자나 농촌의 빈농에게는 사실상 명절이 아니었다. 명절로 쇤다고 해도, 일부 부자만 배불리 먹고 마실 수 있었다.

크리스마스를 명절로 성대하게 즐기는 풍습은 종교와 상관없이 일반 대중에게서 점점 멀어졌다. 금지법은 없었지만 자본가에 의해, 빈부차에 의해 사실상 금지당한 셈이나. 어린아이와 고용인에게 선물을 주는 풍습만 일부 남았다.

크리스마스를 만든 사람

그러나 우리의 빨간 머리 앤은 1908년에 발표된 『초록 지붕 집 앤』에서 크리스마스 선물을 받았다. 사라져가던 크리스마스를 부활시킨 명작, 영국 작가 찰스 디킨스가 1843년에 발표한 소설 『크리스마스캐럴』 덕분이었다.

부자 사업가인 스크루지 영감은 돈만 알았다. 하나뿐인 조카도 돌보지 않고 병든 아들을 둔 부하 직원에게도 냉정하게 군다. 그러던 어느 크리스마스 전날 밤, 유령들이 방문한다.

스크루지 영감은 유령을 따라다니며 고통스럽게 사는 가난한 사람들을 본다. 자신의 과거·현재·미래까지 본 후에는 그 전과 다른 사람이 된다. 너그러운 마음을 지니고 가난한 사람에게 베푸는 사람으로 거듭난 것이다.

이 작품이 성공하자 디킨스는 해마다 한 편씩, '크리스마스 이야기'를 총 다섯 편 발표한다. 디킨스의 연작은 크리스마스 본연의 정신인 약자에 대한 배려와 가난한 사람에 대한 베풂의 정신을 되살렸다. 이후 크리스마스는 종교가 다른 사람들도 모두 축하하는 세계의 축제가 된다.

이는 디킨스만의 공로는 아니다. 19세기 들어 영국 국교회인 성공회에서 크리스마스를 좀 더 경건한 기념일로 부흥하려는 운동을 했는데, 여기에 찰스 디킨스를 포함한 여러 작가가 호응했던 것이다.

물론 디킨스의 영향력이 가장 컸다. 1870년 디킨스가 사망하자 소식을 들은 어린아이들이 "이제 크리스마스가 다시는 오지 않나요?"라고 물을 정도였다. 오늘날 찰스 디킨스는 '영국인이 가장 사랑하는 작가' 1위로 꼽힌다. 그의 애칭은 '가난한 이들의 친구' 그리고 '크리스마스를 만든 사람'이다.

동방박사는 누구인가?
...

오 헨리의 단편소설 「크리스마스 선물」은 크리스마스에 선물을 주고받는 가난한 부부의 이야기다. 원제는 "매기의 선물The gift of the Magi"로, 매기는 페르시아어 '마기'의 영어식 발음이다.

'마기'는 '동방박사들'로, 별을 보고 1월 6일에 아기 예수를 찾아와 경배한 이들이다. 교회는 이 사건을 예수가 세상에 자신을 드러냈다고 하여 '주현절'로 기념한다. 동방박사들이 황금, 유향, 몰약을 예물로 바쳤기에 크리스마스 선물의 유래를 여기에서 찾는다.

마기는 라틴어 마구스magus의 복수형으로, 페르시아 조로아스터교의 제사장을 가리킨다. 마술사를 뜻하는 영어 매지션magician의 어원이기도 하다. 마기는 의학과 당시에는 천문학이던 점성술, 화학이던 연금술에 통달한 과학자 집단이었다. 사제이자 정치 고문의 역할도 했으며, 페르시아 고위층에 속했다.

그래서 미국의 진보적 신학자인 호슬리는 동방박사가 아기 예수를 찾아왔다는 『신약성경』의 기록이 멸망한 페르시아제국의 엘리트들이 유대의 반反로마제국 세력과 연대했음을 상징한다고 해석한다.

#15세기에서 19세기까지 #하지만 17세기 위주 #영국·미국의 북미 진출
#종교개혁 #청교도혁명 #명예혁명

해적 깃발 아래,
그들은 같았다

로버트 루이스 스티븐슨 「보물섬」, 제임스 배리 「피터 팬」

1883년에 출간된 『보물섬』은 영국 제국주의시대의 대표적인 모험 소설이다. 캐리비안 베이로도 익숙한 카리브 해안, 럼주를 마셔대는 해적들, 보물 지도, 선상 반란, 해골 깃발, 어깨에 앵무새를 얹은 외다리 해적, 선악을 넘나드는 매력적인 악당…… 해적에 대한 우리의 이미지는 대부분 이 작품에서 비롯한다.

짐 호킨스네 집은 영국의 항구도시 브리스틀에 있는 여인숙 '벤보 제독'이다. 어느 날 짐은 죽은 손님의 상자에서 지도를 발견한다. 유명한 해적 플린트 선장이 숨긴 보물의 위치가 표시된 지도였다. 소식을 들은 마을 유지들은 카리브해로 보물섬을 찾아가는 히스파니올라호를 꾸린다.

심부름하는 소년이 되어 배에 오른 짐은 요리사인 존 실버와 친해진다. 그런데 알고 보니 외다리 실버는 해적이었다. 보물을 노리고 선원으로 위장해서 동료 해적들과 함께 배에 탄 것이다. 해적들과 싸운 끝에 짐 일행은 히스파니올라호를 지키고 보물을 발견한다. 영국으로 돌아온 일행은 보물을 나누어 가진 후 해산한다.

히스파니올라호와 브리스틀 항구

1492년에 콜럼버스가 신대륙을 발견했다지만 일행이 상륙한 곳은 대륙이 아니었다. 중앙아메리카 동쪽 카리브해에 있는 여러 섬을 일컫는 서인도제도, 그중에서도 북부에 있는 산살바도르섬이었다.

당시 유럽인들은 아프리카를 돌아 동쪽으로 가면 인도에 닿듯 유럽에서 서쪽으로 가도 인도가 나오리라고 생각했다. 아메리카대륙이 있다는 것을 몰랐기 때문이다. 그래서 대서양 서쪽의 땅도 인도라고 여겨 서인도라는 이름을 붙이고, 원주민 또한 인도 사람이라 여겨 '인디언'이나 '인디오'라고 불렀다.

에스파냐는 콜럼버스가 '라 이슬라 에스파뇰라(에스파냐의 섬)'라고 이름 지은 섬에 정착지를 세워 식민지로 삼는다. 영어와 프랑스어로는 이 섬을 히스파니올라로 부른다. 에스파냐는 히스파니올라가 있는 카리브해 서쪽 섬들은 중요하게 여겼지만 동쪽 섬들은 방치했다. 서쪽에서는 사금이 생산된 반면 동쪽은 금이 나지 않아 이주민이 적었기 때문이었다.

사금이 고갈되자 에스파냐는 히스파니올라에 사탕수수 농장을 세워 설탕을 생산했다. 그러나 사탕수수 산업도 경쟁력이 떨어지고 본국과 연결하는 기항지로서의 역할도 쿠바의 아바나에 밀리자 에스파냐는 점차 히스파니올라 개발을 포기한다.

한편 영국, 프랑스, 네덜란드는 에스파냐를 피해 카리브해 동쪽 섬들에 식민지를 세웠다. 그곳에 정착한 주민 중 일부는 에스파냐의 세력이 약해지기 시작하자 히스파니올라에 침입하여 적국의 배를 습격하기 시작한다. 이들이 바로 '캐리비안의 해적'이다.

이런 이유로 해적이 활약하는 카리브해의 섬이라면 히스파니올라가 가장 유명했다. 짐 일행이 탄 배의 이름도 이 섬에서 따왔다.

브리스틀 항구의 여인숙에서 모험을 시작하는 데에도 역사적 사실이 반영되었다. 유럽대륙만 상대할 때에는 잉글랜드 동남부에 있는 런던이 최고의 무역항이었지만, 영국이 대서양으로 진출하면서 브리스틀, 리버풀, 글래스고 같은 서해안 쪽 항구가 중요해진다. 서해안 항구는 이점이 많았다. 대서양 쪽에 있기에 전쟁이 벌어져도 유럽대륙에서 온 적국 배들에서 약탈당하지 않았다. 중앙정부가 있는 런던과 멀어 세관 통제를 피하기도 쉬웠다.

17~18세기에 브리스틀 항구는 아프리카 서부 해안, 서인도제도, 아메리카 대륙 식민지를 오가는 배들로 번성한다. 선원들은 항구 근처 여인숙에 머무르며 일자리를 구했다. 여인숙 1층은 식당 겸 술집이어서 선원, 인력 알선업자나 유괴업자, 선원의 급료를 노리는 사기꾼이 드나들어 늘 시끌벅적했다. 『보물섬』의 여인숙 '벤보 제독'도 그랬

을 것이다.

보물섬은 진짜 있었을까

플린트 선장의 모델이 된 인물도 있다. '캡틴 키드'로 불린 '윌리엄 키드'다. 그는 북아메리카 식민지의 성공한 상인이었다. 영국이 1689년에 프랑스와 전쟁을 하면서 해군력을 보충하기 위해 해적 행위를 장려하자, 키드는 사략선私掠船을 이끌고 뉴욕항을 출발한다.

개인이 나라에서 허가를 받아 해군 소속이 아닌 배로 적국 상선을 습격하여 화물을 빼앗는 것이 사략私掠인데, 사략선은 그때 쓰는 배를 말한다. 사략선은 전 시대에도 있었지만 대항해시대가 되자 폭발적으로 증가했다. 적국 선박의 약탈로 생기는 손실을 메우기 위해 유럽 각국 정부에서 사략을 장려했기 때문이다. 전쟁 시에는 사략선에 교전 자격까지 주었다. 무역과 밀수, 상인과 해적, 해군과 해적의 경계가 모호했던 시대였기에 가능한 일이었다.

에스파냐는 카리브해 항구에 요새를 건설하고 다른 유럽 국가들과 서인도제도 사이의 거래를 막는다. 무역 이익을 독점하기 위해서다. 영국과 프랑스는 외교상 문제가 되지 않도록 공식 해군이 아닌 사략선을 지원하여 에스파냐의 항구를 습격한다. 무역 경쟁에서 이기기 위해 사략업자가 에스파냐 선박을 약탈하는 것을 장려한 것이다. 이리하여 윌리엄 키드도 '사략 허가증'을 받아 해적 선장으로 활약한다.

그러나 인도양에 진출한 후 영국 정부에게서 허가받지 않은 해적

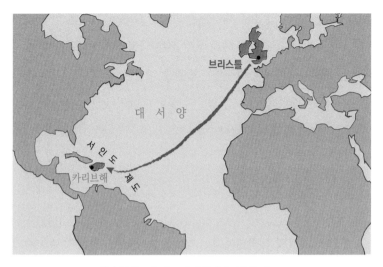

『보물섬』의 히스파니올라호 항해 경로

행위까지 하자 체포되어 교수형을 받는다. 체포될 때에 키드는 자신을 살려주면 숨겨두었던 보물을 나눠주겠노라고 제안한다. 처형당한 후 그가 말한 장소에서 보물이 진짜로 발견되었지만 그동안 약탈한 양에 비해서 적었다. 이에 캡틴 키드가 숨겨둔 보물이 어딘가에 남아 있다는 소문이 돌았다. 이 소문이 바로 『보물섬』의 모티브가 된다.

사실, 해적이 약탈한 보물을 섬에 숨겨두는 일은 거의 없었다. 해적이 약탈하는 물건은 금, 은, 보석처럼 비싼 귀금속이 아니었다. 대개 곡물 등 일반적인 무역으로 거래되는 화물이어서 부피도 크고 금방 상하기 때문에 오래 숨겨둘 수도 없었다. 심지어 곡물은 땅에 묻어두면 싹이 나지 않는가.

어쩌다 귀금속을 손에 넣었더라도 무인도까지 일부러 가져가서 파묻어두는 법은 없었다. 해적들은 약탈한 화물을 가까운 항구로 가져가 바로 팔았다. 그렇게 해서 생긴 돈은 먹고 마시며 흥청망청 노는데 탕진했다. 해적에게 저축하는 습관은 없었다. 단, 『보물섬』의 선악을 넘나드는 매력적인 악당, 외다리 실버는 예외다. 그는 브리스틀에 저축을 많이 해두었다고 한다.

외다리 해적과 앵무새

플린트 선장의 해적선에서 조타수로 일했던 실버는 정체를 숨기고 히스파니올라호에 요리사로 취직한다. 승선 면접에서는 해군으로 입대해서 프랑스와 싸우다가 포탄에 맞아 왼쪽 다리를 잃었다고 말했다. 그는 나무로 만든 의족을 쓰는 대신 목발을 짚고 다녔다.

해적들은 배에서 일하거나 전투 중에 심하게 다치는 일이 많았다. 상처 입은 팔다리가 썩어들면 목수가 톱으로 절단했다. 이어 도끼를 불에 달구어 지혈 겸 소독을 위해 절단면 부위를 지졌다. 마취약이 없던 시절이었기 때문에 환자는 고통을 잊기 위해 미리 독한 럼주를 마셔두었다. 이런 상황이었기에 의족이나 갈고리를 달고 있는 해적은 꽤 많았다. 『피터 팬』에 등장하는 후크 선장도 피터 팬과 싸우다가 잘린 손목에 갈고리hook를 달았다.

해적 아닌 일반 선원들도 항해나 전투 중에 크게 다치는 경우가 많았다. 영국 해군은 복지 차원에서 다리에 장애를 입은 선원을 요리사로 삼아 배에 태워주었다. 다리가 불편해서 전투를 하지는 못해도 두 팔은 튼튼하니 요리하는 데 지장이 없기 때문이다. 히스파니올라호는 일반인들이 돈을 모아 빌린 배였지만 이런 관례 덕분에 외다리 실버도 면접을 통과해 요리사로 채용될 수 있었다.

히스파니올라호의 주방 한쪽에는 새장이 걸려 있었다. 그 안에는 실버가 키우는 앵무새 '플린트 선장'이 있었다. 뱃사람들은 여행 기념이나 선물용으로 희귀한 동물을 데려와 키우곤 했다. 『삐삐 롱스타킹』의 삐삐가 해적 선장인 아빠에게서 받은 원숭이 닐슨 씨가 유명하지만, 보통 원숭이보다 앵무새를 많이 키웠다. 새장에 넣을 수 있어 키우기 쉬워서였다. 사람의 말을 흉내 내는 앵무새는 긴 항해 기간을 외롭지 않게 보낼 수 있어 더욱 인기였다.

실버는 짐에게 앵무새가 200살이 넘었다고 농담한다. 대형 앵무새들은 수명이 길다. 200살까지는 물론 무리지만 30년 넘게 사는 종도 많다. 오랫동안 주인과 배를 타고 떠돌다 보니 영어, 네덜란드어, 프랑스어, 에스파냐어 등 4개 국어를 구사하는 앵무새도 많았다고 한다. 그래봤자 뱃사람들이 쓰는 거친 욕설이 대부분이었다고는 하지만.

유럽에서 보기 힘든 화려한 깃털 덕분에 앵무새는 열대를 상징하는 동물로 여겨져 인기가 많은 선물이었다. 항구의 관리에게 주는 뇌물로도 쓰였다. 항구에서 화물을 팔 때 앵무새도 비싸게 거래되곤 했다. 앵무새는 선원들의 반려동물이자 말벗, 투자용 상품, 비상금이었다.

캐리비안의 해적

고대 로마시대부터 지중해에는 해적이 출몰했다. 향신료, 금과 은, 설탕, 실크 등 동방 교역으로 거래되는 사치품을 실은 무역선은 한 척만 털어도 큰 이익이었다. 해적으로부터 화물을 지키기 위해 점차 일반 상선들도 무장을 했다. 그 결과 해적은 더 늘어나게 된다. 어떤 배든 기회만 닿으면 해적으로 돌변하여 다른 국적의 배를 털었기 때문이다.

영국은 대서양으로 먼저 진출한 에스파냐, 포르투갈과 경쟁하기 위해 해적을 활용한다. 해군이 부족하자 '사략 허가장'을 주어 민간업자에게 해군 업무를 맡긴다. 봉급 대신에 약탈할 권리를 주고, 전시에 적국의 영지를 공격하고 선박을 약탈해도 책임을 묻지 않겠다고 보장한 것이다.

전시가 아닐 때에도 정부는 경쟁국의 선박을 약탈하는 사략업자를 묵인했다. 라이벌 에스파냐의 보물선을 약탈하고 귀항한 사략선장들은 영웅 대우를 받았다. '카리브해의 사략선장'으로 유명한 헨리 모건의 예를 보자. 그는 평화협정을 어기고 해적 행위를 했기에 에스파냐의 항의를 받았다. 본국인 영국으로 소환되었으나 처벌받지 않았고, 오히려 기사 작위를 받고 자메이카 부총독으로 임명되었다. 이렇듯 근대 초 해적의 등장과 활약에는 국가의 승인과 협조가 있었다.

1648년, 유럽 최후의 종교전쟁인 30년전쟁이 끝난다. 더불어 교황과 신성로마제국 황제의 권위가 통하던 시대도 끝났다. 유럽 각국은

후크 선장과 피터팬, 잭 스패로우 선장과 버사.
모두 카리브해와 관련 있는 캐릭터다.

독립적인 주권국가 체제를 만들어간다. 국왕은 절대권력을 갖고 무력을 독점하기 시작한다. 봉건영주나 외국 용병에게 의존하지 않고 국민군을 편성하여 국왕 직속 상비군을 조직한다. 해군 역시 바다의 용병인 사략업자에게 의존하지 않으려 했다.

영국은 1699년에 '해적법'을 제정하여 해적을 더는 용인하지 않고 엄벌하겠다고 선포하고 인도양의 해적을 토벌한다. 이 시기에 바뀐 정책을 적용한 결과가 앞서 이야기한 윌리엄 키드다. 그는 사략업이 허용되던 시기에 사략선장으로 나섰지만 국가 정책이 바뀌자 해적으로 체포되어 처형당한다. 전 시대 인물인 헨리 모건과 다른 결말이다.

본국 정부의 명령에 응하여 해산할 만큼 해적들의 애국심은 강하지 않았다. 토벌에 쫓긴 인도양의 해적들은 아메리카로 가서 '캐리비안의 해적'에 합류한다. 카리브해는 아직 해적이 활동할 만한 조건을 갖추고 있었다. 북아메리카에 있는 영국 식민지는 본국의 식민지 조세정책에 저항하며 밀무역을 했다. 해적들은 약탈한 물건을 아메리카 식민지에 영국의 정식 무역품보다 싸게 팔았다. 식민지 정부는 해적과 거래하는 것을 봐주고 이득을 챙겼다.

1713년, 에스파냐 왕위 계승전쟁을 끝내는 '위트레흐트조약'이 체결된다. 영국은 에스파냐의 보르본왕조를 인정하는 대신 카리브해의 에스파냐 식민지에 무역선을 보낼 수 있는 권리를 얻는다. 영국은 이제 에스파냐를 상대하기 위해 해적과 거래할 필요가 없었다.

그러나 해적들의 약탈은 계속되었다. 에스파냐 선박뿐만 아니라 영국 국적 상선까지 약탈당하자 영국은 해군을 보내 카리브해 해적의 근거지를 공격한다. 궁지에 몰린 해적들은 반격에 나선다. 드디어 국가에 대항하여 본격적으로 폭력을 행사하는 무법자가 된 것이다.

이때부터 1730년까지는 해적 역사에서 '해적의 황금기'로 불린다. 에스파냐 왕위 계승전쟁 당시 '앤 여왕 전쟁'이라고 불린 전쟁이 아메리카에서도 일어났는데, 이때 해군으로 참전한 사략업자들이 전쟁이 끝난 후 실업자가 되자 대거 해적이 되었기 때문이다.

캐리비안의 해적이 양적으로 팽창하자 영국은 해적 소탕령을 내리고 강력 단속에 나선다. 아메리카 식민지의 관리나 상인이 해적과 거래하는 것을 금지하고, 해적과 관계된 자도 처벌한다는 새로운 해적 조례를 제정한다. 해군의 토벌 결과 카리브해의 해적들은 점차 사라졌다.

해적이나, 해군이나

『보물섬』에서 짐의 일행과 해적의 무리가 있는 곳을 구분해서 알려주는 것은 깃발이다. 짐 일행은 해골섬의 통나무 요새에 영국 국기를 올린다. 해적들은 배를 빼앗은 후에 검은 해적기를 내건다. 『보물섬』의 등장인물들은 깃발을 보고 적과 우리 편을 구별하며 싸운다.

해적 깃발에는 원래 빨간 바탕에 해골이나 칼, 피 흘리는 하트 등 위협적인 상징물을 그려 넣었다. 그런데 1700년경부터 해적들은 검은 깃발을 사용하기 시작한다. 두 가지 색 깃발을 다 쓰는 해적들도 있었다. 이 경우 빨간 깃발은 전투를, 검은 깃발은 죽음을 의미했다. 그러다 1730년 이후부터 검은색 깃발을 더 많이 쓰게 되었다. 이후 소설, 연극, 영화 등을 통해 검은 바탕에 해골이 그려진 해적 깃발이 널리 알려졌다.

해적선은 평상시에는 각국의 깃발을 준비하여 상황에 맞게 위장하여 달고 다니다가 약탈할 배에 접근하면 습격하기 직전에 해적기로 바꿔 달았다. 해적이 아닌 경우도 마찬가지였다. 엘리자베스 1세 시절의 사략업자이자 영국 해군 제독이었던 프랜시스 드레이크는 평소에는 영국 국기를 달고 다녔지만 다른 나라의 배를 약탈할 때는 검은 깃발을 올렸다. 이렇듯, 해적의 역사를 보면 해적과 국가 소속 해군은 큰 차이가 없었다. 근대 초기의 해적은 국가로부터 사략 허가증을 받아 적국의 선박을 공격하는 프리랜서 해군을 겸했기 때문이다.

선원들도 해적과 민간 선원의 차이가 없었다. 해적선 선원의 90퍼센트는 전직 상선 선원들이었다. 해적들은 일반 상선을 나포하면 붙잡힌 선원들에게 해적이 되라고 강요했다. 가혹한 선상 근무에 시달리던 선원들은 좀 더 자유로운 해적의 생활을 동경하여 흔쾌히 합류하곤 했다. 뒤에 실린 「후크 선장의 패션은 어디에서 왔나?」에 등장하는 바르톨로뮤 로버츠도 원래는 일반 선원이었는데 해적에게 잡힌 후 능력을 인정받아 선장으로 추대되었다.

역사 이래로, 무역선이 있는 곳이면 해적선도 있었다. 국적과 상관없이 각각의 배는 무역을 하다가도 상황에 따라 해적이 되고, 또 상황에 따라 해적 깃발을 올려 사용했다.

해적 깃발 아래 그들은 다 똑같은 사람이었다. 배를 타고 몰려가 원주민을 학살하고 약탈했던 이른바 대항해시대. 그 시절 유럽인의 모든 모험은 크게 보면 사실은, 다 해적질이었다. 『보물섬』을 재미있게 읽던 어린 시절에는 미처 몰랐던 불편한 진실이다.

후크 선장의 패션은 어디에서 왔나?

...

바르톨로뮤 로버츠는 '해적의 황금기' 최후의 해적으로 기록된 인물이다. 배를 무려 400여 척이나 나포한 그의 기록은 역대 해적 중 최고다. 후크 선장의 모델로도 유명하다. 그는 코트와 깃털 달린 모자 등 멋진 의상으로 갈아입고 전투를 지휘했다고 한다.

로버츠 말고도 해적의 황금기, 해적 선장들의 패션은 독특하다. 지나치게 화려하고 치렁치렁한 데다가 말 탈 일도 없는데 승마용 부츠를 신고 있다. 헐렁한 셔츠와 바지, 두건 차림인 일반 선원들과 대조적이다. 이런 패션은 영국 왕 찰스 2세의 영향을 받아 성립했다.

찰스 2세는 청교도혁명으로 처형된 영국 왕 찰스 1세의 아들이다. 크롬웰 시절에는 프랑스로 망명해서 살다가 왕정복고로 왕위에 올랐다. 그는 청교도풍의 검소한 의복이 유행하던 영국에 프랑스 왕 루이 14세 스타일의 화려한 남성 패션을 유행시킨다.

몸에 꼭 맞는 코트와 조끼, 긴 가발과 부츠, 프릴과 레이스가 치렁치렁하게 달린 셔츠 등 국왕 찰스 2세의 패션은 귀족들에게로 퍼진다. 귀족 집안의 장남이 아니어서 물려받을 영지가 없는 아들들이 해군 장교로 대거 입대하면서 귀족 남성복과 해군 선상복은 서로 영향을 주고받는다.

결국 해적 선장의 화려한 패션은 프랑스는 태양왕 루이 14세 시절에, 영국은 17세기 중반 왕정복고 시대에 해군이 정비됐다는 역사적 사실을 반영한다.

#영국제국 #해양 진출과 해적의 역사 #17세기에서 18세기

버사는
건너지 못한 바다

샬럿 브론테 『제인 에어』

정치적 반란을 제외하고서도 얼마나 많은 반란이 지상에 살고 있
는 사람들 사이에서 격동하고 있는지를 아는 사람은 아무도 없다.
여성은 대체로 평온한 존재라고 흔히들 생각한다. 그러나 여성도 남
성과 똑같은 감정을 가지고 있고 그들의 오빠나 동생들과 똑같이 자
신의 능력과 노력을 발휘할 터전을 필요로 하고 있다.

너무도 가혹한 속박, 너무나 완전한 침체에 괴로워한다는 점에선
여성도 남성과 하등의 차이가 없다. 여성들이란 집 안에 처박혀서
푸딩이나 만들고 양말이나 짜고 피아노나 치고 가방에 수나 놓아야
한다고 말하는 것은 보다 많은 특권을 누리고 있는 남성들의 소견

---

*   『제인 에어』 1권, 민음사, 198쪽.

없는 생각에 지나지 않는다.*

1847년에 출간된 『제인 에어』의 배경은 19세기 초중반 영국이다. 식민지는 물론 자국 내에서도 여성, 아일랜드인, 노동자, 하층민을 억압하던 대영제국의 절정기에 가난한 고아 처녀의 이런 선언은 얼마나 급진적인가!

제인의 해피엔드를 위하여 죽은 버사

제인은 아기 때 부모를 잃고 친척 집에서 자란다. 외숙모는 제인을 학대하다가 로우드 자선학교로 보낸다. 졸업한 제인은 손필드 저택에 가정교사로 취직한다. 저택의 주인인 로체스터 백작과 사랑하는 사이가 되어 청혼을 받는다. 그러나 결혼식 당일, 로체스터가 정신착란 증세를 보인 부인 버사를 다락방에 가두고 제인과 또 결혼하려 했음이 폭로된다.

손필드 저택을 떠난 제인은 우연히 도착한 마을에서 교사로 지낸다. 그러다 작은아버지의 유산을 받아 부자가 된다. 손필드 저택을 방문해보니 저택은 버사가 불을 질러 폐허로 변했다. 화재로 버사는 사망했고 로체스터는 눈과 한쪽 손을 잃었다. 제인과 로체스터는 결혼한다.

주인공 제인은 독립적인 여성이다. 가난한 고아이며 여성이고 피

고용인이지만 자신의 운명을 남의 손에 맡기지 않는다. 거대 장원을 가진 부유한 귀족이며 남성이고 고용주인 로체스터에게 외친다. 나도 당신과 마찬가지로 영혼과 감정을 가진 존재이니 함부로 대하지 말라고. 중혼 계획이 탄로나자 로체스터는 제인에게 고아니까 반대할 친지도 없잖냐며 사실혼 관계를 제안한다. 제인은 거부한다. "쓸쓸하고 고독하고 아무도 의지할 사람이 없으면 없을수록 나는 나 자신을 존경한다"고 다짐하며 손필드 저택을 떠난다.

소설은 당시로서는 매우 진보적인 의식을 담고 있다. 지금 읽어도 심리 묘사나 이야기 전개가 뛰어나다. 『제인 에어』를 인생 소설로, 제인을 여성의 이상형이나 롤 모델로 가슴에 품은 독자도 많다.

하지만 여기서 더 생각해보자. 주인공의 해피엔드를 위해 희생된 한 사람, 다락방에 갇혀 살다가 제인의 합법적 결혼을 위해 죽어서 사라져야만 했던 버사를.

영국이 무역전쟁의 승자가 되기까지

로체스터의 첫 부인인 버사 메이슨은 서인도제도에 있는 영국 식민지 자메이카 농장주의 딸이다. 주인공 제인도 식민지 사업과 관련이 있다. 작은아버지 존 에어에게서 받은 유산은 포르투갈령 마데이라제도에서 포도주 사업으로 모은 것이기 때문이다. 한편, 제인의 사촌인 세인트 존은 선교사가 되어 인도로 간다. 인도는 당시 영국의 식민지였다. 이렇게 대서양의 섬들, 서인도제도, 인도 등 『제인 에어』에는 등장인물들의 운명과 관련 있는 유럽 제국의 식민지가 여러 곳 등장한다.

유럽대륙의 서쪽, 북대서양에 있는 마데이라제도는 대항해시대에 유럽인이 세운 초기 식민지로 오늘날에는 포르투갈 자치령이다. 포르투갈은 항해 왕자 엔히크의 주도로 해외 팽창에 나섰다. 포르투갈 탐험가가 1418년에 마데이라제도에 도착한 후 포르투갈은 식민사업을 시작했다. 섬에 포도와 사탕수수를 재배하여 포도주와 설탕을 만들어 수출했다.

포르투갈은 남쪽으로 방향을 틀고는 북아프리카로 가서 세우타를 정복하고 서아프리카 연안으로 내려간다. 오늘날의 시에라리온 지역에 무역 거점지를 마련한 후 황금, 향신료, 노예를 실어 온다. 곧이어 아프리카 남단을 돌아 동아프리카와 인도, 인도네시아로 가는 새로운 바닷길을 개척한다. 마침내 1498년, 바스쿠 다가마 일행이 인도에 도착한다.

유럽의 항해자 중 한 무리는 마데이라제도를 징검다리처럼 딛고 대서양 서쪽으로 간다. 1492년, 에스파냐의 지원을 받은 콜럼버스 일행이 서인도제도에 도착한다. 에스파냐는 현재 아이티와 도미니카공화국이 있는 히스파니올라를 시작으로 현재의 쿠바, 자메이카, 푸에르토리코 등에 정착지를 세웠다.

황금을 얻기 위해서 식민지를 건설했지만 금이 곧 바닥나자 에스파냐 이주민은 사탕수수를 재배한다. 사탕수수에서 짜낸 즙을 불에 졸여서 당밀을 만들어 수출해 막대한 이익을 본다. 이어 커피, 담배,

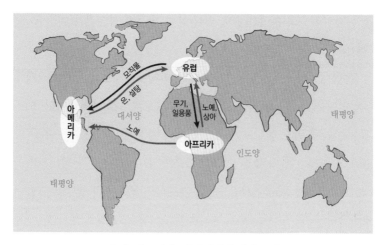

유럽, 아프리카, 아메리카의 삼각무역

카카오 농장도 세웠다. 이 과정에서 원주민 대부분이 사망했다. 유럽
인이 옮겨 온 병이 퍼진 데다 열악한 환경에서 장시간 중노동에 시달
린 결과였다. 그러자 유럽인들은 부족한 노동력을 메우기 위해 서부
아프리카 사람들을 인신매매해 노예로 부렸다.

대농장은 상품 작물을 위주로 재배했기에, 서인도제도에서는 주
식이 되는 식량 농업이나 일상용품의 제조업이 발달하지 못했다. 모
두 수입에 의존해야 했다. 그리하여 서인도제도에서는 당밀 등 상품
작물의 수출뿐만 아니라 많은 노예를 먹여 살릴 식량과 생필품 수입
까지, 무역량이 막대했다. 유럽 각국은 무역 주도권을 차지하려 전쟁
까지 벌였다. 영국과 프랑스, 네덜란드는 에스파냐의 세력이 미치지
않은 다른 섬들에 식민지를 세우고 사략선을 지원했다.

무역전쟁의 승자는 영국이었다. 영국은 1655년에 에스파냐에게서

자메이카를 빼앗아 식민지로 삼았다. 영국 상인들은 공산품이나 당밀을 가공해 만든 럼주, 총, 화약 등을 싣고 아프리카 서해안으로 가서 노예와 바꾸었다. 그리고 대서양을 건너가서는 서인도제도의 농장에 노예를 팔았다. 빈 배에는 당밀, 커피, 카카오, 담배 등을 사서 싣고 영국으로 돌아왔다. 이 항로를 대서양을 중심으로 보면 삼각형을 그리기 때문에 '삼각무역'이라 부른다.

산업혁명 이후 세계의 공장이 된 영국은 자국의 공산품과 아프리카의 노예, 서인도제도의 상품 작물을 연결하는 삼각무역을 통해 큰 이익을 얻었다.

서인도제도의 노예 해방과 독립, 크레올 차별

설탕은 흰 화물, 노예는 검은 화물이라 불리던 시대였다. 동등한 인간이 아니라 화물로, 물물교환 수단으로 이용된 노예들의 처지는 열악했다. 서인도제도 농장의 노예들은 탈출해서 도망 노예들이 만든 공동체에 합류하기를 원했다.

집단 봉기도 여러 차례 일어났다. 프랑스혁명 2년 후인 1791년, 프랑스령 생도맹그에서 대규모 노예 봉기가 발생한다. 생도맹그는 전쟁을 거쳐 1804년 아이티 독립공화국을 선포한다. 다른 식민지 섬들에서도 차례차례 노예제도를 없애고 독립국가를 세웠다.

유럽 내에서도 인도적 차원에서 노예제 폐지 운동이 벌어졌다. 1803년, 덴마크를 시작으로 유럽 각국은 노예 매매 금지와 노예제 폐지를 선언한다. 영국은 1807년에 본국 내 노예 매매를 금지하고 1833년에는 해외 식민지 영토에서의 노예제를 폐지한다. 자메이카 식민지에서는 1834년에 노예 해방을 실시한다.

자메이카는 1866년부터 영국 왕실 식민지가 된다. 그 이전부터 자메이카의 부유한 사탕수수 농장주들은 본국에 저택을 짓고 자녀를 보내 교육받게 했다. 농장은 관리인에게 맡기고 본국으로 본거지를 옮겨 식민지의 부재 지주가 되기도 했다. 경제력을 바탕으로 본국 의회에 진출하여 18~19세기 영국 하원에는 '서인도제도파'로 불리는 의원들이 약 40명 정도 있었다.

영국 본토의 권력자들은 서인도제도의 '설탕 부자'들이 정치적인 힘을 갖는 것을 원치 않았다. 본국의 상류층 영국인들은 서인도제도의 백인들을 같은 백인으로 인정하지 않고 배척했으며, '크레올'이라 부르고 인종적 편견을 갖고 대했다.

서인도제도에서 쓰는 '크레올'이란 프랑스어는 식민지 현지에서 태어난 백인은 물론이고 혼혈인까지도 포함하는 말이다. 현지에서 태어난 백인만 가리키는 에스파냐어인 남아메리카의 '크리오요'와 다르다. 크리오요는 지금까지도 브라질과 아르헨티나 등 남아메리카 국가의 상류층에 속한다.

노예제도가 있던 시기에 백인 농장주와 관리인 중에는 노예 여성을 성노예로 삼은 자들도 있었다. 노예의 출산을 재산 증식의 수단으로 여겼기 때문에 혼혈인이 많이 태어났다. 그러나 본토 영국인들은 백인 남성들을 비난하지 않았다. 선량한 크리스트교 백인 남성들을 유혹했다며 유색인종 여성들을 탓했다. 혈통에 흐르는 흑인들의 성적 방종과 광기가 모계로 유전된다며, 혼혈인이든 백인이든 크레올 중에서도 여성만을 비난했다.

바다를 건넌 아내들

그럼에도 불구하고 부유한 크레올 여성은 인기 있는 신붓감이었다. 서인도제도의 대농장주들은 귀족 집안으로 딸을 시집보내 인맥을 맺기 위해 두둑한 지참금에 대한 정보를 흘렸다. 귀족 부모들은 작위와 영지를 상속받지 못하는 아들들이 서인도제도의 대농장주 딸들과 결혼하기를 원했다. 귀족 출신답게 장원을 갖고 풍요로운 생활을 할 수 있도록.

『제인 에어』에서도 로체스터의 아버지는 백작 가문의 작위와 재산은 큰아들 롤런드에게 물려주고 둘째 아들인 에드워드 로체스터를 위해서는 정략결혼 계획을 세운다. 로체스터는 대학을 졸업하자마자 아버지가 청혼한 신부에게 장가들기 위해 대서양을 건너 자메이카로 간다. 결혼한 후 4년간 처가에서 안락하게 지낸다. 형이 사망했다는 소식에 작위를 계승하기 위해 버사와 함께 영국으로 돌아온 로체스터는 손필드 저택 다락방에 버사를 가둔다. 이유가 뭘까?

로체스터는 제인에게 말한다. "모계로부터 유전된 광기를 보여서"라고. 앞에서 크레올 여성을 비난할 때 '성적 방종과 광기가 유전된다'라고 했음을 기억하자. 소설 속에서 로체스터는 버사를 "그 어머니의 딸"이라고 자주 말하기도 한다.

　로체스터가 본국으로 돌아와 작위와 영지를 물려받자마자 버사가 정신병 증상을 보인 것은 우연일까? 『제인 에어』가 출판된 19세기 중반 당시에는 '정신이상자'로 진단받은 크레올 출신 아내들이 많았다. 고향과 친지들을 떠나 낯선 곳으로 왔기에 정신적으로 건강하지 못한 경우가 많다고 해도, 그 많은 여성이 집단으로 발병했다는 것은 이상하다. 이유는 1870년에야 제정된 '기혼여성재산법the Married Women's Property Acts'에 있다.

　1066년, 노르망디 공작 기욤이 잉글랜드를 침략해 정복왕 윌리엄이 된다. 노르만인과 함께 들어온 대륙의 봉건제는 잉글랜드 여성의 지위를 하락시켰다. 그보다 전인 앵글로색슨시대의 남녀는 비교적 평등한 편이었다. 귀족 여성의 경우 공적인 일에 참여할 수 있었고 원치 않는 결혼을 강요당하지 않았다. 과부의 유산 상속도 인정되었다.

　그러나 봉건제가 실시되면서 상황이 바뀌었다. 전쟁에 실제로 참여할 수 있는 기사, 남성 위주의 시대가 되자 여성은 남성의 보호를 받는 약한 존재이자 가문의 재산으로 여겨졌다. 결혼한 여성은 남편의 소유물이기에 남편이 아내의 모든 인격을 대표하고 권리를 대신 행사했다. 기혼 여성은 재산권을 행사할 수 없었다. 친부모가 유산으로 만들어놓은 연금도, 결혼 지참금도 남편이 가졌다.

　영국에서 결혼한 여성이 재산권을 되찾은 때는 1870년에 제정된 '기혼여성재산법'이 1882년에 의회를 통과하면서부터였다. 『제인 에어』는 그 이전인 1847년에 출판되었다. '기혼여성재산법'이 없던, 아내가 친정에서 가져온 재산도 무조건 남편 소유였던 시절이 소설의 시간적 배경이다.

그 시기 영국에는 서인도제도 농장주의 딸과 정략결혼해서 아내의 재산을 손에 넣은 후, 크레올 아내를 광녀로 몰아 가두고 아내의 재산을 맘껏 쓰며 애인들과 자유로운 싱글 생활을 즐기던 귀족 남성들이 많았다. 당시 영국 사회에 널리 퍼진 크레올 여성에 대한 편견이 있었기에 의사를 매수하여 서인도제도 출신 아내에게 정신병 진단을 내리게 하는 것은 쉬웠다. 19세기 정신의학계는 남성 위주였으며, 여성의 히스테리나 광기는 정의하는 사람에 따라 의미가 달라졌기 때문이다.

귀족들만, 서인도제도 출신 아내에게만 그런 것은 아니다. 아내를 정신병자로 모는 것은 싫증 난 아내를 처리하는 흔한 방법이었다. 영국의 대문호인 찰스 디킨스도 별거 중인 아내 캐서린을 강제로 정신병원에 입원시키려 했다는 것이 한 예다.

다락방의 미친 여자

『제인 에어』에는 버사에게 정신이상이 있다는 확실한 증거가 없다. 성장 환경이 다른 데에서 오는 성격 차이 정도가 서술되어 있다. 성性차도 보인다. 로체스터는 아내의 '성벽性癖'을 언급한다. 어떤 책에는 '색정광'이라고 번역되어 있기도 하다. 로체스터는 버사가 성욕이 강하다고 흉보며 '서인도의 메살리나'라고 말한다.

메살리나는 로마 황제 클라우디우스의 세 번째 아내다. 서구 문화권에서는 성욕이 강하고 음탕한 여인의 대명사로 쓰인다. 근대 이전 서구 사회에서 오르가슴을 느끼는 여성은 광녀나 마녀로 여겨진 사례로 볼 때, 당시 영국의 도덕관으로는 여자가 성욕이 강하다는 것은 문제가 될 수 있었다. 그랬다면 백인 남편이 크레올 아내의 혈통에 흑인 여성 조상이 있었을 것으로 의심하고 광녀로 몰아가기는 더 쉬웠을 것이다.

이렇게 볼 때 비사가 '광녀'가 되어 다락방에 갇힌 것은 솔직하고 정열적인 성격이나 언행, 혈통을 혐오하는 백인 귀족 남성의 횡포이 거나 재산을 차지하려는 음모였을 수도 있다. 로체스터는 말한다. 의사가 아내를 보고 '발광했다고 진단했다'고. 그런데 누구라도 고향과 친지를 떠나 낯선 곳에 오랫동안 갇혀 있노라면 정신적으로 취약해질 수밖에 없지 않을까? 게다가 남편을 믿고 의지하여 대서양까지 건너 왔건만 사랑하는 남편에게 감금당한 배신감이 더해지면 비사 아닌 그 누구라도 난폭한 언행을 하게 되지 않을까?

버사는 건너지 못한 바다

작가는 식민지 크레올 여성인 버사를 희생시킴으로써 순수 영국 혈통 여성인 주인공 제인을 로체스터와 결합시키는 데 성공한다. 여성, 그것도 가난하고 못생긴 여성의 권리를 말하는 명작 『제인 에어』 에서조차 영국 출신이 아닌 여성은 부당한 대우를 받는다. 작가인 샬

럿 브론테의 문제의식은 자신처럼 가난한 목사 딸인 제인이나 같은 혈통인 백인 영국 여성들에게만 해당되는 것이었을까?

> 그러나 무엇보다도 차갑게 내 가슴을 치는 것은, 내가 당연히 또 불가피하게 사랑하는 사람과 나 사이를 가로막는 더 큰 대양★洋―재산, 계급 그리고 사회 인습이었다.*

제인은 사랑하는 로체스터에게 거리감을 느끼고 둘 사이를 가로막은 큰 바다를 본다. 그러다 소설 끝부분에서 제인은 로체스터와 결혼한다. 대양을 건넌 것이다.

그러나 제인이 건넌 바다를 버사는 건너지 못했다. 서인도제도의 버사는 로체스터와 결혼해서 대서양을 건너 영국으로 왔지만 진정으로 건너지는 못했다. 로체스터와 제인 사이에 있던 바다는 재산, 계급 그리고 사회 인습이었다. 다락방에 갇혀 있던 버사가 보았을 바다는 과연 무엇이었을까?

크레올 여성 버사는 건너지 못한 바다, 그리고 제인의 해피엔드를 기뻐하는 독자들이 미처 보지 못한 넓고도 깊은 바다가 여기 『제인 에어』에 있다.

---

*   같은 책, 2권, 28쪽.

아이티혁명과 나폴레옹
· · ·

프랑스혁명 기간은 1789년 바스티유 습격부터 나폴레옹이 황제에 즉위한 1804년까지인데, 엄밀히 말하면 프랑스-아이티혁명 기간이라 불러야 옳다.

서인도제도의 프랑스 식민지 생도맹그에서는 서구 세계에서 소비되던 설탕과 커피의 절반을 생산하고 있었다. 프랑스에서 혁명이 일어나자 백인 농장주들은 자치를 주장하며 파리에 대표단을 파견한다. 농장 노예들도 혁명에 가담해 1791년에 봉기한다.

파리의 국민공회 정부는 모든 자유민이 동등한 정치적 권리를 가진 프랑스 시민임을 선언하기로 합의하고, 생도맹그의 노예 해방을 결정한다. 혁명 이념의 평등한 적용을 위해서가 아니었다. 당시 프랑스는 유럽대륙에서 전쟁 중이었기에 식민지를 무력으로 진압할 능력이 없었고, 에스파냐와 영국이 생도맹그까지 공격했기 때문이다.

프랑스는 생도맹그를 방어하기 위해 노예들에게 참전 대가로 자유를 주기로 약속한다. 흑인 병사들은 에스파냐와 영국이라는 당대의 두 제국과 용감히 싸워 이긴다. 하지만 유럽대륙을 제패하고 통령이 된 나폴레옹은 약속을 지키지 않는다.

1801년, 나폴레옹은 생도맹그에 군대를 보낸다. 상황을 혁명 이전으로 되돌려 노예제를 부활시키려 한 것이다. 구체제를 무너뜨리고 유럽대륙에 혁명 정신을 퍼뜨리겠노라 외치던 나폴레옹이지만 해외 식민지에서는 보수주의자였다. 아내인 조제핀이 노예 소유주 가족이었기 때문에 나폴레옹은 서인도제도에 정착한 구체제 사람들과의 사적인 관계를 중시했다. '식민지 반란군 진압'이 목적인 군대를 보내면서 나폴레옹은 "아메리카에 일어나고 있는 흑인 야만주의에 맞서는 서양 문명인들의 십자군"이라 말하기도 했다. 프랑스혁명은 삼색기가 상징하듯 '자유·평등·형제애'를 내세웠지만 프랑스인들은 식민지에까지 공화국의 이상을 평등하게 적용할 생각은 없었던 것이다.

생도맹그의 혁명군은 프랑스공화국에 더는 기대하지 않겠다고 결의한다. 흑인, 혼혈인, 백인의 평등을 상징하는 것으로 좋게 해석하던 삼색기에서 흰색을 찢어내 버린다. 지도자인 투생 루베르튀르가 프랑스에 잡혀가서 사망한 후에도 남은 사람들은 버티고 싸운다. 드디어 1804년 생도맹그는 프랑스로부터 독립하고, 원주민이 부르던 원래 이름인 '아이티'를 새 공화국의 이름으로 삼는다.

한편, 서인도제도에 있는 프랑스의 다른 식민지인 과들루프와 마르티니크는 아이티의 독립 이후로도 40년간이나 노예제를 유지했다. 마르티니크는 『제인 에어』에서 버사에게 광기를 물려준 어머니의 고향이자, 나폴레옹의 첫 아내인 조제핀의 고향이기도 하다.

1796년에 나폴레옹과 결혼한 조제핀은 나폴레옹이 황제가 된 후 후계자를 낳지 못한다는 이유로 1810년에 이혼당한다. 나폴레옹은 오스트리아 합스부르크 왕가의 공주와 결혼해 아들을 낳았지만 황제 자리를 물려주지 못하고 몰락한다. 나폴레옹은 크레올 여성인 아내를 배신한 남편 중 가장 유명한 사람이다.

#19세기 중반 #영국으로 보는 #15세기에서 19세기 #서인도제도 역사

어떤 마녀는
왜 벌받지 않을까 (1)

보몽 부인 「미녀와 야수」, 그림 형제 「개구리 왕자」와 「라푼첼」

서양 중세가 배경인 고전 동화에는 잔인한 장면이 꽤 많다. 독일판 신데렐라인 「아셴푸틀」의 결말을 보자. 아셴푸틀을 구박하던 두 언니는 비둘기에게 눈이 쪼여 시력을 잃는다. 「백설공주」는 또 어떤가. 백설공주의 결혼식에 초대받은 마녀 왕비는 불에 달군 구두를 신고 춤춰야 하는 벌을 받는다. 「거위 치는 소녀」에서 공주를 곤경에 빠뜨린 시녀는 날카로운 면도칼이 가득 박힌 통 안에 갇혀 조리돌림을 당한다. 상상만 해도 소름 끼치고 무섭다.

악인은 벌을 받아야 하는데

역사책을 보면 끔찍하고 기괴한 형벌이 많다. 사람의 몸 모양으로 생긴 관에 죄인을 넣는 벌도 있다. 긴 못이 관 안쪽에 박힌 관인데, 형리는 죄인을 그 안에 넣고 문을 닫은 후 잠가버린다. 못 박힌 쇠의자에 죄인을 앉히는 벌도 있다. 이어서 의자 밑에 불을 땐다. 부츠를 신기는 벌도 있다. 형리는 다리와 부츠 사이로 끓인 물이나 납물을 붓는다…….

이런 형벌은 존재하긴 했지만 대개 집행되지 않았다. 벌금을 내면 면할 수 있었다. 형벌이 이렇게나 잔인한 데는 이유가 있다. 중세인의 생각에 형벌의 목적은 죄인을 벌주는 것만이 아니다. 범죄로 오염된 세계의 질서를 회복하기 위한 의식이기도 했다. 본보기로 일정한 의식을 치르고 나면 죄인은 목숨을 건질 수 있었고, 죽을 때까지 저런 벌을 받지는 않았다.

동화 속 악인이 이처럼 잔인한 벌을 받는 장면은 아이들에게 그다지 나쁜 영향을 끼치지 않는다. 아이들은 나쁜 짓을 한 사람이 벌받는 것을 좋아한다. 어느 사회에서나 아이들은 약자다. 자신과 같은 약자를 괴롭힌 강자가 확실히 벌받는 결말을 봐야 아이들은 안심하고 세상이 정의롭다고 믿게 된다. 또 악행을 저지른 사람이 무시무시한 벌을 받아야 아이들은 선행과 악행을 명확히 구분하게 된다.

그러므로 아이들의 정서적 안정과 교육적 목적, 권선징악이란 주제를 위해서 동화 속에서 악행을 저지른 자들은 엄한 벌을 받아야 한다. 착한 주인공에게 마법을 걸어 괴롭힌 사악한 마녀라면 더더욱 그렇다.

그런데 어떤 마녀는 벌받지 않는다. 이유가 뭘까?

〈미녀와 야수〉의 시대적 배경

프랑스 어느 마을에 여섯 자녀를 둔 부유한 상인이 살았다. 상인의 셋째 딸은 벨Belle, 프랑스어로 미녀라고 불릴 만큼 예뻤다. 사업차 출장을 갔던 상인은 투자한 무역선이 해적에게 털려서 빈털터리가 된다. 집에 돌아오다가 길을 잃고 어떤 성에서 하룻밤을 지낸다.

다음 날 상인은 벨에게 갖다주려고 정원의 장미를 꺾는다. 성 주인인 야수는 화를 내며 상인을 죽이려다가 조건을 건다, 딸 중 한 명을 성으로 보내면 살려주겠다고. 집에 돌아온 상인이 이 말을 전하자 벨은 자원하여 야수의 성으로 간다.

잡아먹힐까 봐 무서워하던 벨은 점차 야수에게 친근감을 느끼게 되었으나 청혼은 거절한다. 아버지를 만나러 집에 다니러 간 벨은 두 언니의 방해로 성으로 돌아가지 못하다가 야수가 죽어가는 꿈을 꾸고 급히 성으로 향한다. 야수를 만난 벨이 청혼하자 죽어가던 야수는 멋진 왕자님으로 변한다. 그동안 왕자는 요정의 마법에 걸려 야수가 되어 있었던 것이다.

「미녀와 야수」는 유럽에 널리 퍼진 민담이다. 그중 프랑스의 보몽 부인이 1756년에 쓴 동화책에 실린 단편이 가장 유명하다. 보몽 부인 판본에는 다른 요정이 나타나 막내딸을 축복하고 못된 두 언니는 조각상으로 만들어버리는 대목도 있다. 이상하다. 막내딸을 야수의 성에 돌아가지 못하게 붙잡은 두 언니도 벌을 받는데, 왕자에게 저주를 건 요정은 왜 벌받지 않을까?

보몽 부인은 20여 년간 귀족 집안의 가정교사로 일하면서 글을 썼다. 당시 상류층의 딸 교육은 바람직한 귀부인이 되어 성공적인 결혼 생활을 할 수 있도록 기본 소양을 갖추게 하는 것이었다. 보몽 부인은 자신을 고용한 사람들이 바라는 가르침을 학생인 소녀들에게 재미있게 전달하기 위해 동화를 썼다. 그래서 「미녀와 야수」에는 당시 상류층의 결혼 풍습과 결혼관이 반영되어 있다.

벨의 아버지가 무역을 하다 해적에게 화물을 빼앗겨 파산하는 대목, 상인이 빈털터리가 되기 전까지 상인의 딸들에게 귀족가의 청혼이 쇄도하는 대목은 대항해시대 상인 계층의 성장을 반영한다.

이 시대에 이르러 귀족들은 귀족끼리만 결혼하지 않았다. 전통적인 귀족은 아니지만 도시귀족으로 성장한 부유한 상인 계층에서도 며느릿감을 찾았다. 상인은 명예와 지위를 얻고 토지귀족은 막대한 현금 지참금을 얻으니, 양가의 혼인은 서로 좋은 거래였다. 결혼할 때 딸에게 주는 지참금은 친정 부모의 유산을 미리 분배한다는 뜻이다. 귀족 부모들은 아들의 장래를 위해 부자 처가를 물색해 장인의 유산을 받도록 주선한 것이다.

한편 벨이 아버지를 살리기 위해 야수의 성으로 가는 장면에서는 집안을 위해 억지로 결혼하는 딸의 모습이 보인다. 당시 상류 계급은 정략결혼을 했다. 10대 소녀가 또래 나이의 소년과 결혼하는 경우는 행운이었다. 중년을 넘긴 아버지뻘 나이의 남성과 결혼하거나 후처 자리를 강요받는 경우도 많았다. 아무리 대단한 공작이나 백작이라 해도 늙은 신랑은 어린 신부가 보기에 꿈에 그리던 멋진 왕자님으로 보이지 않았을 것이다.

왕자를 야수로 만든 마녀는 벌받지 않았다

신랑이 신부의 눈에 안 들어도, 결혼이란 집안의 결합이니 완벽히 이루어져야 했다. 결혼의 완성은 성적 결합이다. 그러나 당시는 여성의 육체적 순결을 중시하고 성적 무지를 권장하던 사회 아니었던가. 사랑하지도 않는 낯선 남자가 첫날밤을 치르자고 덤비면, 성에 대한 정보가 충분하지도 않은 어린 신부는 신랑이 무서웠을 것이다. 벨이 야수에게 잡아먹힐까 봐 두려워하는 것이 이해된다.

그러나 벨은 저녁 식탁에 앉아 야수와 대화를 나누면서 점차 야수의 내면에서 장점을 찾아낸다. 진정한 사랑을 표현하여 야수가 멋진 왕자로 돌아오게 만든다.

비록 정략결혼으로 맺어진 사이지만 아내가 어떻게 대하느냐에 따라 못생기고 난폭한 야수 같은 남편이 멋진 왕자가 될 수도 있다. 그러니 행복한 결혼 생활을 위해 여성들은 헌신적인 사랑을 보여야 한다고 보몽 부인은 「미녀와 야수」를 통해 이야기한다.

「미녀와 야수」는 예비 신랑들에게도 교훈을 준다. 보몽 부인은 저녁 식사 후에 벨이 야수의 청혼을 번번이 거절한다고 썼지만, 다른 판본을 보면 야수가 성관계를 요구하자 벨이 거부하는 것으로 되어 있다. 이 대목에서 남자들은 깨달아야 한다. 마음을 열지 않은 상태에서 잠자리부터 요구받으면 여자는 거부감을 느끼고 상대 남성을 짐승으로 여긴다는 것을. 강요가 아니라 마음에서 우러나는 사랑을 얻어야 성숙한 남성이 된다는 것을. 「미녀와 야수」는 스스로를 멋진 왕자라고 착각하지만 아직은 반인반수에 가까운 소년들에게 이 사실을 돌려서 말한다.

이렇게 18세기에 널리 구전되던 「미녀와 야수」이야기는 아이들에게 사랑과 성, 결혼에 대한 태도를 가르친다. 그런데 가정에서 이런 교훈을 말해주는 사람은 누구일까?

아이들을 기르고 가르치는 사람, 친엄마나 유모, 가정교사 등 주변의 나이 든 여성이다. 그래서 다른 마녀들과 달리 왕자에게 마법을 건 「미녀와 야수」의 마녀는 처벌받지 않는다. 마녀는 왕자를 저주해서 야수로 만든 것이 아니라 너무도 사랑해서, 단지 걱정되어서 인간답게 키우려다 보니 심한 말을 한 것일 뿐이니까.

왕자를 개구리로 만든 마녀도 벌받지 않았다

어느 나라의 공주가 샘물에 황금 공을 빠뜨린다. 이때 개구리가 나타나 자기와 친구가 되어주면 공을 찾아주겠다고 제안한다. 하지만 공을 받아 든 공주는 개구리를 두고 가버린다. 개구리는 성으로 찾아와 약속을 지키라고 요구한다. 왕도 개구리 편을 든다. 공주는 싫지만 개구리와 같이 지낸다.

개구리는 같은 식탁에서 저녁을 먹고 침실까지 따라온다. 공주는 점점 짜증이 난다. 침대에서 같이 자자고 요구하자 개구리를 벽에 던져버린다. 그러자 개구리는 바닥에 떨어지면서 잘생긴 왕자로 변한다. 왕자는 그동안 마녀의 저주에 걸려 있었는데 공주가 마법을 풀어주었다고 고마워하며 청혼한다. 둘은 결혼해서 오래오래 행복하게 살았다.

민담 「개구리 왕자」의 기본 이야기는 이렇다. 다른 판본을 보면 공주가 개구리에게 입맞춤을 하면서 마법이 풀리기도 한다. 그림 형제가 기록한 「개구리 왕자, 철의 하인리히」라는 1812년 판본에는 왕자의 시종 하인리히가 기뻐하다가 가슴에 차고 있던 철로 만든 띠가 풀어지며 끝나기도 한다. 그런데 어떤 판본을 봐도 왕자를 개구리로 만든 마녀가 벌받는 내용은 없다.

「개구리 왕자, 철의 하인리히」를 연구한 학자들은 이 작품이 여러 차례 수정된 민담이라고 지적한다. 그림 형제의 수정이 거듭될수록 에로틱한 상황이나 대사는 삭제되거나 순화된다. 처음에 기록된 이야기에서 개구리는 공주에게 이렇게 말한다. "나를 너의 침대로 데려가. 나는 너의 곁에서 잠자고 싶어." 성행위를 떠올리게 하는 대사다. 1857년의 최종판에서는 이 대사를 "나는 배불리 먹어서 피곤해. 나를 너의 방으로 데려가. 함께 잠자리에 눕자"라고, 피곤해서 진짜 잠만 자려는 듯 고쳐놨다. 왕이 약속은 지켜야 한다며 공주에게 충고하는 장면이 더 들어가서 마치 주제가 '약속은 꼭 지켜야 한다'인 것처럼 보인다. 과연 그럴까?

개구리가 멋진 왕자로 변신하는 계기가 공주의 키스나 눈물 같은 애정 표현이 아닌 점에 주목하자. 공주는 같은 침대에 재워달라고 졸라대는 개구리를 벽에 던져버린다. 덕분에 마법이 풀려 개구리는 멋진 왕자가 된다. 이는 혼전 성관계를 조르는 남자를 단호하게 거절하고 순결을 지켜야만 왕자님 같은 훌륭한 상대와 결혼할 수 있다는 메시지다. 전통적인 상징 체계에서 뱀과 개구리는 풍요, 다산, 정욕을 의미한다. 남성의 성기를 닮았기 때문이다. 결국 이 동화의 원래 목적은 소녀에 대한 성교육이다.

그러므로 왕자를 개구리로 만든 마녀도 벌받지 않는다. 개구리들을 조심하라고 당부하는 사람은 소녀의 친엄마이기 때문이다. 엄마는 장난감 공을 주워주는 정도의 친절을 베푸는 남자들을 운명의 왕자로 여기는 순진한 딸에게 '저 남자는 왕자가 아니라 개구리다. 개구리의 성적인 접근을 거절하고 혼전 순결을 지켜야 진짜 왕자를 만난다'고 교육한다. 앞서 「미녀와 야수」는 결혼한 후 신랑이 짐승같이 굴어도 참으라고 가르치지만, 「개구리 왕자」는 결혼 전 처신을 가르친다. 상대 남성의 짐승 같은 성적 들이댐을 거부하라고.

라푼첼을 가둔 마녀도 벌받지 않았다

가난한 부부가 있었다. 임신한 아내가 상추, 독일어로는 라푼첼을 먹고 싶어 하자 남편은 옆집 밭에서 훔쳐다 준다. 그렇게 몇 번 하다가 그만 밭 주인인 마녀에게 들키고 만다. 마녀는 대가로 태어난 아이를 달라고 한다.

가난한 부부는 딸을 낳아 라푼첼이라 이름 지었다. 곧 마녀가 찾아와 라푼첼을 데려다가 높은 탑에 가두어 키운다. 라푼첼은 아름답게 자라났다. 어느 날 탑 아래를 지나가던 왕자가 라푼첼을 보고 사랑을 느낀다. 마녀가 라푼첼의 긴 머리카락을 잡고 올라가는 모습을 본 왕자는 같은 방법으로 탑에 올라간다. 둘은 연인 사이가 되었다.

하지만 왕자가 왔던 사실을 알아챈 마녀는 라푼첼을 내쫓고, 잘라 낸 라푼첼의 머리카락을 늘이뜨려 왕자가 탑에 오르도록 유인한다. 탑에 오른 왕자는 라푼첼이 없는 것을 보고 탑에서 뛰어내린다. 왕자는 가시덩굴에 떨어져 눈을 다친다. 눈먼 채 방랑하던 왕자는 혼자 쌍둥이를 낳아 키우고 있던 라푼첼과 재회한다. 라푼첼이 울자 왕자의 눈에 눈물이 떨어진다. 눈물이 약이 되어 왕자는 시력을 되찾는다. 이후 둘은 행복하게 살았다.

「라푼첼」은 『그림 동화집』에 실린 이야기다. 1812년 초판을 보면, 라푼첼은 "제 옷이 점점 꽉 끼어 더는 맞지 않으니 어찌 된 일일까요?"라고 마녀에게 묻는다. 혼전 성관계와 임신을 암시하는 대목이어서 독자들로부터 내용이 비교육적이고 음란하다는 비판을 받는다. 빌헬름 그림은 제2판에서 그 부분을 수정한다. 그래서 라푼첼은 탑에 오른 마녀에게 "젊은 왕보다 당신을 끌어올리기가 더 힘드니 어찌 된 일일까요?"라고 묻는다.

어떤 말실수로 들키든, 마녀가 라푼첼을 쫓아낸 이유는 혼전 임신에 대한 벌이다. 왕자의 눈이 먼 것 역시 혼전 임신을 시킨 죄의 대가다. 그런데 마녀는 왜 벌받지 않을까?

마녀는 문도 계단도 없고 창문 하나만 있는 높은 탑에 라푼첼을 가두어 키운다. 본격적인 이야기가 전개될 때 라푼첼의 나이는 만 12세였다. 첫 월경을 경험할 나이다. 그러므로 라푼첼이 외딴 들판 높은 탑에 혼자 갇혀 있는 것은 성인식을 치르기 위해 사춘기 소녀를 격리한다는 의미다.

과거 여러 문화권에서 가족과 떨어져 생활하면서 인내심을 시험받는 것은 성인 여성이 되는 소녀들의 통과의례였다. 보통 첫 월경을 경험할 나이에 치르는데, 이때 마을의 지혜로운 늙은 여인이 소녀들을 돌보고 가르친다.

라푼첼을 탑에 가둔 마녀 역시 같은 역할을 한다. 마녀는 라푼첼을 해치지 않았다. 라푼첼을 친부모로부터 빼앗아 온 것은 성인식을 하기 위해서였다. 결과적으로 라푼첼이 성인 여성이 되어 결혼하고 출산하는 것을 도운 셈이다. 그래서 「라푼첼」의 마녀도 벌받지 않는다. 마녀는 친엄마나 유모, 가정교사이기 때문이다.

어떤 마녀는 벌받지 않는 이유

18세기 후반에서 19세기 초에 걸쳐 유럽의 지식인들은 민담을 동화로 기록하면서 이야기에 교육적인 기능을 담았다. 유럽의 상류층은 동화를 통해 그들의 가치관을 가르쳤고, 정략결혼으로 사회적 위신과 가문의 부를 지키는 것을 당연히 여기도록 했다. 민담을 기록하고 책으로 펴낸 사람은 그림 형제처럼 주로 남성이었지만, 각 가정에서 이야기를 통해 아이들을 실제로 교육한 사람은 보몽 부인 같은 여성이었다. 그래서 이야기 속에 등장하는 어른 여성들은 아이들이 정략결혼에 잘 적응할 수 있고, 소녀가 왕자를 찾아 결혼하게 만드는 방향으로 행동한다.

선량하든 사악하든, 인간이든 마녀든, 왕비든 평민이든, 친엄마든 계모든 상관없다. 이런 과정을 이끌어주느라 악역을 맡은 성인 여성들은 아이들에게 마녀나 다를 바 없을 것이다.

그렇다. 동화 속의 어떤 마녀들이 벌받지 않는 이유는 사실 그들이 잔소리꾼 친엄마 혹은 엄마의 위치에 있는 유모나 교사 등 주변의 성인 여성들이었기 때문이다.

계모가 전처의 자식을 구박하는 이유

...

왜 동화 속 계모들은 다 나쁜 엄마로 그려질까? 기본적으로는 「헨젤과 그레텔」에서처럼 식량이 부족해서였지만 「신데렐라」처럼 살 만한 집에서도 계모는 전처 자식을 구박한다. 심지어 「백설공주」의 마녀 왕비처럼 의붓딸을 죽이려 들기도 한다. 이유가 뭘까?

위생과 영양 상태가 불량했던 과거에는 출산하다가 사망한 산모가 많았다. 아내를 잃은 남성에게는 아이를 키우고 살림을 해줄 여성이 필요했다. 부유한 남성이라면 유모와 일해줄 여성을 고용하기도 했지만 대개는 재혼했다. 이때 후처로 들어온 여성이 낳은 자식은 전처 소생 아이들에게 상속권이 밀린다. '장자상속법'에 의하면 토지나 저택은 맏아들만 상속받기 때문이다. 특히 전처가 친정에서 지참금으로 가져온 재산이라면 상속은 무조건 전처 자식이 받는다.

신데렐라가 다른 곳에 가서 그 정도 일을 해주면 충분히 먹고살 수 있는데도 기어이 계모의 구박을 받으며 집에 버티고 있는 이유가 여기에 있다. 법에 따르면 아버지가 사망하는 경우에도 바로 상속받는 것이 아니라 계모의 후견 아래에 있다가 성인이 된 다음에 상속받기 때문이다.

늙어서 자식의 봉양을 받으려면 자식이 부유해야 한다. 그러려면 자기 자식에게 유산을 몰아주어야 한다. 계모는 친자식의 미래뿐만 아니라 자신의 노후가 불안했기에 상속권을 포기하고 가출하게 만들려고 전처 소생 아이를 구박했다. 역사적으로 과거의 이런 배경이 이야기에 반영되었다는 것뿐이니, 재혼한 여성에 대해 편견은 갖지 말자.

#대항해시대부터 19세기 초반 #근대 유럽 #귀족과 상업 부르주아지 #정략결혼

4장

산업혁명과
근대화,
경쟁의 뒤편

「백설공주」의 난쟁이는
누구였을까

그림 형제 「백설공주」, 엑토르 말로 「집 없는 아이」,

조앤 롤링 「해리 포터」 등

숲으로 도망간 백설공주는 일곱 난쟁이의 집에 살게 된다. 공주는 집안일을 한 후에 저녁밥을 지어놓고 난쟁이들이 돌아오기를 기다린다. 그동안 난쟁이들은 어디로 가서 무슨 일을 했을까? 농사지을 밭도, 장사할 상점도 없는 깊은 숲속이었는데.

난쟁이들은 이른 아침이면 집을 나가서 산으로 갔습니다. 산에서 광석이나 금덩어리 같은 것을 찾아다니다가 해가 저물어 저녁때가 되면 집으로 돌아오곤 했습니다. 그때까지 공주는 저녁밥을 맛있게 지어놓았습니다.*

* 　　『그림 동화집』, 「백설공주」.

난쟁이의 직업은 광부

1937년에 제작된 디즈니 애니메이션 〈백설공주와 일곱 난쟁이〉에서 난쟁이들은 곡괭이를 메고 일하러 가면서 "우리는 땅을 판다We dig"고 노래한다. 그렇다면 난쟁이들의 직업은 광부라는 말인데, 궁금하다. 난쟁이들은 왜 광부 일을 할까?

중세 유럽 사람들은 땅 밑 세상에 뾰족한 모자를 쓴 난쟁이 정령 Gnome이 살고 있다고 믿었다. 이들은 원석을 캐는 광부이자 대장장이, (금)세공사로 설화에 등장하는데 보물을 좋아하는 탐욕스러운 존재로 묘사될 때가 많다. 북유럽 게르만신화 속 난쟁이 안드바리가 대표적이다.

안드바리는 모아둔 보물을 로키 신에게 빼앗기자 화가 나서 금반지에 저주를 건다. 저주받은 반지 이야기는 바그너의 음악극 《니벨룽의 반지》와 톨킨의 판타지 소설 『반지의 제왕』으로 이어진다.* 이렇듯 서양의 동화나 판타지 소설, 오페라, 영화에는 광부나 대장장이 일을 하는 난쟁이가 많이 나온다. 「백설공주」에 등장하는 일곱 난쟁이도 마찬가지다.

그런데 역사를 살펴보면 실제로 난쟁이 광부들이 있었다. 자, 이번에는 산업혁명 이야기다.

---

*   5장 '반지 원정대, 히틀러를 만나다' 참조.

산업혁명의 의의

산업혁명은 어느 한 시대에 일어나서 완결된 사건이 아니다. 18세기 중엽 영국에서 시작되어 지금도 세계 곳곳에서 진행 중이다. 한 사회가 농업과 수공업 위주에서 기계를 사용하여 공장에서 대량생산하는 제조업 위주의 경제 체제로 변하는 과정이 산업혁명이기 때문이다. 프랑스혁명 같은 정치적 사건이 아닌 경제적 변화인데 산업'혁명'이라고 부르는 이유는 무엇일까?

산업혁명 이전까지 인류의 주 산업은 농업이었다. 생산량은 거의 일정했다. 농사지을 땅이 한정되었기 때문이다. 이 시대에는 식량뿐만 아니라 연료, 의복과 주택을 만드는 재료, 거주 공간 등 생존에 필요한 모든 것을 토지에서 해결했다.

그러자 문제가 생긴다. 곡물을 더 많이 수확하기 위해 숲을 밭으로 만들면 연료로 쓸 나무가 없어진다. 식량이 될 작물만 재배하면 옷을 만들 재료가 모자란다. 농사지을 토지를 주거지로 사용하면 식량이 부족해진다. 이런 상황에서 기근이 들면 어떻게 될까?

충분히 먹지 못하면 영양실조로 면역력이 떨어진다. 이때 전염병이 돌면 인구가 급격히 줄어든다. 인구가 감소하면 1인당 곡물 소비량이 늘어 영양 상태가 좋아진다. 다시 인구가 늘어난다. 그러나 증가한 인구에 맞춰 식량을 더 생산하는 것은 불가능하다. 그리하여 한 지역의 인구 규모는 식량의 양에 맞춰서 늘어났다가 줄어드는 패턴을 반복했다.

인구가 늘어나면 식량과 경작할 수 있는 땅이 있는 곳을 찾아 대규모로 이동하든가 전쟁을 벌였다. 이렇듯 인류는 자연에 종속되어 살고 있었기에 생산성의 한계에 도달하면 위기를 극복할 방법이 없었다. 이를 역사학자 로버트 B. 마르크스는 '생물학적 구제도Biological Old Regime의 한계'라고 칭했다.

그러나 18세기 중엽에 다른 시대가 시작되었다. 생산량과 인구 규모를 제한하는 토지의 한계에서 인류가 벗어나게 된 시대가. 1789년 프랑스혁명 때 중세적 신분질서이자 절대군주정인 구체제를 무너뜨린 데 견줄 만한 변화였다. 경제적 사건인데도 이 변화를 '혁명'이라고 부를 정도다.

석탄과 산업혁명

산업혁명은 18세기 중반에 영국이 면직물 생산 과정을 기계화하면서 시작되었다. 사람이나 동물의 힘으로는 어렵던 대량생산이 증기기관으로 기계를 돌리자 가능해졌다. 그런데 증기기관 자체가 산업혁명을 일으킨 직접적인 원인은 아니다.

나무나 나무로 만든 숯을 연료로 한 증기기관은 이전 시대에 이미 발명되어 사용하고 있었다. 그러나 대량생산에는 한계가 있었다. 숲에서 나는 나무를 연료로 쓰면 총 생산량은 여전히 토지에 묶여 있기 때문이다. 이 문제는 석탄을 사용하도록 증기기관이 개량되면서 해결된다.

총 생산량이 토지에 제한될 때 연료, 의복, 주거의 기본 수요를 충족하면서 식량을 추가로 생산하려면 농업에 더 많은 노동과 자본을 투자해야 했다. 그러다 16세기에 농업 기술 혁신이 일어났다. 기존의 농경법인 삼포제에서 더 발전한 4윤작법을 쓰게 된 것이다.

4윤작법은 경작지를 네 부분으로 나눠서 서로 다른 네 가지 작물을 돌아가며 농사짓는 방법이다. 보통 보리, 클로버, 밀, 순무 순으로 심었다. 경작지를 3등분해서 두 군데서만 농사를 짓는 삼포제 방식은 지력을 회복하느라 3분의 1에 해당하는 땅을 묵히게 된다. 이렇게 묵히던 땅에 4윤작법은 지력을 회복시키는 클로버와 순무를 심어서 가축의 먹이로 삼았다. 그러자 경작지 면적이 확대되어 농작물 생산량이 늘어났다. 가축의 먹이도 넉넉해져서 가축을 더 많이 키우게 되었다. 늘어난 가축을 농사에 더 많이 이용하게 되고, 가축의 배설물을 거름으로 활용할 수도 있어서 식량 수확량은 더욱 늘어났다. 벨기에에서 시작한 4윤작농법은 18세기 초에 영국 노퍽 지방에서 대중화되었기 때문에 노퍽 농법이라고도 불린다. 산업혁명 이전에 농업혁명이 있었던 셈이다.

이 새로운 농법 덕분에 영국의 인구는 빠르게 증가했다. 인구 증가로 대도시가 성장하자 런던 근처, 영국 남부 지역의 산림이 황폐해지고 만다. 도시민들이 난방과 요리용 연료로 나무를 썼기 때문이다. 다행히 런던 인근에 풍부한 석탄을 부족한 나무 대신 연료로 사용할 수 있었다.

석탄 채굴량이 늘어나자 당연하게도, 석탄이 점차 고갈되었다. 석탄을 캐기 위해서는 탄광의 갱도를 더 깊이 파야 했다. 그런데 문제가 생겼다. 지하수가 솟았던 것이다. 각 광산에서는 말의 힘으로 배수펌프를 작동해 물을 뽑아내게 했는데, 이렇게 하면 비용이 너무 많이 들었다.

1705년, 뉴커먼은 기존의 증기기관을 개량해 상업용 증기기관을 만들었다. 곧 전국의 광산에서 증기기관을 활용해 갱도에 고인 물을 퍼내는 기계를 돌렸다. 그러나 뉴커먼의 증기기관은 비효율적이었다. 연료가 너무 많이 들었기 때문이다. 석탄을 싸게 살 수 있는 탄광 근처가 아니면 경제성이 없었다. 이번에는 배수펌프를 돌릴 말 대신 연료인 석탄을 실어 나를 말이 많이 필요했다. 역시 큰 비용이 들었다.

1769년에 제임스 와트가 증기기관을 개량해 효율을 높이자 이 문제가 해결된다. 그 후 증기기관은 면직물 직조기와 열차, 선박 등에 사용되면서 산업혁명의 주역이 된다.

이상이 영국에서 산업혁명이 시작된 이유다. 1800년대 영국은 전 세계 석탄의 90퍼센트를 생산했다. 영국에 석탄이 없었거나 있더라도 쉽게 캐내고 운송할 수 없었다면 산업혁명은 영국에서 일어나지 않았을지도 모른다. 인류는 석탄 덕분에 '생물학적 구제도'의 한계를 극복한 것이다.

탄광촌에 어린이 광부가 있었던 이유

이렇게 중요한 석탄을 캐고 운반하는 일을 하는 사람들은 어떻게 살았을까? 1845년에 프리드리히 엥겔스는 영국 노동자 계급의 삶을 기록한 『영국 노동계급의 상황』을 출간했다. 책에 드러난 영국 광산지대의 노동 현실은 너무도 참혹하다. 성인 노동자는 하루 12~16시간, 어린이 노동자는 하루 10시간씩 탄광에서 일했다.

어린이 노동자라니? 탄광 노동은 매우 위험하고 힘들다. 기계 장비도 없던 시절에는 곡괭이로 채굴해야 했다. 건장한 성인 남성도 아닌 어린이들이 왜 탄광에서 일했을까? 프랑스 작가 엑토르 말로가 1878년에 출간한 『집 없는 아이』를 살펴보자.

레미의 양아버지는 유랑 연예인 비탈리스 할아버지에게 레미를 판다. 레미는 할아버지의 조수가 되어 프랑스 전역을 방랑한다. 원숭이와 개 두 마리와 함께 연극을 공연하고 하프를 연주하고 노래를 부른다. 그러던 중 비탈리스 할아버지가 세상을 떠난다. 원예가 아캥 씨가 거둬준 덕분에 레미는 그 댁에서 불행 중 행복한 시간을 보낸다.

아캥 씨가 파산해서 감옥에 가자, 아이들은 친척 집에 각각 맡겨졌다. 하지만 혈연관계가 없는 레미는 아무도 맡아서 키우려 하지 않았다. 레미는 다시 유랑 연예인 생활을 시작한다. 그리고 여정을 잘 짜서 형제처럼 정이 든 아캥 씨네 아이들을 만나러 간다.

이때 삼촌 댁에 맡겨진 알렉시를 만나러 간 곳이 바르스 광산지대였다.

가스파르 삼촌은 곡괭이질을 하는 광부였다. 다시 말하면 곡괭이를 가지고 광산에서 석탄 캐는 일을 했다. 알렉시는 가스파르 삼촌의 '운반 광부'였다. 즉, 광산 안에서 석탄을 추출하는 데서부터 수갱까지 캐낸 석탄을 실은 운반차라고 불리는 화차를 레일 위로 밀어서 운반하는 일을 했다.*

위에 인용한 대목은 산업혁명 시기의 탄광 노동 방식을 알려준다. 아동은 성인 남성 광부와 2인 1조로 일했다. 당시 광산의 고용 관행이 '하청제'였기 때문이다.

광산 사업가는 작업반장만 고용하고 나머지 광산 일은 그에게 하청을 준다. 작업반장은 다른 광부를 모집한다. 모집된 광부는 스스로 조수를 구해서 일한다. 대개 조수는 광부의 자녀나 아내였다. 석탄 등 광석을 캐는 곡괭이질이나 삽질은 성인 남자가 하고, 여자와 아이 들은 성인 남성의 조수가 되어 좁은 갱도를 기어 다니며 채굴한 광석을 옮겼던 것이다.

이 시기에 탄광에서 혹사당한 아동이나 여성은 탐욕스러운 자본가에게 고용되어 굶고 맞으면서 강제로 일하지 않았다. 아버지나 남편이 시키는 일을 했다. 『집 없는 아이』의 알렉시와 레미도 가스파르 삼촌을 돕기 위해 자발적으로 일한다. 조수가 없으면 작업반장이 삼촌을 고용해주지 않기 때문이다.

* 　　『집 없는 아이』 2권, 궁리출판, 59쪽.

레미는 알렉시 대신 가스파르 삼촌의 운반 광부 일을 하다가 사고를 당해 붕괴된 탄광에 14일간이나 갇혀 있다가 구출된다. 사고 당시 레미는 겨우 열 살이었다. 열 살 넘은 아이들은 갱도에서 석탄 수레를 끌었던 것이다. 또 어린 소녀와 키 작은 성인 여성도 운반 광부로 일했다. 수레가 없으면 석탄이 든 바구니를 직접 등에 지고 갱도를 기어 다니며 운반했다.

탄광에서 어린이와 여성을 고용한 데는 이유가 있다. 성인 남성에 비해 임금을 적게 줄 수 있고, 또 체구가 작으면 이동하는 갱도를 좁게 파도 되므로 채굴 비용을 절감할 수 있었기 때문이다. 기록에 의하면 당시 갱도의 높이는 30인치, 약 76.2센티미터였다고 한다.

난쟁이라 불린 어린이 광부

좁은 갱도에서 허리도 못 펴고 기어 다니며 일하던 어린이 광부들은 성인이 되어도 키가 작았다. 구루병에도 많이 걸렸다. 햇볕을 못 쬔데다가 만성적 영양실조 상태였기에 더욱 그랬다. 독일 탄광촌에서 어린이 광부를 난쟁이Zwerg라고 부를 정도였다. 난쟁이 광부는 동화 속이 아니라 현실 세계에 존재했다.

독일을 비롯한 동유럽 지역의 농노 해방은 서유럽에 비해 늦었다. 산업혁명이 늦게 진행되면서 채광 회사 같은 기업이 농노를 소유하는 등 새로운 농노제가 생기기도 했다. 탄광 지역을 지배한 귀족이나 자본가가 농노를 동원해 채굴 작업을 했기 때문이다.

「백설공주」에서 공주의 나이는 일곱 살이다. 그런데 집안일을 맡아서 한다. 어른들과 좀 큰 아이들은 광부로 일하러 가고, 더 어린 여자아이들은 집에 남아 살림을 해야 했던 독일 광산촌의 슬픈 현실과 같다.

금본위제의 탄생
· · ·

『해리 포터』시리즈에서 주인공 해리는 '그린고트 은행'에서 부모의 유산을 꺼내 쓴다. 은행 관리인은 '난쟁이 도깨비'라고 번역되었는데 원작에서는 '고블린'이라 되어 있다. 고블린은 영국 웨일스 지방 전설에 나오는 '코블리나우Coblynau'가 변한 이름이다. 코블리나우는 은광산에 사는 난쟁이 요정인데, 독일 전설에 등장하는 난쟁이 '코볼트Kobold'와 어원이 같다. 이들의 이름에서 '코발트블루'로 알려진 푸른빛 금속 원소 '코발트Cobalt'가 비롯되었다. 이는 유럽 전설 속 난쟁이와 광부의 밀접한 관계를 보여주는 예다. 전설에서 난쟁이들은 광부, 대장장이, 금세공사이면서 지하에 있는 모든 보물을 관리하기 때문이다.

난쟁이 요정은 아니지만 실제로 보물을 관리하는 대장장이 겸 금세공사가 수표를 발행하고 은행 업무를 본 역사가 있다. 16세기 영국의 런던 상인들은 런던탑을 금고로 사용했다. 아래는 수로로 되어 있고 근위병이 늘 지키고 있어 접근하기가 어려웠기 때문이다. 중죄인을 가둘 뿐만 아니라 왕실의 보석을 보관하는 금고로도 쓰였으니 런던탑의 안전성은 보장된 셈이었다. 1640년 의회에 승인을 요청한 전쟁 비용 지불을 거부당한 찰스 1

세가 런던탑에 보관된 모든 금과 은을 몰수해버리기 전까지는.

재산을 잃어버린 상인들은 안전한 보관 장소를 새로 찾아냈다. 바로 금세공사, 골드스미스gold smith의 집이었다. '스미스'는 대장장이란 뜻이다. 금세공사들은 상인이 물건 대금으로 받아온 금이 진짜인지 가짜인지, 함량이 어느 정도인지, 무게는 얼마인지 전문가답게 정확히 알려주었다. 상인들은 가져온 금을 금세공사들에게 맡기고 보관 영수증을 받아 갔다. 이를 '골드스미스 노트'라고 부른다. 이때 노트note는 공책이 아니라 수표란 뜻이다. 상인들은 맡긴 금을 찾아서 상거래에 사용하는 대신, 서로 골드스미스 노트를 주고받았다.

고객들이 맡긴 금을 한꺼번에 찾아가지 않는다는 것을 경험한 금세공사들은 점점 보관하고 있는 금의 총량보다 더 많은 보관증을 발행했다. 보관증으로 돈을 빌려주고 이자를 받았다. 금을 맡긴 사람들에게는 보관료를 받지 않고 이자를 주었다. 이후 중앙은행만 보관증을 발행하도록 제도가 바뀌면서 골드스미스 노트는 은행 지폐가 되었다. 19세기 초에 영국이 채택하면서 전 세계가 화폐 제도로 사용한 금본위제Gold Standard는 이렇게 탄생했다.

금본위제는 1930년대 세계대공황 때 영국부터 포기하기 시작했다. 최종적으로 1971년에 미국 닉슨 대통령이 달러화에 대한 금태환 정지를 선언하면서 세계 경제에 큰 충격을 주고 폐지되었다.

#산업혁명 #18세기 중엽에서 19세기 후반까지 #석탄 #아동노동

영국에는 왜
철도 미스터리 소설이 많을까

애거서 크리스티 「오리엔트 특급 살인」

1934년에 출간된 애거서 크리스티의 대표작 『오리엔트 특급 살인』은 오스만튀르크제국의 이스탄불에서 프랑스 칼레로 향하는 열차 안에서 일어난 살인 사건을 다룬다. '오리엔트 특급'이란, 유럽에 최초로 놓인 대륙 횡단 철도 노선을 말한다. 1883년에 운행을 시작한 이 철도는 당시 유럽의 문화 중심지였던 프랑스의 수도 파리와 이스탄불을 67시간 만에 연결했다. 추리소설이기에 줄거리를 요약해서 소개하지 않는다.

산업혁명과 철도

사건은 안에서 잠긴 1인실 객실에서 발생했다. 열차에 탄 승객들에게는 모두 확실한 알리바이가 있었다. 의사 콘스탄틴은 탐정 푸아로에게 묻는다.

> "살인범이 창문을 통해서 도망치지 않았고, 옆방으로 통하는 문도 저쪽에서 잠겨 있고, 통로로 나가는 문이 안쪽에서 잠겨 있을 뿐 아니라 사슬까지 걸려 있었다면, 도대체 범인은 어떻게 해서 이 침실을 빠져나갔을까요?"*

푸아로는 답한다.

> "그것은 일종의 속임수입니다. 우리는 그 속임수가 어떻게 해서 이뤄졌는지 알아내야 합니다."**

명탐정 에르퀼 푸아로는 승객들의 알리바이를 조합하여 미궁으로 빠질 뻔한 사건의 범인을 찾는다. 이렇게 기차에서 일어난 사건을 해결하는 추리소설 갈래를 '철도 미스터리 소설'이라고 부른다.

철도 미스터리는 철도 기사였던 영국 작가 프리먼 크로프츠가 처음으로 쓰기 시작했고, 이어서 다른 작가들도 작품을 발표하면서 추리소설의 한 갈래가 되었다고 한다. 그런데 궁금하다. 기차 안에서 일

---

*   애거사 크리스티, 『오리엔트 특급 살인』, 해문출판사, 85쪽.

**   앞의 책.

어난 살인 사건 이야기를 쓴 작가는 왜 대부분 영국인일까?

영국의 조지 스티븐슨이 1814년에 개발한 증기기관차는 산업혁명에 크게 기여했다. 탄광에서 캐낸 석탄을 기차로 운반하면서 석탄 가격이 70퍼센트나 떨어진 것이다. 덕분에 석탄이 연료인 증기기관 기계를 이용하는 면직물 제조 공장들의 가격 경쟁력이 높아졌다.

영국의 면방직 공업은 나날이 발전했다. 산업도시 맨체스터에서 대량생산한 면직물은 1830년에 개통된 맨체스터-리버풀 철도를 통해 리버풀 항구를 거쳐 전 세계로 팔려 나갔다. 철도는 대영제국의 산업혁명과 경제 침략의 밑바탕이 되었다.

영국의 눈부신 발전을 본 다른 유럽 국가도 산업혁명을 추진하고 철도를 건설했다. 이러한 산업혁명과 철도의 역사를 보면 최초로 철도를 건설한 영국에서 철도를 다룬 문학작품이 많을 수밖에 없다. 철도 미스터리 소설 작가에 영국인이 많은 첫 번째 이유다.

영국에 철도 미스터리가 많은 이유

스티븐슨은 증기기관차를 개발할 때 열차의 바퀴 사이 간격인 궤간軌間을 1,435밀리미터, 4피트 8.5인치로 만들었다. 이 치수는 당시 마차 바퀴 폭과 같았는데, 기원은 고대 로마제국까지 거슬러 올라간다. 유럽을 정복하는 과정에서 로마제국은 속주 지배를 쉽게 하기 위해 길을 닦았다. "모든 길은 로마로 통한다"는 말이 여기서 유래한다. 도로의 폭은 전차에 말 두 마리를 묶어서 다닐 수 있는 너비가 기준이었다. 고대 로마제국이 멸망한 후에도 그 유산은 남았다. 전차 바퀴의 치수는 마차 바퀴의 치수로, 이어 열차 바퀴의 치수로, 현재 국제 철도 표준궤 치수로 이어졌다.

열차와 마차의 궤간을 같게 만든 것은 호환성을 위해서다. 당시에는 역마차 세 대를 연결하여 열차의 객실 한 량을 만들었다. 게다가 초창기 철도에는 사용료만 내면 말이 끄는 마차도 철도선 위를 달릴 수 있었다.

기차는 산업혁명기의 새로운 운송수단이지만 전 시대의 마차를 계승했다. 당시 영국 열차의 객실 한 칸이 마차처럼 마주 보고 앉도록 설계된 이유다. 영화 〈해리 포터〉 시리즈에 등장하는 호그와트행 급행열차를 떠올려보면 된다. 이런 이유로 영국 열차의 객실은 옆 객실과 벽으로 막혀 있기에 완벽한 밀실이 될 수 있었다. 밀실 살인 사건의 배경이 될 만한 조건이다.

1807년, 미국의 발명가 로버트 풀턴이 증기선을 이용해 허드슨강을 운항하는 데 성공한다. 증기선은 당시 범선에 비해 세 배나 빨랐다. 도로 사정이 열악한 미국에서 증기선은 화물 운송과 교통용으로 폭발적인 인기를 끌었다. 증기선의 커다랗고 길쭉한 선실에는 통로를 사이에 두고 의자가 양쪽으로 배치되었다. 긴 강당과 같은 구조다.

미국의 기차 객실은 이러한 증기기관선 객실을 본떠서 만들었다. 밀폐된 공간이란 없다. 한 객실에 많은 사람이 탈 수 있기에 무슨 일이 발생하면 목격자도 많다. 사람들의 눈을 피해 범죄를 저지르고 계속 현장에 머물면서 완벽한 알리바이를 대기란 어렵다. 그래서인지 미국 기차에서 일어나는 범죄는 대개 한 방 크게 터뜨리는 열차 강도다. 범죄자는 복잡하게 머리를 쓰지 않는다. 많은 목격자가 생길 것을 감수하고 총을 사용해 목적을 얼른 달성하고 도망쳐버린다.

마차 스타일과 기관선 스타일, 영국에 철도 미스터리 소설가가 많은 이유에는 기차 객실의 차이도 있다.

추리소설의 유행과 문고본의 탄생

영국에서 추리소설이 유행한 이유도 기차 객실 설계와 관련 있다. 내성적인 영국인들은 오랜 시간이 걸리는 기차 여행 동안 작고 폐쇄된 공간에서 처음 보는 사람과 마주 앉아 있는 상황이 난감했다. 그래서 시선이 마주치는 것을 피하기 위해 기차 안에서 책을 읽기 시작했다.

이런 여행객의 심리를 파악한 스미스라는 서점 주인은 1848년, 런던 유스턴역에 세계 최초로 기차역 구내서점을 차렸다. 대성공이었다. 덜컹거리는 객실에서도 집중하여 잘 읽을 수 있는 흥미진진한 대중소설이 잘 팔렸다. 추리소설이 대표적이었다.

추리소설이 유행하면서 역 구내서점에 가볍고 싼 책이 등장하기 시작했다. 기존의 책은 서재의 독서대에 두고 읽기 위해 만들었기에 두껍고 무거웠다. 고급스럽게 장정해서 값도 비쌌다. 책은 인테리어 겸 신분 과시용이었기 때문이다. 그러나 기차 여행이 대중화되면서 장식적인 요소를 줄이고 작고 가볍게 만든 문고본이 나왔다. 역에서 지나가다 보고 충동 구매하기 쉽도록 값도 쌌다. 문고본은 휴대하기 편하고 여행하는 동안 잠깐 사 읽고 부담 없이 버릴 수 있어서 큰 인기를 끌었다.

증기기관과 석탄, 철은 산업혁명의 필수 요소였고, 이 세 가지가 결합한 산업혁명의 상징은 기차였다. 기차는 이런 방식으로 대중문학의 시대도 열었다.

철도시가 생긴 이유

"그런데 뜻밖에 기차가 눈 속에 파묻히게 되어 승객들의 계획에 문제가 생겼습니다. 그들은 몹시 당황했겠지요. 하지만 그들은 재빨리 의논을 하고, 계획대로 밀고 나가기로 결정했습니다. 일이 이렇게 되자, 승객들 모두가 의심을 받게 되었습니다……."[*]

살인 사건의 범인을 밝히며 푸아로는 이렇게 말한다. 그의 말대로, 오리엔트 특급열차에 타고 있던 승객들은 각각 완벽한 알리바이를 갖고 있었다. 이 사건은 영원히 해결되지 못할 수도 있었다. 예상 못 했던 폭설로 기차가 운행 도중에 멈추지만 않았더라면.

범인 열두 명은 오리엔트 특급열차의 운행 시간표를 미리 살펴서 완벽한 알리바이를 짜놓았다. 기차가 한 역에 정차하는 사이에 올라

[*]   앞의 책, 303쪽.

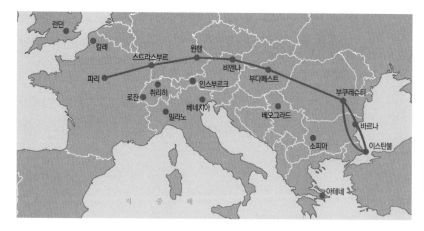

오리엔트 특급 열차 노선(1883~1962)

탄 범인이 살인을 저지르고, 다음 역에서 내려 도망간 것으로 보이게 끔. 이렇듯 기차 배차 시간표는 철도 미스터리 소설에서 알리바이를 만드는 데 중요한 역할을 했다.

산업혁명의 동력은 증기기관이고, 증기기관의 연료는 석탄이다. 증기기관을 만든 것도 탄광에 고인 지하수를 퍼내기 위해서였다. 이어 캐낸 석탄을 빠르게 대량으로 운반하기 위해, 공장에서 생산된 면 직물을 해외로 수출하는 항구까지 운송하기 위해, 곧 화물 수송이 아니라 여행을 위해 기차가 사용되었다.

기차 여행 초기에는 차표 가격이 비쌌다. 기차를 이용하는 주 고객은 여유 있는 상류층이었다. 시간이 흘러 철도망이 확대되고 철도 회사가 여럿 설립되자 표값이 내렸다. 이제 기차 여행은 대중화된다.

문제가 생겼다. 석탄이나 면직물 같은 화물이야 시차를 신경 쓸 필요 없이 사람이 실어준 대로 이리저리 옮겨 다니면 되지만, 사람은 각자의 일정을 갖고 여행하기 때문이다. 먼 지역을 빠른 시간 안에 이동할 수 있는 철도가 대중화됨에 따라 여행자들은 다른 지역의 다른 시간대가 불편하게 느껴지기 시작했다.

근대 이전에는 통일된 시간이라는 개념 자체가 없었다. 태양이 머리 꼭대기에 오면 그때가 그 지역의 정오였다. 각 지역은 정오를 기준으로 하루의 시간을 맞췄다. 그 시절 여행자는 자신이 있던 지역의 시간에서 살다가 새로 도착한 지역의 시간에 맞춰 여행하는 게 별로 불편하지 않았다. 이동 수단이 느렸기에 서서히 적응할 수 있었기 때문이다. 철도가 등장하기 전까지 여행이란 사람이 스스로 걷거나 말이나 마차를 타고 다니는 일이었으므로 멀리까지 가더라도 각 지역마다 시간 차이를 크게 느끼지 못했으나 이제 상황이 달라졌다.

철도 회사들은 자기 회사의 노선이 지나가는 지역의 시간을 각자 관리했다. 이렇게 되자 같은 기차역에 도착한 기차인데도 다른 곳에서 출발한 기차나 다른 철도 회사의 기차와는 다른 시간을 사용하는 경우가 생겼다. 이 때문에 많은 혼란과 철도 사고가 발생했다.

국내뿐만 아니라 이웃 나라와 연결하고, 더 나아가 오리엔트 특급 열차처럼 대륙을 횡단하는 철도가 생겨남에 따라 철도 회사들은 더욱 곤란해졌다. 각각 다른 지역과 다른 국가의 시간대 때문에 기차 시간표를 조정하는 데 어려움을 겪었다. 여행객은 계산 착오로 승차 시간을 놓치기 일쑤였다. 이에 철도 회사들은 철도시鐵道時를 사용하기 시작한다. 철도시란 철도 회사가 정한 시간에 맞춘 표준시를 말한다.

영국의 기차 객실은 밀실 살인 사건의 배경이 되기에 완벽한 조건이었다.

완벽한 알리바이는 표준시가 보장한다

같은 철도 노선이 지나가는 도시들끼리는 같은 철도시에 점차 시간을 맞추었다. 각 도시는 중앙 철도역 광장에 시계탑을 세웠다. 다른 시간을 사용하는 지역의 기차역에서 출발하여 이 도시의 역에 내린 여행자들을 위해서였다. 역사가 오래된 도시의 중앙 철도역에 가보면 고풍스러운 시계탑이 꼭 있는 내력이다.

한편 여러 노선의 철도가 지나가는 교통의 요지나 대도시는 문제가 복잡해졌다. 브라질의 가장 큰 도시인 상파울루 기차역에는 각각 다른 철도 노선을 타고 오는 승객들을 위해 시계가 세 개나 있었다. 이 정도면 철도 회사의 관리만으로는 문제가 해결되지 않는다. 국가가 법으로 정한 표준시가 필요했다.

영국은 세계 최초로 표준철도시를 만들었다. 런던에 있는 그리니치천문대의 시간에 맞추어 표준시를 정하여 1847년에는 모든 철도에서 그리니치표준시를 사용해야 한다는 법을 통과시켰다. 이후 8년 내에 영국의 공공 시계 중 98퍼센트가 그리니치표준시에 맞추었다.

국토 면적이 동서로 넓은 미국은 표준시가 늦게 성립되었다. 1870년에 미국 전역에 있던 철도시가 무려 80개나 될 정도였다. 철도 회사들이 세인트루이스에 모여 북아메리카 지역에 있던 표준시간 50여 개를 네 개로 줄이는 데 합의한 것은 1883년이었다.

이 점도 영국에 철도 미스터리 소설 작가가 많은 이유 중 하나다. 철도를 처음 만든 영국은 일찍부터 표준철도시를 확립하여 기차를 운행했기 때문이다. 영국 철도의 정확한 배차 시간표 덕분에 영국의 추리소설 작가들은 시간을 엄밀히 계산하여 등장인물의 알리바이를 구상할 수 있었다. 그래서인지 영국에 이어 수준 높은 철도 미스터리 소설이 많이 발표되는 나라는 일본이다. 일본의 철도 운행 시간 역시 정확하기로 유명하다.

철도가 만든 근대 제국의 시간

영국은 1853년, 인도에 철도를 부설한다. 아시아 최초의 철도였다. 프랑스는 베트남을 비롯한 동남아시아 지역과 튀니지 등 아프리카 북부에 철도를 건설한다. 서구 열강의 제국주의 국가들은 침략한 나라에 철도부터 놓았다. 자원을 수탈하고 군대를 파견하고 보급품을 수송하는 등 식민 지배를 쉽게 하기 위해서였다. 결코 상대 나라의 근대화와 문명화를 돕기 위해서가 아니었다.

이에 따라 서구 제국주의 국가들은 본국뿐만 아니라 아시아, 아프리카 등 전 세계 모든 나라와 교역하고 식민지를 관리하기 위해 세계 표준시를 제정할 필요를 느낀다.

1884년, 미국 워싱턴에서 25개 나라의 대표가 모인 국제 자오선회의가 열렸다. 경도에 따라 지구를 24개 지역으로 나누어 표준시간대를 정하기로 합의했는데, 영국의 전통적인 라이벌인 프랑스는 파리를 기준으로 하는 표준시를 주장했다. 하지만 이미 영국의 그리니치표준시를 쓰고 있던 미국 철도 회사들은 그리니치표준시를 지지했다. 그리하여 영국의 그리니치천문대를 기준으로 만든 본초자오선으로 세계표준시가 성립하여 오늘에 이르게 된다.

결국 철도와 근대의 시간이란 제국주의시대의 발명품이었다. 지금 우리가 살고 있는 시공간의 기본틀은 이 시절에 짜였다.

광궤 철도와 제국주의 역사
...

국제 철도 표준궤는 1,435밀리미터다. 이보다 좁으면 협궤, 넓으면 광궤라고 하는데, 러시아, 에스파냐, 인도는 광궤를 쓴다.

1806년, 프랑스의 나폴레옹은 대륙봉쇄령을 내려 영국과 다른 나라와의 교역을 금지한다. 영국을 경제적으로 압박하려는 의도였다. 하지만 러시아의 황제 알렉산드르 1세는 자국 경제가 피해를 입자 영국과 무역을 재개한다. 이에 1812년, 나폴레옹이 60만 대군을 이끌고 러시아를 침략한다. 러시아는 나폴레옹 군대를 물리쳤지만 막대한 피해를 입었다. 20여 년 후 러시아 정부는 철도를 부설하면서 1,524밀리미터 광궤를 채택한다. 표준궤를 사용하는 프랑스가 기차를 이용해 침략할까 봐 걱정해서였다. 다른 궤를 사용하면 직통 운전을 못 하기 때문이다.

에스파냐 역시 러시아와 같은 이유로 광궤를 선택했다. 나폴레옹은 1808년에 에스파냐를 침공하여 보르본왕조의 페르난도 7세를 폐위하고 자신의 친형인 조제프 보나파르트에게 에스파냐 국왕 자리를 넘긴다. 에스파냐는 영국과 연합하여 나폴레옹을 몰아냈다. 40여 년 후인 1848년, 에스파냐는 최초의 국철을 만든다. 궤간은 1,668밀리미터로 정했다. 프랑스와 국경을 맞대고 있기에 철도를 이용해 침략당할 가능성을 없애기 위해서였다.

인도 철도의 궤간은 1,676밀리미터로 세계에서 가장 넓다. 영국이 인도를 식민 지배하면서 인도에서 생산된 면화와 차 등의 물자를 대량으로 수탈해서 운송할 목적으로 철도를 건설했기 때문이다. 그러나 영국은 이 좋은 철도 시스템을 인도의 기근 해결을 위한 식량 운송에는 쓰지 않았다.

#근대 형성 #산업혁명 #철도 #영국 #철도시 #세계 시간 #광궤철도 #제국주의

톰 아저씨의 오두막집과
분열된 집

해리엇 비처 스토 「톰 아저씨의 오두막」

"당신이 이 큰 전쟁을 일으킨 책을 쓴, 바로 그 작은 여인이군요."

1862년 11월, 에이브러햄 링컨 대통령은 백악관을 방문한 해리엇 비처 스토를 맞이하며 이렇게 말했다. '큰 전쟁'은 미국의 남북전쟁, '전쟁을 일으킨 책'이란 『톰 아저씨의 오두막집』이다.

남북전쟁 전인 1850년경 미국 켄터키주, 지주 셸비 씨는 사업에 실패해 흑인 노예 톰을 팔려 한다. 노예상은 일라이자의 다섯 살 난 아들 해리도 요구한다. 대화를 엿들은 일라이자는 해리를 데리고 도망치지만 톰은 순응한다.

일라이자와 해리는 노예제 폐지 운동을 하는 사람들의 도움을 받아 캐나다로 탈출한다. 팔려 간 톰은 좋은 주인을 만나 행복한 시간을 보내기도 하지만, 다시 팔려 가 목화밭에서 매를 맞으며 일한다. 톰은 다른 여자 노예를 때리라는 명령을 거부하다가 맞아 죽는다. 셸비 씨의 아들인 조지는 톰을 되사러 갔다가 이 사실을 알고 슬픔에 빠진다. 조지는 집에 돌아와 모든 노예를 해방하며 말한다.

"오늘부터 여러분은 자유의 몸입니다. 나는 당신들을 노예 신분에서 해방시키겠다고 톰 아저씨의 외로운 무덤 앞에서 굳게 맹세했습니다. 난, 다시는 노예를 부릴 생각이 없습니다. 톰 아저씨의 오두막 집을 볼 때마다 여러분이 오늘 되찾은 자유를 생각해주십시오."*

큰 전쟁을 일으킨 책 한 권

노예제도 폐지 운동 기관지 《내셔널 에라National Era》에 연재되던 소설 『톰 아저씨의 오두막』은 1852년에 단행본으로 출간되었다. 남북전쟁이 발발하기 9년 전이었다. 반응은 뜨거웠다. 1년 만에 30만 부나 팔려 미국 소설 역사상 첫 밀리언셀러가 되었다.

소설은 노예제의 비참함을 고발하고 당시 남부 노예들의 실상을 북부에 알렸다. 노예 해방에 대한 지지 여론을 조성하여 남북전쟁에서 북부가 승리하는 데 기여했다. 링컨 역시 『톰 아저씨의 오두막』을 읽으며 노예제 폐지를 다짐했다고 한다. 그러나 대통령으로서 링컨이 남부와 전쟁을 한 목적은 노예제 폐지가 아니라 연방의 존속이었다.

---

* 　　『톰 아저씨의 오두막』, 계몽사.

남과 북, 누적된 갈등

1776년, 북아메리카에 있던 13개 식민지 연합이 영국과 전쟁을 치르고 미합중국으로 독립한다. 다음 세기인 1861년에 미국사에서는 내전Civil War이라 부르는 남북전쟁이 일어났다. 그 결과, 62만 명이 사망하고 남부 지역 대부분이 초토화되었다.

세계사를 보면 근대 국민국가를 건설하는 과정에 내전을 겪은 나라가 많다. 특이하게도 미국은 노예제 존속 여부를 놓고 전쟁을 벌였다. 북부가 이겨 400만여 명의 흑인 노예가 해방되기는 했지만, 노예제가 전쟁의 가장 큰 원인은 아니었다. 근본 원인은 노예를 부려야만 하는 남부와 노예제가 필요 없는 북부 간의 경제적·문화적·정치적 갈등이었다.

남부와 북부, 두 지역의 경제 체제는 식민지 시절부터 달랐다. 남부는 대규모 농장에서 담배 등 상업 작물을 재배하여 수출했다. 영국 산업혁명 이후로는 면직물의 재료가 되는 목화, 즉 면화를 주로 재배했다. 이런 작물을 재배하려면 엄청난 노동력이 필요했기에 인신매매한 아프리카인을 노예로 부렸다.

한편 북부에서는 상공업이 발달했다. 산업화에 따라 이민 온 사람들이 많아져서 인구가 늘었다. 자본가는 이들을 임금 노동자로 고용했다. 북부는 빠르게 발전했다. 영국보다 늦게 산업혁명에 들어선 북부의 산업 자본가들은 연방정부의 지원과 보호무역 정책을 원했다.

반면 영국에 면화를 수출하는 남부 대농장주들은 농산물 수출과 공산품 수입에 유리한 자유무역을 원했다. 북부인들이 북부의 이익을 반영한 연방정부의 강력한 중앙집권을 지지하자 남부인들은 경계하기 시작했다. 정치적 주도권을 잃게 되어 경제가 어려워지고 남부의 고유한 전통과 문화까지 잃을까 봐 우려했던 것이다. 남북 간 지역 갈등은 깊어져만 갔다.

남북을 가르는 넓고 깊은 강

19세기 들어 세계적으로 노예제는 폐지되고 있었다. 처음 아메리카에 흑인 노예를 인신매매해 온 영국에서도 노예제는 사라졌다. 공식적으로 노예제도를 유지하고 있는 나라는 브라질, 쿠바, 미국 남부 정도였다.

미국 남부에서는 노예제도가 오히려 확대되고 있었다. 영국의 면직물 산업이 발전하면서 면화 수요가 늘었기 때문이었다. 남북전쟁 당시 남부 인구의 3분의 1은 노예였다. 남부는 노예 노동력에 의지한 농업 생산에 경제 기반을 두었기에 노예제를 유지해야만 했다.

반면에 임금 노동자의 노동력에 경제 기반을 둔 북부에서는 노예제 폐지론자들이 등장하기 시작했다. 그러나 미국 전역으로 보면 전면 폐지론자는 소수였다. 대부분은 노예제가 새로운 주로 확산되지 않기를, 언젠가는 점차 사라지기를 원했다.

미국 '헌법'에 따르면 노예제는 각 주의 자치권에 속했다. 갈등의 쟁점은 노예제도를 폐지하느냐, 유지하느냐가 아니었다. 남부의 노예제도를 서부 개척지로 확장해서 적용하느냐 마느냐의 문제였다. 미합중국에 합류하는 지역이 늘 때마다 새로 확대된 영토가 북부와 같은 자유주가 될 것인지 남부와 같은 노예주가 될 것인지를 놓고 남북 간에 갈등이 깊어졌다. 노예에 대한 인도적 차원에서가 아니라 미국 사회의 주도권을 둘러싼 갈등이었다.

1820년에 '미주리 타협'이 체결되었다. 새로 생긴 주가 연방에 가입할 때 북위 36도 30분을 경계로 북쪽은 자유주로, 남쪽은 노예주로 승인하는 내용이었다. 1850년 타협, 1854년 '캔자스-네브라스카법' 등 몇 번 더 새로운 타협안이 체결되었다. 그동안에는 자유주와 노예주가 번갈아 새로 생겼기에 남북 사이의 균형은 얼추 유지되었다.

1850년대에 이르자 미국의 영토가 태평양 연안까지 도달했다. 새로운 주가 연방에 가입할 여지는 없었다. 남북 간 갈등을 무마시킬 방법도 없어진 것이다. 미국 사회는 둘로 나뉘었다. 남부의 노예는 북부로 탈출했고 북부의 노예제 폐지 지지자들이 이들을 도왔다. 남부는 북부에 더욱 불만을 갖게 되었다.

분열된 집과 내전

1860년, 노예제에 반대하는 공화당의 링컨이 대통령 선거에서 승리했다. 남부는 연방을 탈퇴하여 남부연합을 결성했다. 이에 연방정부는 남부의 주들은 연방을 탈퇴할 권리가 없으며 무력을 써서라도 연방 탈퇴를 막아야 한다는 입장이었다.

1861년 4월, 남부연합 군대가 섬터 요새를 공격하여 전쟁이 시작되었다. 남북 간에 누적된 갈등이 결국 전쟁으로 이어진 것이다. 전쟁 당시 북부는 이 전쟁을 '반역전쟁'이라고 부른 반면 남부는 자치권을 지키기 위한 방어전이라 여겼다는 점을 보아도 남북 간의 입장 차이를 알 수 있다. 전쟁이 끝난 후에야 이 전쟁의 공식 명칭은 '내전'이 된다.

대통령 당선 이전부터 링컨의 최대 관심은 연방의 유지였다. 노예제 폐지가 아니었다. 노예제가 다른 주로 확대되지 않고 연방을 유지할 수 있다면 남부와 타협할 생각이었다. 신앙인으로서 링컨은 도덕적으로는 노예제를 반대했지만, 정치인인 링컨은 남부의 연방 이탈을 피하기 위해서 노예 문제를 보류하길 원했다. 이러한 입장은 대통령이 되기 전인 1858년 6월 일리노이주 공화당 전당대회에서 드러난다. 연방 상원의원 후보로 선출된 링컨의 연설문을 보자.

스스로 분열된 집은 바로 설 수 없습니다. 어떤 주는 노예제를 고집하고 어떤 주는 이를 반대하는 한 우리 정부는 오래가지 못할 것입니다. 나는 연방이 해체되기를 원하지 않습니다. 우리 집이 분열되기를 원하지 않습니다.

『신약성경』「마가복음」3장 25절에서 인용한 이 연설은 "분열된 집" 연설이라 불린다. 그렇다. 링컨이 남북전쟁 전에 본 집은 '톰 아저씨의 오두막'이 아니라 '분열된 집'이었다. 링컨의 입장은 남북전쟁 중인 1862년 8월에 〈뉴욕 트리뷴〉에 보낸 편지에서 더 잘 드러난다.

이 투쟁에서 나의 가장 중대한 목적은 연방을 구하는 것이지, 노예제를 보존하거나 파괴하는 게 아닙니다. 노예를 전혀 해방시키지 않고도 연방을 구할 수 있다면, 나는 그렇게 할 것입니다. 노예를 전부 해방시켜야 연방을 구할 수 있다면, 나는 그렇게 할 것입니다.

그러나 정치인 링컨은 곧 노예제 이슈를 전세에 따라 활용하기로 마음먹는다. 초기의 열세를 극복하고 군사적 우위를 확보하자 1862년 9월에 그는 선언한다. 1863년 1월 1일부터 남부연합에 속한 '반역주'에서 노예를 해방시키겠다고. 해방에 시간차를 둔 것은 남부의 전통적인 체제를 무너뜨리려는 의도였다. 링컨의 의도대로 흑인 노예들이 남부에서 탈출하여 북군에 지원했다.

노예 해방 선언은 외교적으로도 성공했다. 남부에서 수입한 면화로 면직물을 만들어 수출하던 영국이 자국 내 노예제 폐지론자의 여론 때문에 남부를 지원하지 못하고 중립을 지킨 것이다. 링컨의 '노예 해방 선언' 덕분에 군사적으로나 대외적으로나 북부는 큰 이익을 얻었다. 이때부터 비로소 노예 해방이 전쟁의 목적으로 부각된다.

전쟁이 길어질수록 인구가 많고 산업이 우세한 북군이 유리했다. 1863년 7월, 북군은 미시시피의 빅스버그를 점령하고 이어서 펜실베이니아의 게티즈버그전투에서 승리했다. 링컨은 여기에서 그 유명한 '국민의 정부' 연설을 한다. 북군은 다음 해 9월에는 조지아의 애틀랜타와 남부 최대 도시 뉴올리언스를 점령했다. 1865년 4월, 남군의 명장 리 장군이 항복하여 내전은 끝났다.

일라이자가 건넌 오하이오강

작가는 남부를 여행하다가 흑인 노예의 비참한 현실을 목격하고
『톰 아저씨의 오두막』을 썼다. 직접적인 계기는 1850년에 개정된 '도
망노예단속법'이 의회를 통과한 것에 대한 분노였다. 소설 속 등장인
물인 상원의원 버드 씨가 이 법에 대해 말하는 대목을 보자.

> "사실은 오늘 의회에서, 켄터키에서 도망 오는 노예를 구하는 것
> 을 금지하는 법률이 통과되었소, 그러니 참 곤란한 문제요. 날이 밝
> 으면 내일이라도 아마 저 여자를 잡으려는 패거리가 닥쳐올 거요.
> 그렇잖아도 요즈음 이 근방에는 노예 상인의 앞잡이 노릇을 하는 나
> 쁜 녀석들이 부쩍 늘고 있소."*

버드 씨 부부는 흑인을 학대하는 남부 사람들은 사람의 도리에 어
긋나는 짓을 하는 것으로, 노예는 마땅히 해방되어야 한다고 주장한
다. 뜻을 같이하는 사람들과 함께 켄터키에서 도망쳐 온 흑인 노예들
이 안전한 곳에 갈 때까지 자신들의 집에서 숨겨주고 돌봐준다. 그런
데 일라이자와 해리는 바로 이동하게 하고, 곧이어 급히 캐나다로 보
낸다. 새로 통과된 '도망노예단속법' 때문이었다.

이 법은 노예 소유주의 권리를 보장한다. 도망간 노예를 잡아 원

---

*   앞의 책.

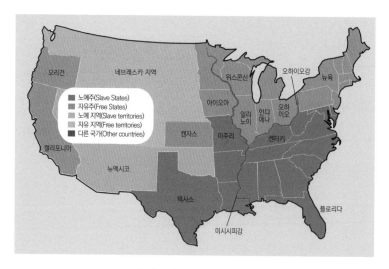

오리건

네브래스카 지역

위스콘신

오하이오강

뉴욕

노예주(Slave States)
자유주(Free States)
노예 지역(Slave territories)
자유 지역(Free territories)
다른 국가(Other countries)

아이오아

일리
노이

인디
애나

오하
이오

캘리포니아

캔자스

미주리

켄터키

뉴멕시코

텍사스

플로리다

미시시피강

1861년 미국의 자유주와 노예주 상황

주인에게 돌려주는 비용을 연방정부가 부담하고, 도망 노예를 도와준 이까지 처벌받게 하는 것이다. 이제 노예주에서 벗어나 자유주에 도착해도 도망자는 안전하지 않다. 그래서 일라이자는 국경을 넘어 캐나다로 가서야 안심한다.

버드 씨 부부의 보호를 받기 전에 있었던 일이다. 노예 사냥꾼에게 쫓기던 일라이자는 해리를 품에 안고 반쯤 얼어붙은 강에 뛰어들었다. 그리고 흐르는 얼음장을 징검다리처럼 밟고 도망갔다. 『톰 아저씨의 오두막』을 읽은 사람이면 누구나 기억하는 인상적인 장면이다. 일라이자는 왜 그 위험한 강을 목숨 걸고 건너야만 했을까? 노예 상인 헤일리가 도망친 일라이자와 해리를 잡으러 갈 때 흑인 노예 마부인 샘은 출발을 방해하려 일부러 말을 놓쳐서 시간을 끈다. 샘은 마음속으로 빈다. '일라이자가 어서 오하이오강을 건너주었으면!' 샘은 왜 일라이자가 오하이오강을 어서 건너기를 빌며 시간을 끌었을까?

일라이자가 깨진 얼음장을 밟고 건넌 강이 바로 오하이오강이다. 미국 중동부를 흘러가서 나중에 미시시피강 본류와 합쳐지는 강인데, 이 강을 건너면 노예주인 켄터키주에서 자유주인 일리노이, 인디애나, 오하이오로 갈 수 있었다.

남북전쟁 무렵 남부의 주들은 대개 노예제도를 인정하는 노예주였다. 남부 노예주의 흑인들은 강 건너 자유주로 도망가기를 원하는 한편, 오하이오강과 이어진 미시시피강 하류 쪽으로 팔려 가는 것을 두려워했다. 그래서 일라이자는 목숨을 걸고 얼음이 깨진 위험한 강을 건넌 것이다.

노예 탈출을 도운 지하철도 조직

오하이오강을 건너 자유주로 간 일라이자는 도와주는 사람을 많이 만난다. 상원의원 버드 씨 부부, 퀘이커교도 레이철 여사, 벤 크롬프 씨 등. 캐나다 애머스트버그 항구에 닿자 사람들은 일라이자 가족에게 호텔로 가지 말고, 당신네 같은 사람들을 위해 목사님이 경영하는 숙박소가 있으니 그곳으로 가라고 알려준다. 이렇게 조직적으로 도망 노예를 돕는 사람들이 있었다. 바로 '지하철도'다.

지하철도는 노예제에 반대하는 사람들이 모여 노예의 탈출을 돕는 조직으로, 숙소와 음식을 제공하고 길을 안내하는 활동을 했다. 지하철도를 이용해 1810년에서 1850년까지 공식적으로는 약 6,000명, 비공식 추산으로는 3~10만 명이 탈출에 성공했다. 이 조직의 도움을 받아 주로 북부 자유주로 탈출하던 노예들은 '도망노예단속법' 이후에는 캐나다, 멕시코, 다른 해외 국가로까지 넘어갔다.

『톰 아저씨의 오두막』에는 백인 기독교인들만 지하철도 조직원으로 등장하지만 도망 노예 출신 흑인들의 활약도 눈부셨다. 해리엇 터브먼은 역사에 기록된 지하철도 흑인 차장 중 가장 유명하다. 노예였던 그는 탈출 후 지하철도 조직원이 된다. 남부에 열세 차례나 가서 노예 70명 이상을 캐나다로 탈출시켜서, '흑인들의 모세'로 불리며 존경받고 있다.

산업혁명으로 연결된 세계와 노예제

『톰 아저씨의 오두막』이 출간된 후 노예 해방 조직에 새로 가담한 사람이 많았다. 남부의 실상을 잘 모르고 살다가 목화 농장에서 노예들이 채찍을 맞으며 일하는 소설 속 장면에 큰 충격을 받았기 때문이다. 그렇다면 남북전쟁 이후 목화밭에서 강제로 일하는 흑인 노예들은 사라졌을까?

산업혁명의 주역은 면방직 공업이다. 증기기관을 이용한 방적기와 방직기의 개발은 실을 뽑고 천을 만드는 과정을 기계화하였다. 그러나 면직물의 원재료가 되는 목화를 재배하고 수확하는 과정은 기계화되지 않았다. 여전히 사람이 일일이 손으로 작업해야 했다.

영국에 이어 유럽 국가들도 산업혁명에 성공하여 면방직 공업이 발전하자 목화의 수요가 크게 늘어났다. 미국 남부의 목화 농장에는 더욱 많은 노예가 필요해졌다. 산업혁명과 기계화로 노예 해방이 더욱 멀어진 것이다. 그런데 남북전쟁이 일어나자 면화 수확량은 전쟁 동안 크게 줄어들었다. 그렇다면 미국에서 면화를 수입하던 영국과 유럽의 공장들은 어디에서 원자재를 구했을까?

미국 대신 이집트였다. 1805년부터 이집트를 통치하다 세습왕조를 세운 무함마드 알리는 목화처럼 고수익을 거둘 수 있는 상업 작물을 이집트에 도입한 바 있었다. 남북전쟁으로 목화 가격이 오르자 무함마드 알리의 가족은 목화 농장에서 노예 수백 명을 부려 목화를 생산하여 막대한 부를 축적했다. 이집트 농부들도 마찬가지였다. 이들은 이집트 남부의 수단에서 흑인 노예를 사서 목화 농사를 지었다.

결국 미국의 노예 해방은 다른 지역의 노예 속박으로 이어졌다. 산업혁명 후 세계는 이렇게 점점 더 연결되고 있었다.

또 다른 노예제도 '방랑법'
• • •

1865년 12월 6일, 미국에서 노예제도가 공식적으로 폐지된 날짜다. 이날 연방의회는 '수정헌법' 13조를 채택한다. 1항은 이렇다.

어떠한 노예제도나 강제 노역도, 해당자가 정식으로 기소되어 판결로서 확정된 형벌이 아닌 이상 미국과 그 사법권이 관할하는 영역 내에 존재할 수 없다.

이 조항에는 문제가 있었다. 미국 내에서 노예제도를 금지했지만 범죄자에 대한 형벌로서의 강제 노역은 제외한 것이다.

전쟁이 끝난 후 남부 주들은 '흑인법Black Codes'을 만들어 해방된 흑인들의 자유를 제한했다. 전쟁 전에 있었던 '노예법Slave Codes'에서 이름만 바꾼 악랄한 법이었다. 최악은 '방랑법Vagrancy Act'이었다. 어슬렁거리는 부랑자를 막는다는 명목으로 백인의 통제하에 일하지 않는 흑인 남성들을 범죄자로 몰아 공짜로 부리는 법이었기 때문이다. 백인의 법원은 '방랑법' 위반으로 체포되어 유죄판결을 받은 흑인들을 농장, 탄광, 벌목장, 도로 건설 현장으로 보내 강제 노동을 시켰다. '수정헌법' 13조가 정식으로 기소되어 판결받은 강제 노역을 허용했기에 위법이 아니었다.

그 결과, 흑인들은 죄 없이 길거리에서 갑자기 체포되었고, 가족에게 소식도 전하지 못하고 열악한 환경에서 백인을 위해 일하다 죽어갔다. 노예제도가 폐지되었지만 남부 농장에서는 무임금 흑인 노동이 여전히 필요했기 때문이다. '방랑법'은 노예제도의 다른 이름이었다.

남북전쟁 후 법적으로 노예제도는 폐지되었지만 이런 식으로 실질적인 변화는 없었다. 이에 아프리카계 미국인들은 꾸준히 저항했다. 100년 후인 1964년에 '민권법', 다음 해에 '투표권법'이 통과하면서 상황은 비로소 개선되기 시작한다. 이상의 흑인 노예 해방 과정은 백인 대통령 링컨이나 『톰 아저씨의 오두막』에 묘사된 백인들의 호의 덕분만은 아니었다. 아프리카계 미국인들은 오랜 기간 직접 싸운 끝에 스스로를 해방했다.

#미국 남북전쟁 #노예 해방 #강제 노역 #흑인 아니고 #아프리카계 미국인

공포의 계곡에서
실제로 일어난 일

코넌 도일 「공포의 계곡」

미국사에서는 남북전쟁이 끝난 1865년부터 1877년까지를 '재건시대'라고 부른다. 연방에서 탈퇴한 남부연합 열한 개 주를 다시 연방에 가입시키고, 전후 복구를 하고, 노예 신분에서 해방된 흑인들을 보호해야 하는 시기였다.

당시 집권당인 공화당은 '군사재건법'을 통과시켜 남부를 연방군에게 맡겼다. 흑인 70여만 명을 보호해서 미국 시민의 권리를 백인과 동등하게 누리게 하기 위해서였다. 남부에서 흑인들은 여전히 작은 잘못으로도 백인들에게 맞았고, 학교와 투표장에 가는 것을 방해받았기 때문이었다.

남부에서 철수한 군대는 어디로 갔을까

1877년, 연방정부는 남부에 주둔하던 군대를 철수한다. 남부는 곧 전쟁 이전 상태로 돌아갔다. 대농장주와 사업가 등 연방정부에 적개심을 품은 보수 세력이 남부의 주 정부들을 장악했다. 이들은 흑인 차별을 허용했다. 일명 '짐 크로 법'으로 불리는 유색인종에 대한 격리 정책이 시작되었다. 심지어 백인 테러 집단 KKK의 흑인 학살을 묵인하기도 했다. 예상했던 사태였다. 그럼에도 불구하고 연방정부는 남부에서 연방군을 왜 철수했을까? 철수한 군대는 어디로 가서 무엇을 했을까?

1870년대 내내 미국 경제는 불황이었다. 공화당의 지지율은 떨어져만 갔다. 자신들이 내세운 후보를 당선시키기 위해 공화당은 거래를 해야 했다. 그들은 남부 백인과 북부 자본가를 동시에 만족시킬 수 있는 방법을 찾았다.

1877년, 남부에 주둔 중이던 연방군대를 철수해서 불경기로 인한 임금 삭감에 반대하는 파업을 시작한 북부 노동자를 탄압하는 데 투입했다. 시위 도중에 자기 나라 군대의 총격을 받고 사망하는 노동자들이 생겼다. 열악한 환경에 방치된 남부 흑인들을 보호해야 할 연방군대를 동원해 연방정부가 나서서 대규모 철도 파업을 분쇄하고, 섬유 공장 노동자와 광부의 시위를 진압한 것이다.

이리하여 남부에서는 흑인들이, 북부에서는 노동자들이 죽어갔다.

『공포의 계곡』, 정반대의 역사

　자본가들은 파업을 분쇄하기 위해 사설탐정을 고용하기도 했다. 탐정들은 노동조합 지도자의 정보를 수집하여 고용주에게 넘겼다. 파업 계획을 알아내어 파업을 막고 지도자들을 미리 해고하게 만들었다. 해고된 노동자들은 블랙리스트에 올려 다른 사업장에 취직하지 못하게 막았다. 또 노조원들을 폭도로 몰아 재판에 회부했다. 재판이 열리면 탐정들은 위증을 하여 노동조합 지도자들에게 사형이 선고되게 했다. 언론도, 법정도, 정부도, 노동자가 아닌 자본가 편이던 시대였다.

　파업 분쇄 전문가 탐정 중 가장 유명한 '핑커튼 탐정 사무소'가 등장하는 소설을 소개한다. 바로 1915년에 출간된 코넌 도일이 쓴 장편 추리소설 『공포의 계곡』이다.

　영국 서식스 지방의 시골 저택, 부유한 신사 더글러스 씨가 집 안에서 살해당했다. 그의 얼굴은 총에 맞아 알아볼 수 없었다. 범인은 이미 도망갔다. 단서라고는 시체 옆에 떨어진 카드에 적힌 V. V.(후에 미국 펜실베이니아주 버미사 계곡Vermissa Valley임이 밝혀진다)뿐이었다. 이 사건을 명탐정 셜록 홈스가 해결한다. 여기까지가 1부 내용이다. (자세한 추리 과정은 요약하지 않겠다.)

　2부는 더글러스 씨의 회상이다. 20년 전인 1875년 2월, 미국 펜실베이니아주 광산 지대 버미사 계곡에 30세 정도 되는 아일랜드계 청년 맥머도가 취직한다.

이 지역은 '스카우러단'이라는 비밀조직이 지배하고 있었다. 조직원들은 살인을 저지르고도 목격자를 협박하고 서로 거짓 알리바이를 꾸며주어 처벌을 피한다. 협박에 굴하지 않는 사장과 강직한 언론인, 판사, 치안대가 조합의 폭력에 맞서려고 하지만 역부족이다. 그리하여 버미사 계곡은 테러가 지배하는 '공포의 계곡'이 되고 말았다.

그러던 중 철도와 철강 기업이 탄광 회사를 사들이고 핑커튼 탐정 사무소에 사건을 의뢰한다. 탐정 사무소는 버디 에드워즈 요원을 파견한다. 이 요원이 바로 신분을 속이고 탄광에 취직한 맥머도다.

에드워즈는 스카우러단에 침투하여 증거를 모아 조직을 일망타진한다. 그러고는 복수를 피해 이름을 더글러스로 바꾸고 영국으로 도피해 조용히 살아가다 복수를 당한 것이다.

소설의 2부는 실제 사건이 배경이다. 미국 노동운동사에서 유명한 펜실베이니아 광부 노동조합과 몰리 매과이어스 사건으로, 역사적 사실은 코넌 도일이 소설 『공포의 계곡』에서 쓴 내용과는 정반대다. '핑커튼 탐정 사무소'가 했던 역할도 역시 반대다.

공포의 계곡에서 실제로 일어난 일

노동조합 간부들이 사형당한 것은 조합이 폭력 집단이어서가 아니었다. 펜실베이니아 앤드 리딩 철도 회사의 사장이면서 석탄과 철강 기업까지 가진 프랭클린 고웬이 반노조 책략을 꾸몄기 때문이었다.

고웬의 별명은 '리딩 계곡의 지배자'였다. 그는 담합하여 일정 가격 이하로는 석탄을 팔지 않았다. 중소 광산회사가 석탄을 싸게 팔려고 하면 고웬의 철도 회사에서 운반하지 않았다. '지배자'는 이런 방식으로 독점을 유지하여 부를 끌어모았다.

그러던 1869년, 애번데일 탄광에서 광부 179명이 한꺼번에 매몰되어 사망했다. 이 사건을 계기로 노동조합원 수가 3만을 넘어섰다. 힘을 키운 조합은 1870년에 미국 최초로 광부들과 기업 간 협약을 맺었다. 고웬은 위협을 느끼고 노동조직을 분쇄하기로 결심한다.

고웬은 핑커튼 탐정 사무소에 일을 의뢰하고, 사무소는 제임스 맥팔랜드 요원을 파견한다. 스물아홉 살 아일랜드계 청년 맥팔랜드는 탄광에 위장취업을 한다. 노동조합에 가입하고 2년간 조용히 활동하며 증거를 모은다.

1875년, 고웬이 불경기라는 핑계로 임금을 20퍼센트 삭감하겠다고 발표하자 광산노동자들은 파업에 돌입한다. 조합 지도자들은 살해 위협을 받았다. 실제로 살해당한 조합원들도 있었다. 대치 상황이 벌어지자 기업주인 고웬 측이 모집한 사병, 치안대는 무장한 채 노동자들에게 총을 쏘아댔다. 이리하여 6개월간 지속된 파업은 실패로 끝났다. 광부들이 굴복하자 고웬은 드디어 맥팔랜드 요원을 내세운다.

핑커튼 탐정 사무소의 요원 맥팔랜드는 조합의 내부 조직인 '몰리매과이어스'가 테러와 살인을 저질렀다고 증언한다. 노동조합 간부들

'우리는 이길 때까지 싸울
것이다'라는 팻말을 든
노동자

은 체포되어 재판에 회부된다. 증거라고는 맥팔랜드의 증언밖에 없었음에도 불구하고. 증인 한두 명이 더 등장하기는 했지만 맥팔랜드에게 포섭되어 고웬의 돈을 받은 자들이었다.

'리딩 계곡의 지배자'인 고웬은 심지어 이 재판의 검사까지 맡는다. 선전전도 잊지 않았다. 탄광의 노동조합이 몰리 매과이어스라는 아일랜드 비밀조직에 지배당하고 있으며, 이 조직은 살인과 폭력을 일삼는 단체라고 전 미국 언론에 퍼뜨렸다.

이 사건을 연구한 대표적인 역사가 조지프 G. 레이백[*]에 따르면 몰리 매과이어스라는 비밀조직의 존재는 오직 고웬만의 주장이라고 한다. 감자 기근으로 고국을 떠나 미국으로 이민 온[**] 아일랜드인의 친목 단체가 있기는 했으나 외국 생활에 적응하도록 돕는 것이 주 목적이었다. 아일랜드인에게는 이민을 오기 전 모국에서 잉글랜드 지주들에게 저항한 비밀결사에서 활동했던 역사가 있다. 조직 경험이 이미 풍부했기에 다른 나라 이민 노동자에 비해 적극적으로 노조 활동을 하고 파업 시위에 나선 것은 사실이다. 그러나 아일랜드인의 테러 단체가 있다는 증거는 없었다. 이는 아일랜드

---

[*]　　『미국 노동의 역사History of American Labor』 등을 썼다.

[**]　　5장 '아일랜드 감자 기근은 인재였다' 참조.

계 노동자에 대한 스코틀랜드와 웨일스계 노동자 사이의 민족 감정을 부추기려는 고웬의 전략이었다. 자본가 고웬은 노동자들이 단결하여 강해지기보다 서로 미워하여 분열하기를 원했기 때문이다.

재판 결과는 다음과 같다. 조합 간부 열아홉 명은 사형을 선고받아 교수형을 당했다. 수십 명은 징역형을 받았다. 이후 이 지역의 노동운동은 노조가 수십 년간이나 제대로 활동할 수 없을 만큼 큰 타격을 받았다.

실제 역사 속 핑커튼 탐정 사무소

실제 역사에 기록된 사실을 살펴보면 시간, 장소, 등장인물, 사건의 진행 과정 모두가 『공포의 계곡』에 나오는 내용과 일치한다. 선악 구도만 반대일 뿐이다. 그런데 작가 코넌 도일은 소설에서 노동자 조직을 '조직폭력배'라고 서술하고 있다.

> 어느 날 밤, 술집이 한창 붐비는 시간에 문이 벌컥 열리더니 수수한 푸른 제복에 챙 달린 모자를 쓴 광산 경찰 하나가 들어왔다. 광산 경찰이란, 공공 경찰력이 지역 전체를 공포에 떨게 만드는 조직 폭력배 앞에서 완전히 무력한 모습을 보이자 철도와 광산 소유주들이 합세해 경찰을 지원하기 위해 만든 특수 조직이었다.*

*   『공포의 계곡』, 황금가지, 186쪽.

핑커튼 탐정 사무소 역시 소설에 그려진 모습과 달랐다. 셜록 홈스처럼 사건을 해결하기 위해 지적으로 추리하는 사설탐정이 아니라 오히려 용역 깡패에 가까웠다. 노동자들의 파업을 분쇄하기 위해 활동하곤 해서 미국 노동사에서 악명이 높다.

고웬의 의뢰를 받고 펜실베이니아 탄광 지역의 노동자 조직을 무너뜨린 후 핑커튼 탐정 사무소는 더욱 유명해졌다. 기업의 의뢰가 계속 들어와서 회사가 크게 성장하게 된다. 이후 수십 년간 미국의 노동자 파업 현장에 계속 등장할 정도다.

1892년 카네기 철강의 펜실베이니아주 홈스테드 공장 파업에서도 핑커튼 요원들이 무려 300명이나 무장을 하고 파업 파괴자로 활약한다. 펜실베이니아 주지사는 카네기 회사의 요청을 받아 주 방위군 약 8,000명을 보내 무력 진압을 돕는다. 이때의 패배로 노동자들은 조직적 저항도 못 하고 임금 삭감과 노동 시간 연장을 받아들여야 했다. 결국 카네기 소유의 공장들에서는 50년이 넘도록 노동조합이 결성되지 못했다.

소설 속 버디 에드워즈 요원의 모델인 맥팔랜드의 이후 행적도 사실과 다르다. 맥팔랜드는 핑커튼 탐정 사무소의 콜로라도주 덴버 지사장이 되었다. 은퇴해 시골에 숨어 살지 않았고, 살아남은 조직원의 복수를 받지도 않고, 역사에 한 번 더 등장한다.

30년이 지난 1906년, 맥팔랜드는 아이다호에서 비슷한 음모를 또 꾸몄다. 아이다호 주지사를 살해한 해리 오처드를 찾아가서 매수하고 서부 광부연맹의 지시를 받고 한 일이라고 말하게 한 것이다. 그리하여 서부 광부연맹의 지도자인 빌 헤이우드가 체포되었지만 이번에는 결과가 달랐다. 헤이우드는 무죄로 풀려났다.

단결금지법과 파업 탄압

고웬 소유의 광산에서 일하던 노동자 조직은 원래 회원 간의 상부 상조가 목적인 공제조합이었다. 고용주와 협상하는 오늘날의 노동조합과 달랐지만 공제조합에서 노동조합이 발전한 것은 사실이다. 당시 노동조합의 주 활동은 회원끼리 친목을 다지고 회비를 모아 상호부조하는 것으로, 중세 길드와 비슷했다. 고향을 떠나 도시로, 고국을 떠나 외국으로 일하러 온 이주 노동자들이 많았던 당시에 이러한 공제조합은 노동자들이 현지에 빨리 자리 잡을 수 있게 도와주었다.

이런 친목 단체가 발전해서 고용주와 임금 및 노동 조건을 협상하는 일도 하게 된다. 광부와 철도 노동자들의 노동조합이 대표적이었다. 석탄과 철도 사업은 산업혁명 시기에 주요 산업이었기 때문이다.

산업화 시기에 법은 노동자가 아니라 자본가의 편에 있었다. 노동조합을 만들거나 노동자들의 단결을 금지하는 법이 있을 정도였다. 영국에서는 '단결금지법'이 1824년에 폐지되었지만 유럽 다른 나라들에는 더 늦게까지 남아 있었다. 미국에도 20세기 초까지 있었다.

기업주들은 '단결금지법'을 이용해서 노동자들이 노동조합을 만들고 파업을 하면 무자비하게 탄압했다. 노동조합 활동이 불법임을 주장하여 정부의 지원을 받았다. 군대와 경찰을 동원하여 노동자들을

기업주들은 노동자들이 단결해서
노동조합을 만들지 못하도록 같은 계략을 썼다.

공격했고, 언론을 조종하여 파업 노동자들이 폭도라는 기사를 쓰게
이끌었다. 이를 위하여 자본가들은 정치계는 물론 언론계와 법조계에
인맥을 만들고 돈을 대주었다.

　고웬이 몰리 매과이어스 사건을 조작하는 데 당시로는 거액인

15만 달러를 사용했지만 파업을 막은 덕분에 결과적으로 더 큰 이익을 얻었다고 역사가들은 추산한다. 그런 그의 말로는 인과응보였다. 1889년에 총상을 입은 고웬의 시신이 발견되었던 것이다.

미국 노동조합의 역사

산업혁명이 시작된 영국에서는 1700년대 중반 무렵 면직물 산업 숙련 노동자 사이에 근대적인 노동조합이 출현했다.

미국에서는 1869년 필라델피아의 한 의류 공장 노동자들이 '노동기사단'이라는 비밀결사를 결성했다. 미국 최초의 전국 규모 노동조합이었다. 이들은 하루 8시간 노동, 노동조합 합법화, 정부의 노사갈등 중재, 동일 노동에 동일 임금 지급 등을 주장했다. 처음에는 평화적인 수단을 사용했던 노동기사단은 1878년에 지도자가 바뀌면서 파업과 폭력을 내세우는 급진 노선을 채택했다. 6,000여 개 지부에 70만여 명 회원을 거느린 거대 조직으로 성장했으나 정부가 파업에 강경 대응하자 여론이 나빠진다.

1886년 5월 3일, 하루 8시간 노동제 도입을 요구하며 시위하던 노동자가 경찰이 쏜 총에 맞아 사망했다. 다음 날, 시카고의 헤이마켓 광장에서 대규모 시위가 열렸다. 전날의 발포와 사망에 항의하는 평화시위였으나 '누군가'가 폭탄을 투척했고, 경찰은 다시 발포했다. 경찰과 시위대, 일반 시민까지 수십 명이 죽고 다친 대참사가 벌어졌다. 노동조합 지도자 수백 명이 체포되어 그중 네 명이 사형을 당한다. 언론은 조합을 비난했고 노동자들이 총을 쏘았다고 선전하였다. 이에 노동기사단 조직은 급속히 와해된다. 1884년에 70만 명이었던 조합원이 1890년 즈음에는 10만 명으로 줄어들었으며, 사실상 해체되었다.

그사이 1886년에 미국노동연맹AFL이라는 노동조직이 결성된다. 미국노동연맹은 비숙련 노동자, 흑인, 중국인, 여성 노동자를 배제하고 백인 숙련 노동자의 가입만 허용했다. 또한 중국인의 이민을 제한하고 임금 인상, 노동 시간 단축과 노동 조건 개선이라는 제한된 목표만 추구했다. 파업 감행보다 협상을 중재해달라고 여론에 호소하는 등 평화적 수단을 사용했기에 당시 정부의 무력 분쇄를 피해 살아남았다. 1890년에 19만 명에 불과했던 조합원은 1914년에 200만 명을 넘어섰다.

이후 미국노동연맹은 흑인과 여성을 받아들이고 다른 조직들을 흡수하여 현재까지 미국 최대의 노동조합으로 존재한다. 유럽에 비해 미국의 노동조합이 보수적인 이유에는 이런 역사적인 내력이 있다.

그때 그 군대는 또 어디로 갔을까

이 글의 처음에서, 재건시대에 연방정부는 남부에 주둔 중이던 연방군대를 철수하여 파업에 들어간 북부 노동자들을 탄압했다고 썼다. 그렇다면 노동자 탄압 후 그 군대는 또 어디로 갔을까?

이번에는 필리핀으로 갔다. 미국은 1898년에 에스파냐와 전쟁을 벌였고, 승리하여 필리핀과 괌, 푸에르토리코를 얻었다. 개척할 서부

가 더는 남지 않자 미국은 태평양으로 진출하여 해외 식민지 획득에
나선 것이다. 필리핀으로 간 연방군 중에는 흑인 병사도 네 개 연대나
있었다. 인종차별에서 기인한 가난 때문에 교육 기회를 얻지 못해 입
대한 청년들이었다.

보수적인 코넌 도일 경
...

『셜록 홈스』 시리즈는 1인칭 관찰자 시점이다. '나'로 등장하는 왓슨 박
사는 마지막에 사건을 해결한 홈스에게서 모든 설명을 듣는다. 명탐정의
놀라운 추리 실력에 감탄하는 왓슨 박사의 입장에서 소설을 읽다 보면 독
자는 어느덧 홈스의 시선으로 사건을 바라보게 된다. 홈스라는 인물을 만
들어낸 코넌 도일 경, 당시 영국제국British Empire 지배계급의 관점을 수용하
게 된다. 이는 자칫 위험할 수도 있다.

> 오랜 세월이 흐른 뒤, 조직은 결국 화해되고 이들은 뿔뿔이 흩어져버
> 렸다. 골짜기를 뒤덮은 구름은 깨끗이 걷혀버리고 말았다.[*]

소설 『공포의 계곡』에서 노동조직의 지도자들이 사형당하고 조합이 와
해된 것을 "계곡을 뒤덮은 어두운 구름이 깨끗이 걷혔다"라고 표현하다니,
부당하다. 작가는 노동자의 저항을 범죄 단체의 폭력으로 표현하면서 노

[*]   앞의 책, 280쪽.

동자를 탄압하는 기업가, 재판관, 치안대, 탐정은 정의의 사도로 묘사한다. 『공포의 계곡』은 이렇게 몰리 매과이어스 사건을 조작한 자본가 고웬의 주장을 그대로 옮겨 왔다.

다른 작품을 봐도 코넌 도일의 성향은 매우 보수적이다. 제국주의자의 시선도 엿보인다. 『네 개의 서명』에서도 인도의 보물을 약탈한 영국 군인을 영웅시하는 반면, 보물을 되찾으려는 인도인은 범죄자로 취급한다. 또 대개 범죄자는 외국인이다. 셜록 홈스의 숙적인 모리아티 교수가 영국의 오랜 식민 지배를 받았던 아일랜드 출신인 것을 보라.

코넌 도일의 보수적인 성격은 셜록 홈스가 레스트레이드 경감을 무시하는 장면에서도 나타난다. 빅토리아시대 영국의 지배계급이었던 귀족들은 경찰에게 적대감을 가졌다. 봉건영주의 전통적인 권력은 사법권에서 나오는데, 범죄자를 잡는 경찰이 자신들의 기득권을 위협한다고 생각했기 때문이었다.

그런데 1840년대 이후 경기침체가 이어졌다. 노동자들의 투쟁으로 사회가 혼란스러워질 것을 우려한 지배계급은 강력한 국가기구의 통제를 원했고, 결국 경찰력 강화를 승인할 수밖에 없었다. 그러면서도 귀족들은 하위계급 출신으로 구성된 경찰 조직을 여전히 무시했다.

당시 추리소설에서 범죄를 해결하고 사회체제를 수호하는 인물이 경찰이 아닌 상류계급 출신 탐정들인 이유가 여기에 있다. 그래서 코난 도일이 쓴 소설 속에서 경찰은 무능하게 그려지며, 셜록 홈스를 비롯한 귀족 출신 탐정들은 경찰을 무시한다.

#남북전쟁 이후 #19세기 후반에서 #20세기 초반까지 #노동조합 #미국 노동운동사

어떤 마녀는
왜 벌받지 않을까 (2)

그림 형제 「잠자는 숲속의 공주」, 보몽 부인 「미녀와 야수」

　어느 왕국에 공주가 태어난 것을 축하하는 잔치가 열렸다. 초대받은 마법사들은 아기 공주를 축복했다. 마지막 마법사가 말하려는 순간, 초대받지 못한 마법사가 나타나서 공주가 열다섯 살 되는 해에 물레 방추에 찔려 죽을 것이라고 저주하고 사라졌다. 그러자 아직 덕담을 하지 못한 마법사가 말했다. 저주를 막을 수는 없지만 대신 100년 동안 잠드는 것으로 바꿀 수는 있다고.

　세월이 흘렀다. 열다섯 살이 된 공주는 물레 방추에 찔려 죽음처럼 깊은 잠에 빠졌다. 궁전 안의 사람들도 모두 잠들었다. 성은 가시덤불이 에워싸서 아무도 들어갈 수 없게 되었다. 100년이 지나 한 왕자가 성안에 들어온다. 왕자가 키스하자 공주는 깨어난다. 둘은 결혼해서 행복하게 살았다.

『그림 동화집』에 실린 「잠자는 숲속의 공주」에서 공주에게 저주를 건 마녀가 벌받는 장면은 없다. 「미녀와 야수」는 어떨까? 보몽 부인의 원작 동화를 읽어보면 왕자를 야수로 만든 마녀도 벌받지 않았다. 디즈니 애니메이션 〈미녀와 야수〉에는 마녀가 왕자를 야수로 만든 이유가 나온다. 늙고 가난한 여인이 찾아와 성에서 하룻밤만 재워달라고 부탁했지만 왕자는 매정하게 쫓아낸다. 여인은 원래 마녀였다. 분노한 마녀는 왕자를 야수로 만들어버린다. 그러나 마녀는 벌받지 않는다.

마을 밖에 혼자 사는 마녀

「잠자는 숲속의 공주」와 「미녀와 야수」에 나오는 마녀의 범행 동기에는 공통점이 있다. 따돌림당하거나 거부당했기에 보복으로 저주했다는 점이다. 남을 해치거나 자기 이익을 위해 마법을 사용한 다른 마녀들과는 다르다. 그렇다면 어떤 마녀들은 왜 벌받지 않는가를 이야기하기 전에 이것부터 밝혀보자. 그들은 왜 따돌림당하고 거부당한 것일까?

중세 영주의 장원에서 유래한 농촌 마을에 살려면 영주 혹은 지주에게 소작할 땅을 받아야 했다. 그런데 가족 내에 건장한 남성이 없으면 땅을 빌리기란 어려웠다. 농사를 지을 노동력이 없다고 보기 때문이다. 땅과 오두막을 묶어서 임대하므로 농사지을 땅을 빌리지 못한 사람은 마을 안에 살 집을 구할 수도 없었다. 남편이 사망하여 성인 아들 없이 여성 혼자 남으면 남편의 장례식을 치른 후 농사짓던 땅의 소작권을 빼앗기고 살던 집에서도 쫓겨났다.

마을 안에 살 수 없는 이들은 공유지인 마을 외곽이나 숲속, 개울가에 오두막을 짓고 살아야 했다. 곡물 농사를 지을 농토가 없으니 숲을 최대로 이용하여 연명할 수밖에 없었다. 그리하여 약초를 캐어 팔면서 자연스레 습득한 약초에 관한 지식으로 민간요법 치료사 역할을 했다. 소문을 듣고 찾아온 아픈 사람들과 대화를 나누며 몸과 마음의 병을 위로해주었다. 잃어버린 물건을 찾거나 연인의 마음을 얻고자 하는 사람들에게는 고대로부터 전해지는 주술을 써서 도와주기도 했다. 그 대가로 현금이나 식량, 물건을 받아 생계에 보탰다. 이런 여자를 마을 사람들은 어떻게 생각했을까?

고대 독일어로 마녀를 '하가추사hagazussa'라고 부른 사실에 실마리가 있다. 하그hag는 담이나 울타리 혹은 그것으로 둘러싸인 공간이며 추사zussa는 여자라는 뜻이다. 이로 보아 고대·중세 유럽인에게 마녀란 자신이 알고 있는 지식이나 비밀스러운 술법으로 울타리를 쳐서 위험으로부터 인간을 보호해주는 존재였음을 짐작할 수 있다. 마녀는 자신의 집 울타리 안에서 약초나 채소를 재배했다. 「라푼첼」 속 마녀가 담장 안에서 상추밭을 가꾸던 대목을 떠올려보면 된다.

이렇듯 마녀는 증상에 따라 약초를 처방하여 사람과 가축을 고쳐주는 '담장의 여자'였기에 중세 유럽인들은 마녀를 부정적인 존재로 여기지 않았다. 오히려 마녀의 능력을 경외하며 마녀에게 의지했다.

인클로저가 마녀를 만들다

인클로저enclosure가 시작되면서 상황이 변했다. 12세기부터 시작된 인클로저는 장원 영주나 부유한 농민이 농지나 목초지에 울타리를 치고 개인적으로 사용하는 현상을 말한다. 울타리를 친 이유는 키우던 양이 도망가지 못하게 하거나 땅의 소유권을 주장하기 위해서였다.

인클로저가 시작된 영국의 경우, 1500년까지 경작 가능한 토지의 45퍼센트가 울타리로 둘러싸인 사유지가 되었다. 영주는 토지를 임대하거나 목초지에 양을 키워서 엄청난 수입을 올렸다. 농사를 포기하고 소작민을 내쫓는 일도 흔했다. 곡물 경작보다 적은 일손으로 가능한 목양 사업을 하기 위해서였다.

밭이나 초지뿐만 아니라 가난한 농민이 사용하던 숲, 개울, 연못 등 마을 공유지도 인클로저 대상이었다. 농토가 없는 사람들은 인클로저 때문에 유일한 생계 유지 수단을 빼앗겼다. 이제 돈을 내지 않고는 기본적인 식량과 연료, 물, 약초를 얻을 수 없었다.

농토와 공유지에서 추방된 소작농들과 빈민들은 떠돌이 거지가 되었다. 『왕자와 거지』에 나오는 거지와 부랑자가 바로 그들이다. 이후 도시로 간 그들은 산업혁명 시기에 공장에서 일하는 임금 노동자가 된다.

영국에서 시작된 인클로저는 유럽 전체로 퍼졌다. 인클로저는 농촌 공동체를 무너뜨리고, 임금 노동을 일반화하고, 농민을 도시 빈민으로 만들었다. 각지에서 저항 운동이 벌어졌다. 인클로저 때문에 숲

이용을 금지당한 것은 독일 농민전쟁이 일어난 이유 중 하나이기도 했다.

삶의 터전인 숲과 오두막에서 내쫓기자 '담장의 여자'들도 인클로 저에 저항했다. 그런데 생존권을 위해 싸운 숲속의 여자들은 마녀로 몰려 제거되었다. 근대 초에 마녀사냥이 시작되면서 마녀는 전 시대 와 달리 부정적인 존재가 되었기 때문이다. 인클로저 시기에는 땅을 차지하기 위해 내쫓고 싶은 여성이 있다면, 마녀로 고발하는 것이 가 장 쉬운 방법이었다. 이렇게 '담장의 여자'들은 인클로저, 즉 '담장 치 기'로 마녀가 되어 내몰렸다.

숲속 여자들이 마녀사냥을 당하는 사이에 제약술, 의술은 물론 여성 고유의 산부인과 의술마저 남성 의사들의 전문 영역이 되었다. 혼자 사는 가난한 여성들은 점점 자립할 수단을 잃어갔다. 생활하고 약초를 얻을 숲을 빼앗겼을 뿐 아니라 약을 제조하고 의술을 쓸 기회 까지 차단당했기 때문이다. 의료행위를 했다는 이유로 사형당하기도 했다. 그리하여 인클로저와 마녀사냥이 끝난 후에도 산파나 민간 치 료사 일을 하며 생계를 유지하는 혼자 사는 가난한 여성들은 차별받 았다.

마녀사냥은 지역 공동체 안에서 여성들의 연대도 파괴했다. 마녀 로 고소당한 이는 반드시 다른 마녀를 고발해야 했기 때문이다. 고문 을 견디다 못한 피고는 아무나 아는 사람 이름을 대곤 했다. 그래서 한 지역에서 여성 하나만 마녀로 몰면 그 지역 여성들의 인클로저 저 항 조직을 일망타진할 수 있었다. 그러니 마녀로 찍힌 여성과 친하게 지내는 것은 위험했다. '마녀'는 점점 더 마을 사람들에게서 따돌림받고 차별받았다.

종교개혁기의 사회불안이 마녀를 만들다

크리스트교가 중세 유럽인들의 정신세계를 지배했다지만, 종교개혁 이전 유럽의 가톨릭 신앙은 단일하지 않았다. 권력을 쥔 종교 엘리트들은 민간신앙을 미신으로 여기고 자신들의 신앙 해석과 다른 견해는 이단으로 여겨 탄압하기 마련이다. 그러나 초기 가톨릭교회는 관용적이어서 유럽 민중들이 갖고 있던 고대 신앙을 인정했다. 여러 남신과 여신을 믿는 이교도를 개종시키기 위해 가톨릭의 성인들도 기적을 일으킨다고 강조했다. 신자들이 성찬식의 빵이나 성수를 훔쳐 퇴마 의식에 쓰는 것을 묵인하기도 했다. 이렇듯 교회는 민간신앙이 가진 요소들을 교회 내부로 흡수했다. 마술을 믿는 신도들을 교회가 통제하려면 마술을 인정하는 편이 현실적이었기 때문이다. 영화에서 가톨릭 사제가 퇴마사를 겸하는 장면을 본 기억이 있다면 이해가 쉬울 것이다.

중세 중엽 이후로 상황이 바뀌었다. 크리스트교 교리가 정비되고 교회 조직이 탄탄해졌다. 왕도 교황의 인정을 받아야 왕권을 행사할 수 있는 시대가 되었다. 정통과 미신, 선과 악이 혼재된 민중의 사고를 좀 더 엄격히 지배할 권력이 생기자 교회는 마녀를 발명했다. 확실한 악의 세력이 필요했던 것이다.

이제 고대로부터 내려온 풍요 의식을 거행하거나 점을 치고 주문을 외우며 병을 치료하는 사람들은 악마의 하수인이 되었다. 1400년경, 마녀를 악한 존재로 규정하는 이론서가 대거 등장했다. 고대 종교의 의례나 미신적 술법을 행하는 사람들은 전 시대보다 사회적 지위가 낮아졌다.

종교개혁이 시작되었다. 프로테스탄트 세력은 가톨릭을 공격했다. 가톨릭교회 내부의 마술과 민간의 마술을 구분하지 않고, 그동안 가톨릭이 인정하거나 묵인했던 마술을 이단으로 몰았다. 문제는 마술은 금지당했으나 마술이 필요한 상황은 여전히 존재했다는 점이다. 가족이나 가축의 급작스러운 발병, 전염병, 기근, 홍수, 화재, 냉해 등은 늘 일어났다.

불안한 상황에 처한 사람들은 가까이에서 원흉을 찾아 제거하려 들었다. 이웃 간 다툼이 잦아졌다. 이렇게 쌓인 갈등은 전염병이나 흉작 등 공동체에 위기가 닥치면 폭발했다. 기회가 생기면 사람들은 이웃을 적극적으로 고발했다. 희생양은 금지된 마술을 여전히 사용할 수 있는 능력을 가진 자, 가난하고 혼자 살아서 만만한 여자들, 즉 마녀라 불리는 여성들이었다.

지방 권력은 마을 공동체에 누적된 갈등이 폭발하여 사회의 안전을 위협하기 전에 힘없는 여성에게 불만을 분출하도록 이끌었다. 역사 기록을 보면, 대규모 마녀사냥은 중앙정부의 주도로 일어나지 않았다. 마녀 처형의 4분의 3은 독일과 스위스 등 당시 신성로마제국 영역인 독일어권 지역에서 일어났는데, 종교개혁으로 프로테스탄트와 가톨릭의 대립이 심각했으며 근대적 국가 공권력이 아직 자리 잡지 못한 지역이었다. 유럽 최후의 종교전쟁으로 신성로마제국 영역을 초토화한 30년전쟁이 1648년에 끝나면서 마녀사냥의 기세가 꺾인 사실도 종교개혁기의 사회불안이 마녀사냥의 원인인 증거 중 하나다.

무너진 복지 시스템이 마녀를 만들다

인클로저와 종교개혁은 기존의 복지 체제를 무너뜨렸다. 인클로저로 마을이 파괴되면서 빈민, 병자, 고아, 과부, 노인 등 소외계층을 배려해주던 공동체 내의 상호부조 전통도 붕괴되기 시작했다.

종교개혁으로 가톨릭의 힘이 약해지면서 기존에 가톨릭교회가 담당했던 빈민구호 사업은 대폭 축소되거나 없어졌다. 이성을 중시하는 근대 계몽주의 시대에 접어들자 연옥에 간 친지들을 위해 자선을 베푸는 중세적 관행은 점차 사라졌다. 프로테스탄트 지역의 상황은 더 나빴다. 개신교도들은 가난을 스스로의 태만 탓으로 여겼기 때문이다.

지역 내의 상부상조와 개인의 자선, 종교단체의 구호사업 같은 중세의 복지 체제는 무너졌는데, 근대인들은 개인적으로 도움 주기에 나서지 않았다. 사유재산을 보호할 권리에 눈을 떴기 때문이다. 자본주의가 성장함에 따라 가난한 자들은 게으르기 때문에 신의 은총을 받지 못한 사람이 되었다. 가난한 이웃을 돕는 일은 이제 공동체의 의무가 아니라 개인의 선택이 되었다.

이런 변화는 사람들의 마음속에 내적 갈등을 일으켰다. 자신의 의무가 아니라는 생각에 가난한 이웃이 도와달라고 요청하면 거절했지만 양심의 가책은 느꼈다. 그렇다고 자기 재산을 들여서 사적으로 돕고 싶지도 않았다.

사람들은 편한 방법을 찾았다. 자신이 나쁜 존재가 되느니 상대를 악마로 만드는 방법이었다. 사람들은 마을 내에서, 혹은 마을 밖에서 외따로 사는 가난한 사람들을 수시로 공격하고 모욕했다. 가족이나 가축이 병들거나 죽으면 자신이 도움 주지 않고 내쫓은 이웃이 저주했을 것이라고 의심하고 고발했다. 소외된 자의 저주는 그 분노만큼 더 강력하다는 통념도 고발에 한몫했다.

마을의 민간 치료사 역할을 하는 가난한 여성이 특히 의심받았다. 병을 고칠 능력이 있는 사람들은 병에 걸리게 할 능력도 있다고 믿었기 때문이다. 이런 이유로 마녀사냥의 시대가 끝났어도 의지할 성인 남성이 없는 가난한 여자들은 여전히 마녀로 몰렸다. 화형대에 세워지지는 않았지만 마을에서 따돌림을 받았다.

17세기 후반부터 영국에서는 주술가 고발 건수가 감소한다. 영국의 국가 구빈제도가 안정되던 시기였다. 영국 역사학자 키스 토마스가 말하는 '소외된 자선 모델'은 이런 방식으로 비이성적인 마녀사냥의 광풍이 중세가 아닌 근대 초 사회혼란기에 몰아친 이유를 설명한다.

죄책감이 가난한 이웃을 마녀로 만들다

이제 어떤 마녀들은 왜 벌받지 않는지에 대한 답이 나왔다. 근대 이전 농촌의 잔치는 마을 구성원 모두를 초대해서 배불리 먹여야 했다. 부자에게는 잔치를 베풀어 가난한 자들을 먹일 의무가 있었다. 마을 잔치는 빈민 구호 의무 겸 복지사업이었다. 그러므로 「잠자는 숲속의 공주」의 마녀는 벌받지 않아야 한다. 마을 잔치에 초대하지 않고 따돌린 왕이 잘못했기 때문이다. 「미녀와 야수」의 마녀도 벌받아선 안 된다. 도움을 요청하는 가난한 사람을 먹여주고 재워주지 않고 내쫓은 왕자가 잘못했기 때문이다.

어떤 마녀들은 벌받지 않는다. 복지 제공의 의무를 저버린 부자들에게 가난한 사람이 불만을 표시하고 항의하는 것은 당연한 권리였기 때문이다.

말하자면 마녀의 저주는 정당방위였다. 그리고 그들은 원래 마녀도 아니었다. 가난한 이웃을 따돌린 사람들의 죄책감이 가난한 여인들을 마녀로 만들었을 뿐.

인클로저와 마녀사냥은 현재에도 진행 중
···

마녀사냥은 유럽에서만 일어나지 않았다. 아메리카를 침략한 에스파냐 정복자들도 마녀사냥을 벌였다. 마녀사냥은 원주민에게 공포를 불어넣고 서로를 적대시하게 만들어 공동체를 파괴하고 집단적인 저항을 불가능하게 했다. 가톨릭을 포교하고 이단을 없앤다는 명목이었지만, 마녀사냥은 결과적으로 침략자들의 식민 지배를 쉽게 만들어주었다. 이렇게 마녀사냥은 제국주의 침략과도 결합했다.

현재 마녀사냥이 대규모로 일어나고 있는 곳은 아프리카다. 미국과 유럽, 중국 등 아프리카의 자원을 이용하려는 국가들은 개발과 원조의 대가로 토지를 요구했다. 이리하여 아프리카 각국 정부의 협조 아래 토지 침탈과 공유지의 사유화가 벌어졌다. 공유지를 생계 수단으로 삼는 가난한 여성들은 저항했다. 그러자 유럽의 인클로저 시기와 마찬가지로 저항하는 여성들을 내쫓기 위해 마녀사냥이 벌어졌다.

통계에 의하면, 1990년대에 아프리카에서 최소 2만 명이 넘는 여성들이 마녀로 몰려 살해되었다고 한다. 공유지를 빼앗아 부자 나라의 관광객에게 사냥을 허용하는 동물보호구역을 만들어 관광 수입을 얻기 위해, 다국적 회사가 이용할 농장과 공장 용지를 제공하기 위해서였다. 아프리카에서 가장 많은 마녀를 처형한 지역이 잠비아 동물보호구역과 나이지리아 정부가 미슐랭 타이어에 매각한 이구오바추와Iguobazuwa 보존림이었다는 사실이 현대판 마녀사냥의 진실을 알려준다.

#16세기에서 #근대 유럽까지 #마녀사냥 #인클로저 #종교개혁 #복지 붕괴

5장

제국주의와
세계대전

아일랜드 감자 기근은
인재였다

마리타 콘론 맥케너 「산사나무 아래에서」

'콜럼버스의 교환'이란 용어가 있다. 황금을 찾아 중남미 대륙을 침략한 에스파냐와 포르투갈 사람들 때문에 과일과 채소, 견과류 같은 농작물이 원산지에서 다른 대륙으로 옮겨 재배된 것을 말한다. 남아메리카 안데스산맥이 원산지인 감자도 콜럼버스에 의해 16세기경 유럽에 전해진다.

악마의 사과에서 제2의 빵으로

도입 초기에 감자는 거부당했다. 가장 큰 이유는 '음식의 수직적 위계질서*'에 있었다. 겨울철 소 먹이인 순무처럼 보였기에 사람은 못 먹는다고 생각한 것이다. 지하에서 자라기 때문에 악마의 음식으로 여기기도 했다. 프랑스에서는 감자를 '땅속의 사과'라고 불렀고 러시아에서는 '악마의 사과'라고 불렀다. 모두 『구약성경』에 나온 '금단의 열매'와 연관지어 부른 이름이다.

감자에 독이 있다거나 감자를 먹으면 한센병에 걸린다고 믿기도 했다. 생긴 모양이 울퉁불퉁하여 나병환자를 떠올리게 했기 때문이다. 게다가 유럽에 들어올 당시 감자는 작고 맛이 썼다. 교배하여 크고 맛 좋게 개량한 오늘날 감자와는 달랐다.

구황작물로 도입했건만 유럽인들은 기근이 들어도 감자를 먹지 않았다. 이 상황은 18세기 중반부터 바뀌기 시작한다. 러시아 표트르 대제와 프로이센 프리드리히 대왕 등 권력자가 감자 재배를 장려한 영향이었다. 저온에서도 잘 자라고 짧은 기간에 많은 수확을 거둘 수 있는 등 감자의 장점이 알려지기 시작했다. 그러다 18세기 말에서 19세기 초에 흉작과 나폴레옹전쟁의 여파로 유럽대륙에서 광범위한 기아가 발생하자 유럽인들은 거부감을 버리고 감자를 먹기 시작했다.

산업혁명도 감자의 확산에 한몫했다. 도시화와 산업화의 영향으로 간단하고 빠르게 요리해서 먹을 음식이 필요했기 때문이다. 그리하여 오늘날 러시아에서 감자는 '악마의 사과'가 아니라 '제2의 빵'이라 불릴 정도로 사랑받고 있다.

---

* 　2장 '고양이는 왕에게 왜 새를 바쳤을까' 참조.

감자 기근이 대기근이었던 이유

감자에 대한 편견은 사라졌어도 고흐의 그림 〈감자를 먹는 사람들〉에서 볼 수 있듯 감자는 빈민의 주식이었다. 부유층은 빵을, 그중에서도 흰 빵을 먹었다. 밀은 내다 팔아서 소작료와 세금을 낼 현금을 마련해야 했기에 가난한 농민들은 특별한 날 외에는 흰 빵을 먹을 수 없었다.

밀 아닌 곡물로 만든 갈색 빵을 먹을 형편도 못 되었기에 유럽 남부에서는 옥수수가루로 만든 죽에, 북부에서는 감자에 의지했다. 유럽 북부의 빈민들은 감자마저 먹을 수 없는 상황이 되면 굶주림에 시달렸다. 불행하게도 주기적으로 감자마름병이 유행했다. 이때마다 기근이 들었다.

역사상 가장 비참했던 감자 기근은 1845년에서 1851년까지 이어진 '아일랜드 대기근'이다. 이 사건을 배경으로 삼은 동화로 1990년에 출간된 『산사나무 아래에서』*가 있다. 아일랜드에서 역사 교육을 위해 어린이에게 읽히는 작품이다. '산사나무 아래'는 감자 기근 때 죽은 주인공의 막냇동생을 묻은 장소다. 기근에 희생된 이들을 잊지 않고 이 역사를 되풀이하지 않겠다는 의지가 느껴지는 제목이다.

---

* 　한국어본 개정판은 "슬픈 아일랜드"라는 제목으로 출간되었다. 이 책에서는 원제와 가까운 "산사나무 아래에서"라는 이전 번역을 택했다.

아일랜드 농촌에 감자가 썩는 병이 번진다. 주식인 감자를 수확할 수 없어 굶주림에 시달리는 중에 역병까지 돌았다. 주인공 에일리의 막냇동생도 죽었다. 공공근로 사업에 나간 아버지는 소식이 끊겼다. 아버지를 찾기 위해 떠난 어머니마저 돌아오지 않는다. 에일리 남매는 수용소로 보내졌지만 열두 살 난 에일리는 동생들을 데리고 도망간다.

친척 할머니들이 사는 마을로 가는 길에 아이들은 기근의 참상을 목격한다. 길에서 죽은 사람들, 죽 한 그릇을 얻어먹기 위해 구호소에 줄 서서 기다리는 사람들. 그런데 사람들이 죽어가고 있는데도 항구에서는 곡식을 영국으로 수출하고 있었다. 군인들은 굶주린 사람들이 곡식을 강탈하는 것을 막기 위해 곡식 수레를 지키고 있었다.

역사의 산증인이 되었지만 어린 시절을 잃어버린 가엾은 아이들. 이들은 마침내 이모할머니 댁에 도착해서 따뜻한 보살핌을 받는다.

유럽사에서 '대기근'이라면 '아일랜드 감자 기근'을 의미한다. 대기근의 대명사가 될 정도로 아일랜드 감자 기근은 끔찍했다. 기근의 직접적인 원인은 '감자마름병'이었지만 근본적인 문제는 다른 곳에 있었다. 당시 아일랜드를 지배하던 영국에.

영국의 아일랜드 지배

아일랜드 원주민은 켈트족으로, 기원전 300년경부터 아일랜드섬에 살기 시작했다. 12세기 초 헨리 2세 때부터 아일랜드는 잉글랜드의 지배를 받았다. 잉글랜드에서 이주해 온 사람들은 더블린을 중심으로 모여 살았다. 종교개혁 전이라, 같은 가톨릭교도인 데다 사는 지역도 분리되어 있었기 때문에 큰 갈등은 일어나지 않았다.

잉글랜드의 직접 통치는 16세기 초에 헨리 8세가 아일랜드를 다시 침공하면서 시작되었다. 잉글랜드 지배자들은 아일랜드의 토지를 빼앗고 식량을 수탈했다. 헨리 8세가 단행한 종교개혁 이후라 민족 감정에 종교 갈등까지 더해졌다. 북부 얼스터 지방이 계속 저항하자 제임스 1세는 잉글랜드, 스코틀랜드, 웨일스 주민들을 이주시키는 식민 정책을 썼다. 현재 아일랜드는 독립공화국이지만, 북아일랜드 지역만 영국연방에 속한 것은 이 때문이다.

얼스터 지방은 아일랜드의 다른 지역과 달리 잉글랜드 국교회(성공회) 신도들과 스코틀랜드 장로교도가 많이 거주하는 지역이 되었다. 이때 자리 잡은 신교도들은 가톨릭교도인 아일랜드 사람을 '미신 믿는 이교도'로 여기고 멸시했다. 그리하여 아일랜드는 식민 지배국인 잉글랜드에 더해 스코틀랜드와도 민족 감정이 틀어진다. 훗날 미국에서 노동조합이 결성되고 노동운동이 활발해지던 때 아일랜드계와 스코틀랜드계 노동자들이 대립했던 내막이기도 하다.

제임스 1세부터 시작된 잉글랜드의 스튜어트왕조는 올리버 크롬웰이 이끈 청교도혁명으로 잠시 단절된다. 크롬웰은 1649년에 국왕 찰스 1세를 처형하고 공화정을 수립했다. 이에 가톨릭교도를 중심으로 왕당파의 저항 운동이 아일랜드에서 일어나자 크롬웰은 진압에 나선다. 1649년 9월, 크롬웰은 더블린 북쪽에 위치한 드로이다를 점령하면서 아일랜드 주민 4,000여 명을 학살한다.

이후 잉글랜드는 1652년에 '아일랜드식민법'을 만들어 본격적으로 토지를 수탈한다. 아일랜드 전체 경지 중 3분의 2가 잉글랜드인 지주의 소유가 되었다. 50년 후인 1703년에는 전체 토지의 5퍼센트만이 가톨릭을 믿는 아일랜드 원주민의 소유로 남았다. 한편 '1707년 연합법Act of Union 1707'에 따라 앤 여왕 때부터 잉글랜드와 스코틀랜드가 합병해 그레이트브리튼왕국, 영국이 성립한다.

땅을 빼앗긴 아일랜드 농민은 몰락하여 잉글랜드인 지주의 소작인이 되었다. 영국은 아일랜드를 식량 공급지로 삼았다. 수확한 밀은 대부분 영국으로 가져갔다. 곡식을 팔아 소작료를 내고 나면 가난한 아일랜드 농민이 먹을 것이라고는 감자밖에 안 남았다. 이리하여 감자는 가난한 아일랜드 사람들의 주식이 된다.

땅과 곡식을 빼앗겼을 뿐만 아니라 아일랜드의 가톨릭신도들은 법적인 차별도 받았다. 공직을 맡는 것도 금지되었고 선거권도 없었다. '1800년 연합법'에 따라 그레이트브리튼왕국과 아일랜드왕국이 합병했다. 그리하여 아일랜드도 1801년부터 영국연방에 속했지만 아일랜드인은 대등한 국민으로 대우받지 못했다. 아일랜드 사람들의 반발과 분노는 점점 커져갔다. 그러던 19세기 중반, 드로이다 학살보다 더 큰 상처를 남긴 참사가 벌어졌다. 대기근이다.

대기근과 이민

유럽에서 유행하던 감자마름병이 1840년대 중반에 아일랜드로 건너왔다. 이후 5년간 연이어 감자 농사는 흉작이었다. 곳곳에서 사람들이 굶어 죽었다. 전염병으로도 많이 사망했다. 영양실조로 몸이 약해졌기 때문이다. 그런데도 영국인 대지주들은 아일랜드 소작인들을 각박하게 대했다. 소작료를 내지 못하자 임대해준 땅을 거두어들이고 살던 오두막에서 쫓아냈다. 그 시절 지주는 땅과 집을 함께 임대했기 때문이었다. 쫓겨난 사람들은 빈민구제소까지 걸어가다가 길에서 쓰러져 죽곤 했다. 당시 아일랜드 전체 인구 820만 명 중 무려 100만 명이 굶어 죽었다.

아일랜드 사람들은 대기근 당시 100만 명, 이후 50년 동안 총 300만 명이나 잉글랜드, 미국, 캐나다 등지로 이민을 떠났다. 살기 위해 대서양을 횡단하는 이민선에 올랐지만, 이미 극도로 쇠약해진 사람들이라 60퍼센트는 영양실조와 전염병으로 배 안에서 사망했다.

잉글랜드로 이주한 아일랜드 사람들은 저임금으로 혹사당했다. 원래 농민이었기에 대부분 계절에 따라 떠돌아다니는 임시 농업 노동자가 되었다. 이들은 밀 수확기를 따라 영국 남부에서 출발하여 북상하며 일했다.

일부는 철도 건설 노동자가 되기도 했다. 19세기 중반부터 영국에 철도 건설 붐이 일어 노동자가 많이 필요했기에 취업은 쉬웠다. 철도 건설 현장의 노동 강도는 살인적이었다. 작업 환경은 열악했고, 임금은 낮았다. 그러나 대기근으로 고향을 떠난 아일랜드 노동자들에게 선택의 여지란 없었다. 잉글랜드인 공사 감독이 휘두르는 채찍을 맞으며 묵묵히 일해야 했다. 영국제국의 산업혁명과 근대화를 상징하는 철도를 건설한 주역은 바로 감자 기근으로 고향을 떠나온 아일랜드 사람이었다.

미국으로 이주한 사람들은 어떻게 되었을까? 많은 이들이 동북부 공장에서 일했다. 대륙 횡단 철도 건설 현장에서 일하기도 했다. 영국에서와 달리, 미국에는 중국과 인도에서 이주해 온 노동자들이 있었다. '쿨리苦力'라고 불리는 그들이 가장 힘든 일을 하고, 아일랜드 사람들은 백인이기에 상대적으로 안전하고 편한 일을 했다. 미국 북동부 탄광에서 일한 아일랜드 이민자들도 많았다. 그들 중 일부는 노동조합 운동을 하다가 테러를 당해 목숨을 잃기도 했다.*

물론 성실하게 일해서 '아메리칸 드림'을 이룬 아일랜드 이민자도 많다. 주류 백인 사회로 진입하는 데 성공한 후손들도 있다. 미국 35대 대통령인 존 F. 케네디는 감자 기근 때 건너온 아일랜드 이주민의 후손 중 가장 유명하다. 그러나 케네디 가문의 성공은 예외적이다. 당시 미국으로 이주한 아일랜드 사람들은 백인 중 최하층 취급을 받았다. 백인과 흑인 중간에 위치한 열등한 인종이라는 의미에서 '하얀 검둥이'라고 불리며 학대와 멸시를 받고 저임금 노동에 시달렸다.

그렇다고 아일랜드 사람들이 늘 피해자인 것만은 아니었다. 미국

---

*   4장 '공포의 계곡에서 실제로 일어난 일' 참조.

에 이주한 아일랜드 사람들은 스코틀랜드계 노동자들과 충돌하고, 중국인 이주 노동자들을 인종차별하면서 폭력을 행하고 살인까지 저질렀다. 그러나 약자 역시 다른 약자에게는 가해자였다는 사실을 밝힌다고 해서 강자가 그들을 가해한 역사가 지워지지는 않는다. 미국 자본가들이 노조의 파업을 분쇄하기 위해 중국인 이주 노동자들을 임시로 고용하고, 이주 노동자들 사이의 민족 감정을 이용했던 사실을 제쳐두고 아일랜드 사람들만 비난할 수는 없다.

아일랜드만 대기근으로 번진 이유

19세기 중반, 감자마름병은 유럽 전역에 퍼졌다. 그런데 아일랜드에서만 대기근이 발생한 이유는 무엇일까?

아일랜드의 가난한 사람들에게는 감자가 차지하는 비중이 절대적이었다. 주곡 농사가 가뭄이나 홍수, 병충해로 큰 피해를 입더라도 다른 작물을 먹으면 굶어 죽지 않는다. 다음 해 주식 작물을 농사지어 수확할 때까지 버틸 수 있기 때문이다. 그런데 아일랜드에는 감자를 대체할 작물이 없었다. 농부들이 계획 없이 농사를 지어서가 아니다. 밀 등 생산된 작물 대부분을 영국 출신 지주들이 영국으로 가져가 팔았기에 아일랜드에는 감자 대신 먹을 게 없었던 것이다.

대기근이 시작된 다음 해인 1846년, 영국 의회는 '곡물법' 폐지안을 통과시킨다. 수입 농산물에 대한 관세 부과를 없애는 법이었다. 영국인들은 수입 곡물을 더 싸게 사 먹을 수 있게 되었지만 아일랜드 농민들은 더 고통스러워졌다. 영국인 지주들이 아일랜드의 곡물을 영국으로 더 수출하려 했기 때문이다. 소작인들이 감자 기근으로 굶어 죽어가고 있음에도 불구하고.

아일랜드 사람들은 지배자인 영국 정부에 도움을 요청했다. 그러나 지원은 없었다. 영국 지배자들은 도와주기는커녕 망언을 일삼았다. 아일랜드 사람들이 게으르고 미개한 탓에 굶주리는 것이라고 말했다. 영국의 신교도들은 "감자마름병은 가톨릭 이교도에 대한 신의 심판"이라고 말했다. 영국 종교기관의 후원으로 설립된 구호소에서는 죽 한 그릇 주면서 개종을 요구한다는 소문이 퍼졌다. 그런 구호소는 거의 없었지만 민족 감정이 이미 나빠진 상태였기에 죽을 받으러 갈 시도도 하지 않고 자존심을 지키며 굶어 죽는 사람들도 생겼다.

기근이 시작된 아일랜드 서부 마을 길가에는 시체가 쌓였다. 구호소에서 나눠주는 죽을 얻어먹기 위해 집을 나섰다가 길에서 굶어 죽은 것이다. 반면 북동부 벨파스트 항구에서는 곡물을 가득 실은 배들이 매일같이 영국으로 출발했다.

아일랜드 사람들은 분노했다. 폭동이 일어날 분위기가 형성되자 영국은 군대를 동원해 아일랜드의 밀을 배에 실었다. 당시 영국은 매년 밀 50여만 톤을 아일랜드에서 가져왔는데, 이 정도면 대기근 시절 아일랜드의 굶주린 사람들 전체를 충분히 먹일 수 있는 양이었다고 한다.

결국 아일랜드 대기근은 지배자들의 잘못된 대처로 일어난 인재였다. 이런 참사를 겪고도 영국은 1876년에 식민 지배하던 인도의 데

칸고원에 가뭄이 들어 500만 명이 굶어 죽게 되었을 때 똑같이 행동한다. 가뭄 피해를 입지 않은 인도의 다른 지역에서 생산된 곡물을 철도로 수송해서 구호하지 않고, 그 곡식을 영국으로 가져온 것이다. 지배자는, 강자는 역사에서 배울 필요가 없었던 것일까?

내부 식민 지배 경험으로 세계 제국을 건설하다

산업혁명이 영국 역사에, 대혁명이 프랑스 역사에 갖는 의미만큼이나 대기근이 아일랜드 역사에 갖는 의미도 크다. 대기근 이후 영국 지배자에 대한 아일랜드인의 반감은 더욱 커졌다. 1922년, 아일랜드는 독립전쟁을 통해 700년간의 영국 지배에서 벗어나 북아일랜드를 제외한 아일랜드공화국을 수립한다. 영국 정부는 1997년에 아일랜드에 대기근을 방치한 과거를 공식적으로 사과했다.

제국주의 역사를 이야기하자면 영국이 먼저 떠오른다. 영국이 19세기에 능숙하게 식민지를 확대하고 지배하여 소위 '대영제국'을 건설한 배경에는 중세부터 아일랜드 등 내부 식민지를 지배하면서 경험을 쌓은 역사적 사실이 있다. 제국주의는 하루아침에 생겨나지 않았다.

기근인가 학살인가, 우크라이나 대기근
...

두 나라의 민족 감정을 악화시킨 기근으로 '홀로도모르Holodomor'라 불리는 우크라이나 대기근도 있다. '굶주림, 배고픔'을 의미하는 '홀로도'와 '박멸, 제거'를 의미하는 '모르'의 합성어다. 도대체 누구를 굶겨서 '박멸·제거' 했다는 말일까?

1929~1931년, 소비에트연방의 지배자 스탈린은 강제적인 농업 집단화 정책을 추진한다. 그리고 당시 소련에 속했던 우크라이나의 농산물을 수출한 돈으로 경제개발을 꾀했다. 토지를 내놓고 집단농장 건설에 동참하라고 강요받자, 우크라이나 농민들은 이에 반발하고 저항한다. 그러자 스탈린은 우크라이나에서 생산된 농산물을 강제로 수탈했다.

식량은 물론 종자까지 가져갔기에 우크라이나 농민들은 대기근을 겪게 된다. 그런데 수출할 정도로 곡물을 충분히 비축하고도 소련은 구호하지 않았다. 오히려 우크라이나 경계에 특별경비대를 배치하여 식량을 찾아 이동하는 굶주린 사람들을 즉각 체포·총살한다. 대기근 참사가 세계에 보도되지 못하게 하여 외부의 식량 지원도 막았다. 그 결과 1932년에서 1933년까지 최저 300만 명에서 최대 1,000만 명에 달하는 우크라이나인이 사망했다. 이때 우크라이나 전체 인구는 3,000만 명이었다.

흑해 북쪽에 위치한 우크라이나는 '유럽의 빵 바구니'로 불렸다. 밀과 옥수수 수출이 세계 3위일 정도로 비옥한 흑토 곡창지대에서 이렇게 끔찍한 대규모 기근이 발생한 것이 의아하다. 병충해, 가뭄, 홍수 등도 없었는데 말이다.

연방 제2민족인 우크라이나인의 민족주의 움직임을 경계한 스탈린이 민족 말살을 의도한 결과라는 설도 있다. 그렇다면 우크라이나 대기근은 특정 민족을 대량학살한 '제노사이드genocide'로 볼 수도 있다. 소련 정부의 지속적인 개입과 묵인 아래 일어난 일이었기 때문이다. 참사 이후 1991년에 소련이 해체될 때까지 우크라이나 기근과 관련된 모든 문서가 비밀 서류로 분류되고, 공론화도 금지되었으며, 문제를 제기하는 사람들은 반체제 인사로 몰아갔기에 더욱 그렇다.

우크라이나 정부는 매년 11월 넷째 토요일을 기근 희생자 추모일로 지정했다. 그리고 '홀로도모르'를 대기근 참사가 아닌 집단학살로 선포해달라고 전 세계에 호소하고 있다.

#19세기 중후반 #영국 #아일랜드

조로는 왜
검은 옷을 입었을까

존스턴 맥컬리 「쾌걸 조로」

그녀의 앞에는 긴 망토를 걸친 한 사내가 서 있었다. 그는 얼굴을 검은 마스크로 가려 번쩍이는 눈동자 말고는 아무것도 볼 수 없었다. 그녀는 노상강도 조로 얘기를 들은 적이 있어서 이 사람이 바로 조로일 것이라고 짐작했다.*

1919년에 출간된 『쾌걸 조로』에서 롤리타 아가씨 앞에 조로가 처음으로 등장하는 장면이다. 주인공 돈 디에고는 조로(에스파냐어 발음으로는 '소로'가 맞다)로 활약할 때면 늘 검은 가면과 모자, 망토를 차려입는다. 궁금하다. 조로는 왜 검은 옷을 입었을까? 일지매나 닌자처럼 밤에 활

---

*   『쾌걸 조로』, 열린책들, 57쪽.

동한다면야 검은 옷을 입는 것이 유리하겠지만, 조로는 대낮에도 나타나지 않는가. 게다가 소설의 배경은 밝고 건조한 캘리포니아다. 조로의 검은 옷은 멀리서도 눈에 잘 띈다.

에스파냐의 지배를 받던 캘리포니아

에스파냐 총독의 통치를 받는 19세기 전반 캘리포니아. 언제부터인가 총독의 권세를 등에 업은 악당들이 주민을 괴롭히면 '세뇨르 조로'라 불리는 영웅이 나타나 혼내준다. 총독은 조로를 노상강도로 현상 수배한다.

한편 부잣집 귀공자인 돈 디에고는 롤리타 아가씨에게 청혼한다. 돈 디에고의 소심한 성격이 맘에 안 든 롤리타는 우연히 나타난 조로에게 반한다. 조로는 롤리타를 강간하려는 라몬 대위를 혼내주고, 라몬이 꾸민 음모에서 롤리타의 가족을 구해준다.

용감히 싸우던 조로가 체포되기 직전, 지역민들이 에스파냐의 압제에 맞서 봉기한다. 조로의 활약에 영향받은 것이다. 조로는 드디어 사람들 앞에서 가면을 벗는다. 조로와 돈 디에고가 동일인임을 알게 되자 롤리타는 놀라는 한편 기뻐한다.

'세뇨르 조로'는 에스파냐어로 '여우 씨'라는 뜻이다. 소설에 등장하는 돈 디에고, 세뇨리타 롤리타, 돈 카를로스, 돈 페드로 등의 이름도 에스파냐식이다. 지명도 에스파냐어로 표기되어 있다. 조로가 활약하는 공간적 배경은 캘리포니아 남부의 '레이나 데 로스 앙헬레스'인데 천사들의 여왕, 즉 '성모마리아'라는 뜻이다. 줄여서 LA라고 부르는 이 지역은 과거 에스파냐의 영향을 받아 발전했다. 이는 인명과 지명 그리고 '에스파냐식 붉은 기와지붕' 등 소설 곳곳의 묘사에서 알 수 있다. 영국이나 네덜란드 등 서북부 유럽의 신교도들이 주로 이주한 미국 동부와 다르다.

조로가 검은 망토를 휘날리며 말 타고 달리는 흙먼지 길은 '엘 카미노 레알'이다. '왕의 길'이란 뜻으로 "긴 사슬처럼 이어진 교구들을 연결시켜주는 간선도로"라고 소설에 서술되어 있다. 교구parish는 원래 로마 가톨릭교회 본당의 관할 구역을 가리킨다.

미국은 50개 주State와 워싱턴 D.C.로 이루어져 있다. 각 주는 다시 '군County'이란 행정구역으로 나뉜다. 그런데 캘리포니아와 텍사스, 루이지애나만 주 아래 행정구역을 '교구'라 부른다. 이 세 지역은 과거 에스파냐와 프랑스라는 가톨릭 국가의 지배를 받았다는 공통점이 있다. 로스앤젤레스 역시 에스파냐의 프란치스코 수도회 사제들이 만든 교구에서 발전한 도시다.

멕시코를 거쳐 미국의 주가 된 캘리포니아

1492년, 에스파냐는 이베리아반도에 마지막으로 남아 있던 이슬람 세력을 몰아낸다. 같은 해, 에스파냐의 지원을 받은 콜럼버스가 서인도제도에 도착한다. 푸에르토리코, 쿠바, 플로리다 등 에스파냐는 중앙아메리카 각 지역을 정복한다. 1521년에는 코르테스가 아스테카 왕국을 정복하고 멕시코시티를 세운다. 이때부터 멕시코는 에스파냐 총독이 지배하게 된다.

에스파냐 정복자들은 1528년 텍사스, 1539년에 미시시피강 유역, 1542년에 캘리포니아에 도달한다. 군대를 따라온 프란체스코 수도사들이 1769년에 샌디에이고에 정착한 이후 캘리포니아 지역에는 가톨릭 교구가 차례차례 세워졌다.

수도사들의 노동으로 자급자족하는 것이 수도회의 원칙이었기에 교구는 농업과 목축업의 중심지로 발전했다. 일손이 부족해지자 에스파냐 출신 이주자들은 원주민을 개종시켜 일꾼으로 삼았다. 『쾌걸 조로』에서 에스파냐 계통의 귀족이나 군인이 원주민 출신 하인이나 노동자와 한 마을에 어울려 살며 일을 시키는 내력이 여기에 있다.

유럽인의 후손들은 왕실과 식민지 군대에서 경력을 쌓아 신대륙 아메리카의 지배계급이 되었다. 중남미 식민지에서 태어난 이들을 크리오요criollo라고 하는데, 점차 본국의 식민 정책에 불만을 갖는다. 이들은 나폴레옹의 침략을 받아 에스파냐 본국의 간섭이 약해진 틈을 타서 반기를 들었다. 중부와 남부아메리카의 많은 나라가 연달아 독립을 쟁취했다.

멕시코는 1810년에 독립전쟁을 시작하여 1821년에 독립을 선언한다. 당시 멕시코 영토는 지금보다 훨씬 넓었다. 에스파냐가 지배하던 지역을 전부 넘겨받았기 때문이다. 이때 『쾌걸 조로』의 공간적 배경인 캘리포니아도 멕시코 영토가 된다.

검은 옷을 입은 저항의 상징, 조로에서 배트맨으로 연결되는
가면 쓴 정의의 사도라는 캐릭터는 여전히 사랑받는다.

멕시코 정부는 수도사들이 캘리포니아에 세운 교구를 정부 지지
자들에게 분배한다. 그런데 1841년, 미국인 이주민이 대규모로 건너
왔다. 통치권을 장악한 이들은 캘리포니아공화국을 세우고 독립을 선
포한다. 미국 정부는 자국민을 보호한다는 핑계로 텍사스와 캘리포니
아 병합을 결정하고 멕시코에 선전포고한다.

전쟁이 벌어졌다. 멕시코의 수도인 멕시코시티를 점령한 미국은
'과달루페 이달고 조약'을 체결하여 현재 콜로라도주 서부와 애리조
나, 네바다, 유타, 텍사스, 캘리포니아, 뉴멕시코주에 해당하는 지역을
차지했다. 당시 멕시코 영토의 절반이나 되는 광대한 지역이었다. 대
신 멕시코는 수백만 달러에 달하는 전쟁 비용을 받았지만 양도한 땅

의 가치에 비해 턱없이 부족했다.

전쟁이 끝난 1848년에 캘리포니아는 미국령이 되었다가 골드러시로 급격히 인구가 늘어나자 2년 후에 미국의 31번째 주가 된다.

> 이즈음은 교구들이 쇠퇴기에 접어든 시대였으며, 산 디에고 데 알칼라에 최초의 교구를 창설하여 하나의 제국이 들어설 토대를 닦아 놓은 인물인 성聖 후니페로 세라의 뜻을 따르는 프란체스코회 수도사들과, 정치가들의 뜻을 따르는 군 장교들 간에 알력이 끊이질 않았다. 그러니 레이나 데 로스 앙헬레스의 술집에서 포도주를 마시고 있는 이 사람들이 가톨릭 개종자가 자기네를 염탐하게 가만 내버려둘 리가 없었다. (……) 주인은 경계하는 눈초리로 곤살레스를 바라보다가 긴 테이블로 좀 더 바짝 다가앉으면서 혹시 일어날지도 모를 말썽을 예방하기 위해 그에게 말을 붙였다.
>
> "마을 사람들이 그러는데 세뇨르 조로가 다시 나타났다더군요."[*]

인용한 바와 같이 에스파냐계 지배자들이 잘못하여 지역민이 착취당하고 있다는 서술이 소설에 많이 보인다. 『쾌걸 조로』의 시대 배경인 19세기 전반은 캘리포니아가 미국령이 되기 전이기 때문이다. 그러므로 캘리포니아 민중이 조로의 지휘를 받아 봉기하는 결말은 멕시코전쟁을 합리화하는 미국의 입장을 반영한다.

[*]   앞의 책, 11쪽.

미국의 영토 확장과 내부 식민지 전쟁

그렇다면 미국은 에스파냐와 얼마나 달랐을까? 1783년에 영국에서 독립할 때 미국은 동부 대서양 해안에 면한 13개 주의 연합체였다. 이후 서부를 향해 영토를 넓혀가면서 현재와 같은 대국의 모습을 갖춰간다.

서쪽으로 미시시피강까지였던 미국 국경은 1803년 프랑스로부터 루이지애나를 사들이고, 1819년에는 에스파냐로부터 플로리다를 할양받고, 1845년에는 텍사스를 병합한 후 이듬해에 멕시코와 전쟁한 결과 캘리포니아를 획득하여 태평양 해안에 도달한다. 이제 서쪽으로 가서 얻을 영토는 남지 않았다. 미국 영토는 독립 당시의 세 배가 되었다.

그런데 미국은 1898년 미국-에스파냐전쟁을 벌여 에스파냐 식민지였던 필리핀과 괌, 푸에르토리코를 빼앗는다. 이어 미드웨이섬, 하와이섬, 웨이크섬, 미국령 사모아, 파나마 운하 지역을 포함하는 해외 영토들도 획득했다. 미국 역시 해외 팽창을 추진하여 식민지를 얻은 것이다. 에스파냐 등 다른 유럽의 제국주의 국가들처럼.

영토를 확장하면서 미국은 멕시코, 에스파냐 등 다른 나라뿐 아니라 내부 식민지 전쟁도 벌였다. 서부를 향해 영토를 넓혀가는 과정에서 벌인 전쟁이었다.

1830년, 미국은 아메리카 원주민을 미시시피강 서쪽으로 추방하는 법을 제정한다. 백인들의 정착지를 확대하기 위해서였다.

미국의 영토 확장 과정(1783~1898)

1848년 캘리포니아에서 금이 발견된 이후 골드러시가 일어나 백인들의 정착지는 서부 지역 멀리까지 확대되었다. 남북전쟁이 벌어지던 1861~1865년에 북군은 남부에서 남부군과 싸우는 한편 서부에서 인디언을 학살하고 땅을 강탈했다. 남북전쟁 이후 급속한 산업화와 도시화 때문에 유럽인들이 대규모로 미국 북부로 이주했다. 이 과정에서 아메리카 원주민들은 땅을 빼앗기고 추방당했다. 무장하고 저항했다가 학살당했다. 인디언의 식량을 없애려는 백인들에 의해 버팔로까지도 살육당했다. 1887년, 미국은 개별 부족들에게 아메리칸인디언 보호구역을 할당했다. 그 구역을 제외한 나머지 광대한 지역은 다 백인들의 땅이란 의미였다.

미국은 에스파냐나 포르투갈처럼 대항해시대에 해양으로 진출하여 다른 지역을 식민 지배한 원조 제국주의 국가는 아니다. 그러나 마찬가지로 해양 패권국으로 발전해온 역사가 있다. 북아메리카대륙의 동부 해안가에서 서부로, 이어 태평양으로 진출하여 전쟁을 통해 해외 영토를 획득했기 때문이다. 이 과정에서 수많은 내부 식민전쟁을 치러 원주민을 학살했다. 『쾌걸 조로』를 읽으면서 미국인 작가가 에스파냐 제국주의자의 압제를 고발하는 것을 비판적으로 살펴볼 필요가 있는 이유다.

저항의 상징, 검은 옷

여기까지, 캘리포니아가 에스파냐 영토였다가 미국의 한 주가 되기까지의 과정을 살펴보았다. 조로가 검은 옷을 입은 이유를 설명하기 위해서였다. 에스파냐계 사람들에게 검은 옷을 입는 것은 지배자에 대한 저항을 의미하기 때문이다.

> 막 들어온 그 사내는 실내에 있는 사람들에게 등을 돌리고 있었다. 그 사내는 솜브레로를 바람에 날아가지 않게 하기 위해서인 듯 머리 깊숙이 눌러쓰고 있었고 빗물에 젖어 번들거리는 긴 망토를 두르고 있었다. (……) 그들 앞에 똑바로 선 사람은 어떻게 생긴 사람인

---

*   앞의 책, 24~25쪽.

지 알아볼 수 없도록 검은 마스크로 얼굴을 가리고 있었고 두 개의 눈구멍에서는 번뜩이는 눈동자가 그들을 노려보고 있었다.*

세뇨르 조로, 돈 디에고는 에스파냐 귀족 이주자의 후손이다. 조로가 쓰고 있는 솜브레로는 에스파냐계 사람들이 즐겨 쓰는 챙이 넓은 모자로 밀짚이나 펠트로 만든다. 소설 원작에서 자줏빛으로 묘사된 조로의 망토는 이후 영화에서 검은색으로 등장한다. 검은 망토는 에스파냐 전통 복장으로, 남성의 예복이었다. 한복의 두루마기처럼.

검은색 옷이 에스파냐를 상징하게 된 역사적 내력은 신성로마제국과 에스파냐제국의 황제였던 합스부르크왕조의 카를 5세(에스파냐에서는 카를로스 1세)에서 시작된다. 황후 이사벨과 사별한 후 충격을 받은 카를 5세는 검은색 옷만 입었다. 카를 5세의 아들인 펠리페 2세도 두 번째 아내의 죽음을 애도하기 위해 검은색 옷을 입었다. 자연스레 황제를 보필하는 귀족들도 검은 옷을 입게 되었다. 해가 지지 않는 제국 에스파냐는 당시 가톨릭의 수호자로서 유럽 각지의 종교전쟁에 참가했다. 이에 따라 검은 옷은 도덕과 신앙심, 제국의 권력을 상징하였다. 에스파냐 왕실 남성들의 초상화에 검은 옷을 입은 모습이 많은 이유다.

에스파냐 왕 카를로스 2세가 후손 없이 사망하자 왕위 계승 전쟁이 벌어졌다. 프랑스가 전쟁에 이겨서 프랑스 부르봉왕조의 필립 공작이 펠리페 5세가 되어 에스파냐 왕으로 즉위했다. 그는 루이 14세와 결혼한 에스파냐 공주 마리 테레즈의 둘째 손자였기에 에스파냐 왕위계승권이 있었던 것이다. 이때부터 지금까지 에스파냐 왕실은 보르본왕조(프랑스 부르봉왕조의 에스파냐식 발음)로 이어진다. 한편 전쟁에 진 오스트리아 합스부르크왕조의 카를 6세는 에스파냐 왕이 되지 못한 아쉬움을 달래기 위해 빈에서 합스부르크 에스파냐의 상징인 검은 옷을 입었다고 한다.

보르본왕조의 왕들은 프랑스식 개혁을 시도했다. 18세기 후반 카를로스 3세는 절대주의 계몽군주로 군림하면서 1766년에 솜브레로와 검정 망토의 착용을 금지했다. 대신 프랑스풍의 짧은 외투를 입고 가발과 삼각형 모자를 쓰라고 명령했다. 범죄자가 챙이 넓은 모자와 검정 망토로 몸을 감추고 도망가기 쉽다는 이유에서였다. 또 망토는 몸에 붙게 재단된 프랑스식 외투보다 옷 안에 무기를 숨기기에 좋았다.

시민들은 명령에 따르지 않았다. 그러자 특별경찰이 길거리에서 솜브레로의 챙을 잘라냈다. 반발한 민중은 폭동을 일으켰다. 이제 검은 망토를 입는 것은 에스파냐 민족주의를 나타내는 저항 행위가 되었다. 본국에서만이 아니었다. 에스파냐계 이주자들이 사는 아메리카에서도 마찬가지였다. 검은 망토는 외세와 불의에 저항하는 용감한 에스파냐 남자를 상징했다.

그런데 에스파냐계 사람들 사이에서만 통하던 검은 솜브레로와 망토 차림의 영웅 이미지가 세상에 널리 퍼졌다. 『쾌걸 조로』의 성공 덕분이었다. 1919년부터 미국의 대중 잡지에 연재된 조로의 활약상은 1959년까지 40년간 65편이나 되는 이야기로 출판되었다. 만화와 영화로도 제작되어 조로는 세계적으로 유명해졌다.

정체를 숨긴 영웅, 유약한 귀족 도련님과 정의로운 영웅이 한 사람의 인격 안에 들어 있는 쾌걸 조로의 캐릭터는 이후 배트맨에게 계승된다. 그 역시 검은 가면을 쓰고 검은 망토를 입었다.

에스파냐에서 '백마 탄 왕자님'은 왜 파란 왕자일까?
...

라몬 대위는 물었다.

"지금, 내가 좋은 혈통을 타고난 사람이 아니라는 사실을 넌지시 빗대어 말하는 거요?"

"나로서는 댁의 피를 직접 본 적이 없으니 뭐라고 대꾸할 수가 없군요. 그 조로라는 자는 분명히 말할 수 있겠습니다만. 그 친구는 댁의 피 색깔을 봤을 테니까요."*

멋진 왕자님, 즉 '백마 탄 왕자'를 의미하는 에스파냐어 표현은 '프린치페 아술principe azul'이다. 직역하면 '파란 왕자님'이다. 햇빛 아래에서 노동을 하지 않는 왕족이나 귀족의 피부가 창백해서 정맥이 파랗게 비쳐 보이기에 생긴 말이다.

옛 유럽인들은 고귀한 혈통을 가진 사람에게는 파란 피sangre azul가 흐른다고 생각했다. 그래서 귀족 자제인 돈 디에고는 피 색깔을 언급하며 혈통에 열등감을 가진 라몬 대위를 놀린 것이다.

* 앞의 책, 83쪽.

에스파냐에서는 파란 피에 대한 집착이 특히 강했다. 여기에도 역사적 이유가 있다. 현재 에스파냐와 포르투갈이 위치한 이베리아반도는 711년 이후 북부는 가톨릭을 믿는 백인들이, 남부는 이슬람교를 믿는 아랍인들이 지배하고 있었다. 북부의 전사 귀족들은 국토 수복을 의미하는 레콩키스타전쟁에 참가하며 민족 정체성을 형성한다. 오랫동안 아랍계, 유대계와 함께 살았기에 1492년 레콩키스타의 완성 이후로 순수 혈통에 집착한다. 에스파냐어권과 포르투갈어권에서 이름에 부모의 성을 함께 사용하는 것도 조상의 혈통을 확인하기 위해서라는 설이 유력하다.

1556년, 에스파냐제국의 펠리페 2세는 조상의 순수성을 모든 고위 성직자를 임명할 때 필수 조건으로 삼는다는 '순혈령'을 승인한다. 이 시절에 순혈이란 민족적 혼혈뿐만 아니라 개종하지 않은 순수한 가톨릭교도까지 의미했다. 곧 순혈은 공직이나 세속 단체에 들어가는 데에도 필수 조건이 된다. 이에 혈통을 숨긴 자를 색출하고 고소하는 움직임이 악명 높은 에스파냐의 종교재판에 버금갈 만큼 일어난다. 에스파냐제국은 이런 식으로 닫힌 사회가 되어 국운이 기운다.

#15세기부터 #19세기 전반 #에스파냐 #멕시코 #미국 #식민전쟁

해가 지지 않는 제국의
미친 티파티

루이스 캐럴 『이상한 나라의 앨리스』와 『거울 나라의 앨리스』

『이상한 나라의 앨리스』는 『반지의 제왕』이나 『해리 포터』로 이어지는 영국 판타지문학의 시초가 된 작품이다. 앨리스는 흰 토끼를 따라 굴에 뛰어들어 이상한 나라로 간다. 속편 『거울 나라의 앨리스』에서는 거울을 통해 세상이 커다란 체스판인 곳으로 간다. 앨리스는 이상한 일들을 연달아 겪으며 현실에 없는 존재들과 만난다. 모든 것이 난센스고 이상하다.

홍차와 영국 역사

이상한 나라로 간 앨리스는 3월토끼March hare네 집 앞에서 열리는 '미친 티파티Mad Tea-Party'에 참석한다. 어릴 적 나는 이 장면이 참 이상

빅토리아시대 영국제국민들은 아편전쟁으로 구해 온
중국 차를 마시며 티파티를 즐겼다.

했다. 왜 이들은 차를 하루 종일 마실까? 작품에서야 시간이 멈춰서 그렇다지만 말이다. 당시는 물론이고 지금도 영국인들에게 차 마시는 시간은 중요한 일과라는데, 여기에는 어떤 내력이 있을까?

1662년, 영국의 찰스 2세는 포르투갈 공주인 브라간사의 카타리나와 결혼한다. 차와 함께 차 마시는 습관을 들여온 공주 덕분에 영국의 상류층 사이에서 차가 유행하기 시작했다. 공주는 지참금으로 당시 포르투갈 영토였던 인도의 뭄바이도 가져왔다. 이후 뭄바이가 영국 동인도회사의 무역 기지가 되면서 홍차 수입이 확대된다. 18세기 말에 이르자 영국에서는 차를 일상적으로 즐기게 된다.

영국에 차 마시는 습관이 자리 잡게 된 것은 기후와도 관련 있다. 서안 해양성 기후인 영국은 비가 자주 오고 서늘하다. 그래서 따뜻한 차를 마셔서 몸을 데워줘야 했다. 수질의 영향도 있다. 영국 물에는 석회 성분이 많아 그냥 마실 수가 없기에 차를 우려내서 마신다.

그런데 이런 이유 때문이라면 차 대신 커피를 마셔도 된다. 게다가 영국 사회에는 차보다 커피 마시는 문화가 먼저 퍼져 있었다. 결정적인 원인은 가격이었다. 차 무역을 장악한 영국은 자국 내에서 유통되는 차의 관세를 내려서 소비량이 늘도록 유도했다. 그 결과 귀족이나 상류층의 호사 취미였던 차를 누구나 마실 수 있었다.

하층민과 노동자까지 차를 일상적으로 마시게 된 데에는 산업혁명기 영국의 특수한 사정도 있었다. 당시 빈민층 여성들은 공장이나 남의 집에 가서 오랜 시간 일해야 했기에 집에서 식사를 준비할 시간이 모자랐다. 춥고 서늘한 날씨에 몸을 녹여줄 음식이 필요했지만 불앞에 오래 서서 수프 등을 요리하는 것은 불가능했다. 그래서 식사 때마다 따뜻한 요리를 새로 만드는 대신 시간 있을 때 미리 만들어두었던 차가운 음식에 따뜻한 차를 곁들여 간단히 먹도록 상을 차렸다.

한편 공장주들은 노동자들에게 차 마시는 시간을 주었다. 복지 차원에서가 아니다. 당시 노동자들이 즐겨 마시던 맥주에 비해 차는 취하지 않을 뿐 아니라 차에 있는 카페인 성분이 각성 역할을 해서 작업 능률을 올려주었기 때문이다. 우유나 설탕을 넣은 홍차는 지친 노동자에게 열량을 빠르게 공급하기에도 좋았다.

차는 도자기 산업 발달에도 큰 영향을 주었다. 차 마시는 습관이 확산됨에 따라 차를 수입하는 무역량이 늘었다. 선박의 균형을 잡으려면 화물을 배 바닥에 실어야 하는데, 찻잎은 습기에 약하기 때문에 선박 바닥짐으로 실으면 안 된다. 궁리 끝에 동인도회사 상인들은 중국 자기를 배 가장 아래에 싣고 그 위에 차를 실었다. 무역선이 도착하자 유럽인들은 중국산 자기에 열광했다. 점차 자신들이 원하는 디자인을 제작해달라고 주문도 하게 되었다. 이에 중국에서는 원래 중국 다구에는 없던, 손잡이가 달린 찻잔과 티포트를 수출용으로 만들기 시작한다. 중국 자기에 자극을 받아 도기밖에 생산하지 못하던 유럽에서도 드디어 18세기 초에 자기 개발에 성공한다. 독일 마이센이 시초였고, 영국도 뒤를 이었다. 유서 깊은 영국 도자기 브랜드는 이렇게 시작했다.

미국 독립의 도화선, 보스턴 티파티

1773년, 영국의 압제에 반감을 가진 아메리카 식민지 주민들은 보스턴 항구에 있던 영국 상선을 습격해서 실려 있던 차 상자를 바다에 던져버린다. 미국 독립혁명사의 맨 첫 장에 등장하는 '보스턴 티파티 사건'이다. 이들은 왜 비싼 차를 바다에 던져버렸을까?

북아메리카에서 처음으로 차를 마신 지역은 뉴욕이다. 네덜란드계 이주민들은 뉴암스테르담이라는 도시를 건설하고 차문화를 들여왔다. 영국은 1664년에 네덜란드로부터 뉴암스테르담을 빼앗고 뉴욕이라 부른다. 네덜란드가 수입한 차를 금지하고 영국이 중국에서 직접 수입한 차를 식민지 시장에 들인다.

영국이 세력을 확장하면서 점점 더 많은 사람이 차를 마셨다. 그러

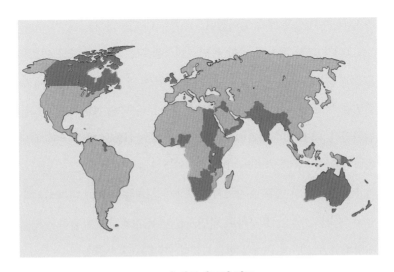

1921년 영국제국의 영토

나 식민지인은 차에 부과되는 높은 세금 때문에 고통받았기에 네덜란
드 등 다른 나라가 영국 몰래 판매하는 차를 싸게 사려 했다. 이에 영
국은 식민지에 강한 압력을 넣었다.

프랑스와 오랜 전쟁을 치르며 재정이 고갈되자 영국 정부는 식민
지에서 더 많은 수입을 올리리기 위해 궁리한다. 1765년, 인지법을 제
정한다. 이는 모든 인쇄물에 영국 정부가 발행한 인지를 사서 붙이라
는 법으로, 식민지에 부과된 최초의 직접세였다. 폭동이 일어났다. 영
국 정부는 인지조례를 폐지하고 차, 유리, 납, 종이, 페인트 등 수입품
만 세금을 물리겠다는 '타운젠트법'을 새로 발표했다. 식민지인들은
불매운동을 벌이며 강하게 반발했다. '타운젠트법'은 3년 만에 폐지되
었으나 차에 대한 과세만 예외로 했다. 비싼 가격 때문에 미국 시장에

서 영국 차 매상은 계속 떨어졌다.

그러자 파산 위기에 처한 동인도회사를 구하기 위해 영국 의회는 1773년 '차법Tea Act'을 발표한다. 미국에 차를 팔 때 동인도회사에 독점권을 주고 관세를 없애서 밀무역업자들보다 싸게 판매하도록 하는 법이었다. 차를 밀수해 이익을 보던 식민지 상인들은 반대 운동에 나섰다. 보스턴 주민 50명을 아메리칸 원주민(내러갠싯 인디언)으로 변장시켜 동인도회사의 배를 습격하여 차 340여 상자를 바다에 던져버린다. 영국 의회는 보상을 요구하며 식민지를 더욱 강력하게 탄압하는 법을 제정하고 보스턴에 군대를 주둔시켰다. 전쟁이 일어났다.

1776년 7월 4일, 미국은 독립을 선언한다. 1783년 '파리 조약'으로 영국은 미합중국의 독립을 승인한다. 이렇듯 미국 독립의 현장에도 차가 있었다.

미국인들이 홍차보다 커피를 많이 마시는 이유

여기서 역사상 유명한 오해가 하나 생긴다. 현재 미국에서는 홍차보다 커피를 더 많이 마신다. 홍차 문화를 즐기는 영국계 이주민의 후예가 많은 나라고 실제로 독립 전까지 홍차를 많이 마셨는데, 왜 그럴까? 홍차가 반영 감정을 불러일으켜서 애국운동 차원에서 홍차 대신 커피를 마셨다는 설명이 있다. 그러나 사실이 아니다.

원인은 노예제도에 있다. 삼각무역을 하는 미국 무역상들은 서인도제도에 있는 히스파니올라에서 노예들이 생산한 설탕과 럼주를 유럽과 미국으로 실어 갔다. 상품 일부를 영국에서 판 후, 영국 공장에서 생산한 다른 상품들을 샀다. 식량, 목재, 영국 공산품을 싣고 미국 항구에 들렀다가 히스파니올라로 돌아와서 가져온 상품을 다시 설탕, 럼주와 교환했다. 이때 미국 상인들은 히스파니올라에서 팔아달라고 위탁받은 화물을 싣기도 했다. 긴 항해 기간 동안 쉽게 썩지 않는 커피 원두를 주로 실었다. 비교적 미국과 가까운 지역에서 커피 원두를 대량으로 수입하다 보니 커피 가격이 떨어졌기에 미국 사람들은 홍차보다 싼 커피를 많이 마시게 되었다. 1800년에는 커피 수입량이 차 수입량의 열 배에 이를 정도였다.

그런데 히스파니올라의 흑인들이 노예제도를 없애고 독립전쟁을 해서 아이티를 건국했다. 노예 노동이 없어지자 카리브해에서 생산한 커피 원두 가격이 상승했다. 미국은 새로운 커피 거래처가 필요했다.

이즈음 브라질이 커피 플랜테이션에 나선다. 브라질에서 생산한 커피는 가격이 저렴했다. 노예 노동으로 인건비를 줄일 수 있었기 때문이다. 전 세계적으로 브라질산 커피 수요가 늘어나자 브라질의 커피 농장에는 더 많은 노예가 필요했다. 새로운 사업 기회를 잡았다고 생각한 미국 상인들은 노예 무역에 나섰다. 설탕은 흰 화물로, 흑인들은 검은 화물로 불리던 시대. 아프리카에서 대서양을 건너 브라질로 가는 흑인들의 반은 미국 노예선에 실렸다.

결국 미국인이 차보다 커피를 더 많이 마시게 된 것은 그들이 참여한 노예 무역 때문에 커피 원두의 가격이 낮아졌기 때문이지, 독립심과 반영 감정 때문이 아니었다.

아편전쟁의 배경에도 차가 있었다

차는 영국제국이 세계를 침략하는 구실이 되기도 했다. 영국은 자기 나라에 차를 공급하기 위해 중국과 인도를 침략하고 지배한 셈이기 때문이다. 미국 독립 과정에서 보듯, 18세기가 되면 본국이든 식민지든 차는 생활 필수품이 된다. 그런데 영국의 기후 조건에서는 차를 재배할 수 없었다. 19세기 초까지 영국은 중국에서 차를 전량 수입해야 했다.

당시 중국인 청나라는 유럽 상인들에게 광저우 항구에서만 교역하도록 허가했다. 광저우 상인들은 차, 비단, 도자기를 팔고 은을 받았다. 청나라는 유럽 제품에 별 흥미가 없었기에 구매에 적극적이지 않았다. 반면 영국은 차를 대량으로 구입하다 보니 무역 적자가 엄청났다. 국가 재정이 흔들릴 정도였다. 이를 만회하고자 영국은 식민지 인도에서 재배한 아편을 청나라로 밀반입한다. 곧 아편은 널리 퍼져 청나라에서 사회문제를 일으켰다.

1839년, 아편을 근절하라는 명령을 받은 임칙서가 영국 상인들의 아편을 몰수해 소각한다. 영국은 청나라에 선전포고를 했다. 다음 해 영국 해군 함대가 광저우항에 도착하여 전쟁이 시작되었다. 영국은 광저우, 상하이, 마카오 등을 정복하였다. 전쟁에 이겨 1842년 8월 전쟁을 종결짓는 난징조약을 체결하고 홍콩을 얻었다. 청은 상하이 등 다섯 항구를 무역항으로 개방해야 했다.

영국은 자국에 유리한 여러 조례를 제정해서 중국에 대한 경제적 지배를 꾀했으나, 조약에 반감을 품은 중국은 이행을 미뤘다. 영국 상인들은 불만을 품었다. 이는 1856년 2차 아편전쟁으로 이어졌다. 역시 영국이 승리했다. 그 결과, 1860년 베이징조약이 체결되어 아편무역은 합법화되었다.

두 차례에 걸친 아편전쟁을 계기로 청나라는 급속히 힘을 잃었다. 더 큰 문제는 청나라 정부와 군대의 나약한 실체를 세계가 알게 된 점이었다. 다른 나라들이 잇달아 자국의 이익을 보장하는 불평등조약을 맺기를 청나라에 강요했다. 그리하여 19세기 후반에 청나라는 제국주의 열강에 영토를 빼앗기고 주변 국가에 대한 영향력을 잃었다.

러시아 군대는 이리 지역을 합병하고 신장을 점령한다. 일본은 류큐제도를 장악하고 타이완과 펑후제도를 차지한다. 청일전쟁에 이긴 후로는 조선을 식민지로 삼는다. 과거 중국의 영향을 받던 나라 중에 영국은 버마를, 프랑스는 인도차이나를 정복한다.

이 과정에서 드러난 청 정부의 무능함 때문에 만주족 지배자들에 대한 한족의 반감이 깊어간다(청은 만주족 정복 왕조가 지배했다). 태평천국의 난, 의화단운동 등이 일어났다. 청 정부는 이홍장, 캉유웨이 등을 등용하여 개혁을 시도했지만 한족의 민족주의 혁명가들은 청나라를 타도하고 공화국을 세우려 했다. 드디어 1911년, 신해혁명이 일어나고 다음 해 중화민국이 수립된다. 청나라 멸망과 중화민국 건국의 역사로 연결되는 아편전쟁의 배경에도 차와 영국제국이 있었다.

해가 지지 않는 제국의 미친 티파티

19세기에 접어들자, 중국 무역만으로는 영국의 차 수요를 감당할 수 없었다. 영국은 차를 재배할 방법을 찾아 인도 아삼 지방에 차 재배지를 조성하여 인도를 직접 지배한다. 한편 차에 넣을 설탕은 서인도제도를 통해 확보했다. 이렇게 하여 영국은 지구 전체 5분의 1에 달하는 영토를 지배한다. 세계 역사상 본국과 식민지를 합해서 가장 큰 영토를 가진 제국이 된 것이다.

독립 이전의 미국, 인도, 캐나다, 호주, 뉴질랜드 그 외 섬들…… 과거 영국제국을 '해가 지지 않는 나라'라고 불렀던 이유를 알 수 있다. 식민지가 전 세계에 분포되어 있으니 어느 시간에라도 영국 영토 어딘가에는 늘 해가 떠 있었기 때문이다. 그렇다면 당시 영국제국 어느 곳에서든 티파티가 끝없이, 늘 열리고 있었을 것이다. 『이상한 나라의 앨리스』에 나온 표현대로, 끝나지 않는 '미친mad 티파티'가 아닐까?

『이상한 나라의 앨리스』의 속편 『거울 나라의 앨리스』에는 같은 장소에 머무르기 위해 점점 더 빨리 달리는 붉은 여왕이 나온다. 성공을 유지하기 위해 무조건 질주하는 당시 영국의 자본가와 공장주의 모습을 반영했다고 볼 수 있다. 많이 만들기만 해서는 안 된다. 팔아야 돈이 되니까 물건을 사줄 상대를 적극적으로 찾아 나서야 한다. 영국인들을 제국 건설과 침략전쟁으로 나서게 한 힘은 무역이었다. 무역의 기회나 가능성이 있으면 상인이 찾아갔다. 영국 정부가 함대를 보내 총포로 뒤를 봐주었다. 영국 공장에서 생산한 면직물을 인도에 팔고, 인도에서 생산한 아편을 중국에 팔고, 그 돈으로 중국의 차를 사는 삼각무역을 거듭하다가 발생한 아편전쟁이 좋은 예다.

이렇듯 영국제국이 벌인 전쟁은 경제전쟁이었다. 영국이 해외 식민지를 지배한 것도 경제적 방법이었다. 영국은 모든 식민지가 물품을 수입할 때에는 영국산이거나 영국이 거래한 상품을 영국 선박만을 이용해서 수입하도록 했다. 수출할 때도 영국 선박에만 실어야 했다. 그 대표적 상품으로 역사의 현장에 있던 품목이 차였다.

『이상한 나라의 앨리스』를 쓴 루이스 캐럴은 1832년에 태어나 1898년에 사망했다. 빅토리아시대와 거의 일치한다. 빅토리아시대는 빅토리아 여왕이 재위한 1837~1901년을 가리킨다. 영국제국의 전성기였지만, 제국 번영을 위해 영국 안에서는 노동자와 여성과 하층민과 아일랜드인들이, 영국 밖에서는 식민지 주민들이 희생되던 시대이기도 했다. 그러나 해가 지지 않는 제국의 풍요는 영국인들이 자발적으로 열성적 제국주의자가 되게 했다. 제국은 그 존재 자체로 자국민이 스스로를 우월한 민족이라고 착각하게 만들었기 때문이다.

아편전쟁 개시 전, 영국 의회에서 전쟁 여부 찬반 토론이 벌어졌을 때 정치가 글래드스턴은 연설했다. '불명예스러운 전쟁'이라고. 영국 국기는 정의의 편에 있었는데 이제는 아편을 보호하기 위해서 있다고. 하지만 이렇게 반성적 사고를 하는 영국인들은 많지 않았다. 총칼과 대포를 들이대어 가져온 차에 노예 노동으로 싸게 만든 설탕을 넣어 제국민의 우월성을 확인하는 '미친 티파티'에서 다들 한자리 차지하려 했기 때문이었다.

한편 제국주의 국가들이 모인 전 세계적인 티파티에서는 영국, 프랑스 등 선발 제국주의 국가들과 독일, 이탈리아, 일본 등 후발 제국주의 국가들 사이에 식민지 분할을 놓고 갈등과 긴장 분위기가 고조되고 있었다. 파티는 곧 끝나고 '세계'대전이 일어난다.

3월토끼와 모자장수는 왜 미쳤을까?
...

앨리스는 3월토끼네 집 앞에서 열린 미친 티파티에서 미친 3월토끼와 미친 모자장수를 만난다. 그런데 3월토끼와 모자장수는 왜 미쳤을까? 영어에 '3월토끼처럼 미친as as mad as a march hare,' '모자장수만큼 미친as mad as a hatter,'이란 관용 표현까지 있는 이유가 뭘까?

영국인들은 3월이 되면 토끼가 성질 사납고 괴팍해진다고 생각했다. 들판 여기저기에서 두 다리로 버티고 일어서서 마치 권투하듯 앞발로 상대를 가격하는 토끼들이 보이기 때문이다. 이는 맘에 들지 않는 수토끼가 구애하면 암토끼가 앞다리로 때려서 격퇴하는 모습이다. 게다가 토끼들은 들판에서 서로 쫓고 쫓기는 추격전을 벌이기도 한다. 토끼의 교미 기간은 2월에서 9월까지인데 그 초기인 3월에 특히 더 야단스럽다고 알려져 있다. 즉, 3월의 토끼들은 사랑 때문에 미친 것이다.

모자장수는 왜 미쳤을까? 19세기 유럽은 남녀노소를 막론하고 모자를 쓰는 것이 예법이고 관습이었다. 산업혁명에 성공하여 세계의 공장 역할을 하던 영국은 모자를 대량으로 만들어 유럽과 아메리카에 수출했다. 이 시대에는 모자의 주재료인 펠트 천을 만들 때 질산수은을 이용하여 양모를 축융 처리했다. 모자 만드는 사람들은 수은 증기를 들이마시고 중독되어 시력과 청력 장애, 경련, 우울증, 정신이상 증세를 보였다.

수은 중독을 지금도 '모자장수 셰이크hatters' shakes'라고 부르고, 19세기에는 '미친 모자장수 병mad hatter's disease'이라고 했을 정도로 당시 모자 제조자들은 수은 중독에 시달렸다. 즉, 모자장수는 미친 것이 아니라 직업병에 걸린 것이었다. 동화에서는 모자장수가 성인 남성으로 등장하지만, 실제로 모자를 만들던 사람들은 수은 중독 때문에 대개 어린 나이에 사망했다고 한다.

『이상한 나라의 앨리스』를 지은 루이스 캐럴은 어려서 체셔주의 데어스버리 마을에 살았다. 이곳은 모자 제조와 수출이 주력 산업이었던 스톡포트와 가까웠다. 기록에 따르면, 1884년 한 해에만도 모자를 600만 개나 만들어 수출했다고 한다. 작가는 자신이 직접 본 현실을 반영하여 모자장수 캐릭터를 만든 것이다.

#19세기 #영국제국 전성기 #17에서 18세기 #미국 독립전쟁 #청나라 아편전쟁

그 많던 군마들은
다 어디로 갔을까

휴 프팅 「돌리틀 선생 이야기」, 마이클 모퍼고 「워 호스」

의학박사 존 돌리틀은 동물을 사랑한다. 집으로 찾아온 동물을 돌봐주는 것은 물론, 먼 지역에 있는 동물을 치료하기 위해 왕진 여행을 떠나기도 한다. 그는 아픈 동물을 정확히 치료해줄 수 있다. 앵무새 폴리네시아에게서 동물의 말을 배웠기 때문이다. 동물과 대화하며 아픔을 이해하는 의사 선생님이라니, 흥미롭다. 이 캐릭터는 어떻게 탄생했을까?

인간의 전쟁에 징집된 말들

『돌리틀 선생 이야기The Story of Dr. Dolittle』는 1차대전에 참전한 작가 휴 로프팅이 부상을 입고 야전병원에서 쓴 편지에서 시작한다. 작가는 징집된 말과 개가 전투 중에 다치고도 치료받지 못하고 죽어가는 모습을 보고 안타까워했다. 그래서 동물의 말을 알아듣는 의사 선생님이 동물들을 치료해준다는 이야기를 써서 자녀에게 보냈다. 전쟁이 끝나고 1920년에 출간한 『돌리틀 선생 이야기』는 큰 인기를 얻었다. 이후 작가는 1952년까지 12권이나 되는 시리즈를 써낸다.

아니, 말과 개들이 전투에 참가해서 부상을 입다니? 인간뿐만 아니라 동물도 징집되다니? 뜻밖이지만 역사적 사실이다. 1차대전에 참전한 말이 주인공인 소설도 있다. 마이클 모퍼고가 1982년에 출간한 소설 『워 호스War Horse』를 소개한다. 스필버그 감독이 2011년에 제작한 영화의 원작으로도 유명한 작품이다.

1차대전 직전 영국, 아기 말 조이는 13세 소년 앨버트의 친구가 되어 농장 일을 돕는다. 그러나 전쟁이 발발하자 조이는 군마로 팔려서 유럽 서부전선에 투입된다.

독일군 기관총 부대는 한 번의 전투로 영국 기병대의 4분의 1을 괴멸시킨다. 영국 기병과 말 들은 포로가 되었다. 조이는 독일군 부상병을 호송하는 마차를 끌게 된다. 잠시 프랑스 농가에 맡겨졌다가 이번에는 독일군에 징집당한다. 조이는 대포를 운반하다 포탄 공격을 받고 철조망 사이의 완충지대를 헤맨다. 영국군 측으로 넘어가 부상 치료를 받던 조이는 가축 위생병이 된 앨버트와 우연히 만난다. 앨버트는 입대할 수 있는 나이가 되자마자 조이를 찾으려고 자원 입대한 것이다.

전쟁이 끝났다. 말들은 현지 프랑스 농민들에게 경매로 넘긴다는 결정이 내려졌다. 우여곡절 끝에, 앨버트와 조이는 함께 영국으로 돌아온다.

작가는 소년과 말의 우정을 감동적으로 묘사하면서 전쟁의 참상을 고발한다. 1인칭 시점으로 서술된 소설이기에 말인 조이의 시각으로 전쟁을 볼 수 있는 장점이 있다. 소설에는 징집된 말의 주 임무가 1차대전 시기에 이르러 바뀌게 된 역사적 사실도 잘 반영되어 있다.

말이 만든 역사의 장면들

동물은 늘 전쟁에 동원되었다. 말, 당나귀, 개, 코끼리, 비둘기 등은 인간 병사를 태운 채 전투에 참여하고, 보급품을 수송하고, 진지 기반 시설을 짓고, 전투지의 급한 소식을 후방에 알렸다. 특히 말은 야생 상태에서 길들여진 이후로 늘 전쟁에 나갔다.

말은 병사를 태운 전차를 끌어 아시리아, 바빌로니아, 이집트, 페르시아 등 고대 제국을 건설했다. '만승천자萬乘天子 천승제후千乘諸侯'라는 표현에서 알 수 있듯 고대 세계에서 전차의 규모는 지배자의 권력을 의미했다. 천자는 전차 1만 대를, 제후는 전차 1,000대를 보유하고 전쟁에 동원할 수 있었다. '승乘'은 수레와 전차를 세는 단위다.

전차술은 점차 기병술로 바뀐다. 알렉산드로스는 기병을 이용하여 페르시아와 인도 북부까지 정복했다. 그의 말 부케팔로스는 역사에 최초로 이름이 기록된 군마軍馬, 즉 '워 호스'다. 한편 유라시아 초원 지대의 유목민족들은 말을 탄 채 활을 쏘는 능력이 뛰어났다. 유목민족들 중에 아틸라가 이끄는 훈족 기병대가 습격하여 게르만족이 대거 이동한다. 이로 인해 로마제국이 멸망하여 유럽사의 고대 시대가 끝난다.

로마제국이 멸망한 후 서유럽에 세워진 게르만족의 나라들은 기병대 위주로 군대를 편성했다. 전쟁은 말을 탄 병사가 돌격하여 기습하거나 측면 공격을 하면 보병이 뒤따라 공격하는 형태로 전개되었다.

8세기경 유라시아 북방 유목민이 발명한 등자鐙子가 유럽에 전해진다. 말안장에 앉아 발을 안장에 달린 발 받침대인 등자에 고정하면 말에서 떨어지지 않고 안정적으로 말을 탈 수 있었다. 이렇게 해서 전쟁에 기병을 적극적으로 활용할 수 있었다. 등자에 이어 안장, 긴 창, 방패가 개발되었다. 기병과 무기, 갑옷의 무게를 견디기 위해 말도 더욱 큰 체격으로 품종이 개량된다.

732년, 현재의 프랑스 서북부 지역에서 투르-푸아티에전투가 벌어진다. 카롤루스 마르텔루스가 이끄는 프랑크왕국 군대는 우마이야왕조 군대와 싸워 이겨 이슬람 세력이 유럽에 더 진출하지 못하게 막았다. 당시 프랑크왕국의 궁재였던 카롤루스 마르텔루스는 군제를 개혁하여 이슬람 기마군단에 대항하기 위해 대규모로 기마병을 양성한다. 군역을 부담하는 부하들에게 봉급 대신 토지를 주고 공작, 백작, 기사 등의 작위도 주었다. 갑옷을 입고 말을 타고 전쟁에 나가는 전사는 중세 유럽의 지배계급, 봉건영주가 되었다. 유럽의 중세 봉건제도의 기원이다.

기사들은 봉건 계약에 따라 상위 주군의 군역 소집에 응해야 했다. 이때 알아서 무장을 해야 했는데, 그러려면 많은 비용이 들었다. 평소 무구와 마구를 갖추고 말을 키워야 했기 때문이다. 특히 말이 먹는 사룟값이 만만치 않았다. 체구를 크게 개량한 유럽 말은 풀뿐만 아니라 보리나 귀리 등 곡물을 먹여야 힘을 쓸 수 있었다. 인간이 먹을 곡물도 모자라던 중세 초의 농업 생산력으로는 말을 키우기 힘들었다.

11세기경, 대부분의 유럽에 퍼진 삼포제 덕분에 말을 사육할 곡물이 확보된다. 이제 기사들의 군용이나 승마용 말고도 말을 더 많이 키울 수 있었다. 말에게 쟁기를 끌게 하여 농사를 짓게 되자 농업 생산량은 더욱 늘어난다. 중세 유럽 문화가 12세기경에 절정을 맞이하게 되는 경제적 기반도 말이 제공한 셈이다.

한편 기사들은 무력과 경제력을 갖추는 것 말고도 신분에 걸맞게 행동하고 크리스트교 신앙을 수호하고 예절을 익혀야 했다. 이러한 기사 문화는 중세인의 독특한 심성을 구성한다. 기사도 정신chivalry이 말을 뜻하는 프랑스어 슈발cheval에서 유래한 점에서도 알 수 있듯, 유럽 중세의 특징을 보여주는 여러 장면에도 말이 있었다.

16세기경, 유럽 각국은 중앙집권을 추진하면서 군대의 주력을 중장기병에서 보병으로 바꾼다. 대포와 총 등 화약 무기를 전쟁에 쓰게 되면서 기마 충돌전에 숙련된 기사가 아닌 농민을 전투에 투입한다. 전사 계급을 두어 특권을 주기보다 평민을 보병으로 대량 징집하는 편이 효율적이었기 때문이다. 비용도 더 싸게 들었다. 왕실 입장에서는 사병을 거느리고 무장한 세력을 멀리 지방 영주로 두고 있는 것보다 관료 귀족으로 수도의 궁정에 끌어들여서 눈앞에서 감시하는 편이 안전했다.

이제 말 탄 기사들의 시대, 유럽 중세가 끝났다. 백년전쟁 중인 1346년 크레시전투에서 이미 변화는 보였다. 잉글랜드군의 장궁병들은 프랑스 기사 1,200명을 몰살했는데, 당시 프랑스 귀족의 3분의 1에 해당되었던 것이다.

기사의 시대는 끝났지만 말은 여전히 필요했다

대포의 등장으로 중세 기사들의 시대가 저물고 말의 군사적 이용가치가 떨어졌다지만 말은 여전히 인간의 전쟁에 동원되었다. 아니, 대포 때문에 말은 더 많이 전쟁에 나갔다. 대포를 끌어야 했기 때문이다.

19세기 초, 나폴레옹전쟁 당시 프랑스군은 여전히 말과 함께 전쟁을 했다. 동원된 말의 반은 대포를 끌고, 반은 전쟁 물자를 날랐다. 프랑스군은 국민 징집으로 구성된 대군이었기에 원정길에 오르면 수송할 보급품도 막대했다.

이 시기에는 기차가 있었는데 왜 말이? 아니다. 오히려 기차 때문에 말은 전쟁에 더 많이 이용되었다. 전 시대까지 전쟁의 운송수단으로 말을 사용하는 데는 치명적 문제가 있었다. 말이 먹을 건초와 사료를 공급해야 하는데, 전쟁 기간 내내 말먹이를 충분히 짊어지고 진군하기란 불가능했다. 건초나 사료 더미는 부피가 너무 컸기 때문이다. 그래서 말을 먹이기 위해 풀밭을 찾아 진군하다 보니 군대의 행군 속도는 느렸다.

산업혁명 이후에야 이 문제가 해결되었다. 철도를 이용해 병사를 이동시키는 것은 물론, 말이 먹을 건초와 사료를 신속히 대량으로 보낼 수 있었던 것이다. 덕분에 군대는 대규모 군마를 운용할 수 있었다. 철마가 전선에서 가장 가까이 놓인 철도 지점까지 대량으로 탄약·식량 등 보급품과 대포를 나르고, 진짜 말들이 그 짐을 전장까지 옮기는 시대가 열렸다.

이리하여 기사의 시대는 저물었건만, 말은 여전히 참전해야 했다. 기마용이 아니라 노역용 말로 대규모로 징집되었기에 부상당하고 비참하게 전사하는 말은 더욱 늘어난다. 이런 상황은 소설 『워 호스』에 잘 반영되어 있다. 처음에는 기병대 말이었던 조이는 서부전선에서 독일군의 기관총 공격을 받고 포로가 된다. 이어서 마차와 대포를 끌어야 했다.

1차대전에 징집된 말들

1914년, 보스니아의 사라예보에서 오스트리아헝가리제국의 황태자가 세르비아 청년에게 암살당한다. 오스트리아와 세르비아 간에 전쟁이 벌어진다. 두 나라와 동맹을 맺은 독일, 러시아, 프랑스, 영국, 이

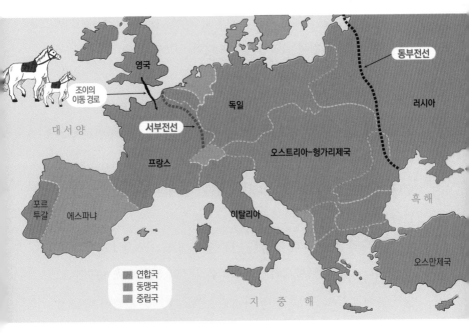

1차대전 서부전선의 교착 상태와 조이의 참전 경로

탈리아가 참전하여 전쟁은 유럽 전체로 확대된다.

　벨기에를 침공한 독일에 맞서 프랑스와 영국이 서부전선에서 치열한 교전을 벌인다. 곧 끝날 것 같았던 전쟁이 장기화하자 승패는 물자 보급에 좌우되었다. 이에 독일은 영국을 고립시키고자 해안을 봉쇄하고 무제한 잠수함 작전을 선언한다. 독일의 적국에 전쟁 물자를 수송한다고 의심되는 모든 선박을 국적이나 선박의 종류를 가리지 않고 격침하겠다는 선언이었다. 이는 미국이 참전한 계기가 되었다. 3월이 되자 러시아에 혁명이 일어난다. 새로운 러시아 정부는 전쟁에서

발을 뺀다. 안심한 독일은 서부전선에 군사력을 집중하지만 4월에 미국이 참전하면서 전세는 역전된다. 드디어 1918년 11월, 후에 '제1차 세계대전'이라 불리는 전쟁이 끝난다.

1차대전이 시작될 무렵만 하더라도 유럽 각국은 기병대를 중시했다. 영국은 크림전쟁 때 러시아의 포격에 기병대 대부분이 말과 함께 몰살당한 경험이 있지만 전통에 따라 여전히 기병대를 유지했다. 그러나 1차대전을 치르며 더 이상 기병대가 군대의 주요 전력이 될 수 없음을 깨달았다.

기병대의 정면 돌파 전술은 기관총과 대포, 가시철조망과 진흙탕이 되어버린 참호 앞에서는 무의미했다. 『워 호스』에서 영국군 기병과 조이가 독일군의 기관총 사격으로 포로가 되는 장면이 이를 잘 보여준다. 동부전선과 중동전선에서는 여전히 기병대가 유용하기는 했지만, 이제 징집된 말들은 기병을 태우고 공격에 앞장서기보다 운송용으로 쓰인다. 1차대전의 성격이 참호전이자 총력전이었기 때문이다.

걷거나 말을 타고 다니다가 적을 만나 전투를 하는 것이 아니라, 한곳에 머물러 참호와 방공호를 지은 후 숨어서 상대에게 총과 대포를 쏘는 전쟁이 참호전이다. 참호전에서 오래 버티고 승리하려면 후방에서 국민들이 탄약과 무기, 식량 등을 계속 보급해주어야 한다. 적의 물자가 다 떨어질 때까지 말이다. 그러니 참호전은 전후방 국민 모두의 총력전이 될 수밖에 없다.

1차대전 때 말이 1,600만 마리나 징집된 이유가 바로 여기에 있다.

국민들은 최선을 다해 군수물자를 생산하거나 수입해서 기차와 배에 실어 보냈다. 항구나 기차역에 내린 대포와 전쟁 물자는 징집된 말이 전선까지 운반해야 했다. 자동차나 트럭 같은 운송수단이 있기는 했지만 많이 모자랐고, 차량이 갈 수 없는 길이 대부분이었기 때문이다. 큰 말은 대포를 끌고 작은 말은 짐마차와 환자 수송차를 끌었다. 참호의 좁은 길 구석구석에까지 보급품을 날라주는 일은 말보다 체구가 작은 당나귀가 맡았다.

전선이 고착될수록, 전쟁의 규모가 커지고 길어질수록, 더 많은 물자와 더 많은 말이 필요했다. 영국과 프랑스는 오스트레일리아, 아르헨티나, 북아메리카 등 식민지와 연합국에서 말을 수입했다. 그래서 독일의 봉쇄 작전에는 연합국 측의 식량이나 전쟁 물자뿐만 아니라 말과 사료의 수입을 막으려는 목적도 있었다.

독일은 정복한 지역에서 말을 징집했으나 전쟁 후반에 가면 말이 부족해서 보급품과 대포를 옮기기가 힘들었다. 한편 말을 대규모로 징집하자, 농사에 쓸 말들이 부족해서 유럽의 농민들은 고된 노동에 시달려야 했다.

징집된 말들은 수명이 짧았다. 대부분은 인간 병사와 마찬가지로 부상과 탈진, 감염, 질병으로 죽었다. 약 25퍼센트는 전투 현장에서 죽었다. 양측은 상대의 전력을 약화하기 위해 일부러 말을 사살하기도 했다. 한편 전선으로 이동하는 과정에서도 많은 말이 죽었다. 수송선이 독일 해군의 공격을 받아 그대로 익사하기도 했다. 오염된 물과 부족한 사료도 문제였다. 독일 측은 사료가 부족해지자 사료에 톱밥을 섞어주기도 했다. 이 시기에 많은 말이 굶어 죽었다. 적군만이 아니라 아군에게 죽기도 했다. 식량으로 잡아먹혔다는 뜻이다.

살아남은 말들은 어떻게 되었을까

전쟁이 끝날 때까지 살아남은 말들은 어떻게 되었을까? 소설 속 조이와 달리, 대부분은 고국의 농장과 가족에게 돌아가지 못했다.

『워 호스』의 작가 마이클 모퍼고는 소설을 쓰기 위해 1차대전 참전 용사를 만나 인터뷰를 하고 당시 자료를 공부했다. 그의 조사에 따르면, 영국에서 유럽대륙의 서부전선으로 간 100만 마리 중 돌아온 말은 겨우 6만 2,000마리였다. 나머지는 전쟁에서 죽거나 서부전선 현지인 벨기에와 프랑스에서 팔렸다. 말을 데려오는 데는 돈이 들기 때문이었다.

팔린 말 중 젊은 말은 농장에서 일을 했고, 늙은 말은 도살되어 고기로 판매되었다. 말들이 고향으로 돌아가지 못한 이유에는 검역 문제도 있었다. '하자'가 있어서 검역을 통과하지 못할 것으로 의심되는 말들은 도살되어 고기로 팔렸다. 병든 말은 그저 쓰고 남은 전쟁 물자였기에 골칫거리로 취급했던 것이다. 물론 말은 자발적으로 참전하지 않았다. 그들에게는 선택권이 없었다.

한편, 말들은 돌아와도 사람처럼 참전 용사로 대우받지 못했다. 조이의 모델은 주인인 잭 실리 장군과 함께 전쟁터에 나간 군마 '워리어'였다. 실리 장군은 1934년에 『나의 말 워리어』라는 제목의 책도 썼다.

1차대전에서 살아 돌아온 워리어는 1941년에 자연사했는데, 사체는 고기로 쓰였다. 2차대전 중의 식량난 때문이었다.

직접 참전하지 않아도 말은 전쟁에 이용된다. 전쟁 기념화나 기념물에서 전쟁을 미화하는 데 쓰이는 것이다. 영웅의 전신 초상화는 대개 말을 타고 있는 모습이다. 다비드가 그린 〈알프스를 넘는 나폴레옹〉이 대표적이다. 실제로는 당나귀를 타고 알프스산맥을 넘었건만, 그림 속 나폴레옹은 유명한 군마 '마렝고'를 타고 있다. 말을 타는 행위는 사령관의 지도력을 상징하기 때문이다. 말을 길들여 타는 것 자체가 자연세계에 대한 인간의 지배 정당성을 보여준다.

그러나 비인간 동물을 자기 뜻대로 착취해도 된다고 생각하는 것은 위험하다. 동물을 쉽게 죽일 수 있으면 다른 민족이나 인종, 성별에 속한 사람도 마찬가지다. 자신이 속한 집단만 인간이고 나머지 집단은 비인간, 인간답지 않은 인간, 동물적 존재로 보기 때문이다. 그래서 동물 상징을 전쟁에 이용하는 방법이 생겨났다. 적에게 늑대, 쥐새끼, 바퀴벌레 등 동물 이미지를 씌워서 적을 인간 이하 존재로 여기게 만드는 것이다. 이는 양심의 가책 없이 같은 인간을 공격하고 죽이게 만들기 위해서다.

이처럼 비인간 동물을 이용하는 데 익숙해지면 다른 인간도 열등한 범주에 넣은 후 이용할 수 있다. 실제로 1차대전 당시에 유색인종을 말처럼 전쟁 소모품으로 대우한 사례가 있다. 독일에 비해 인구가 적은 프랑스와 영국은 식민지에서도 병사를 모았는데, 이들에게는 자국민 병사들과 달리 부실한 장비를 주었다. 그러고는 주로 위험한 임무에 투입해 총알받이로 '사용했다'.

전쟁을 비롯한 모든 사회구조적 폭력은 이렇게 자신이 아닌 누군가를 다른 존재로 규정하여 차별하는 데서 시작한다. 자, 이제 역사와 문학을 동원하여 타자에 대한 차별과 전쟁을 찬양하고 학살을 방조했던 현장을 살펴보자. 이 책의 마지막 이야기가 남았다.

1·2차대전에 이용된 동물들
· · ·

1차대전은 말 그대로 총력전이었다. 참전한 국가들은 인간뿐 아니라 비인간 동물인 말, 노새, 코끼리, 개, 비둘기, 낙타까지 동원했다. 그래서 1차대전은 지금까지의 모든 전쟁 중에서 동물을 가장 많이 동원한 전쟁으로 역사에 기록된다.

말과 노새와 낙타는 짐을 날랐다. 전쟁이 장기화되자 말이 부족해진 독일은 서커스단이나 동물원의 코끼리까지 징발해서 짐을 나르게 했다. 개들도 동화 속 파트라슈처럼 짐수레를 끌었다. 훈련된 군견은 보초, 정찰, 구조대, 전령 등 많은 일을 수행했다.

비둘기는 통신병, 즉 전서구였다. 전후방을 넘나들며 다리에 맨 쪽지로 급보를 전했다. 또한 드론 역할도 했다. 타이머가 달린 작은 카메라를 부착하고 날아서 항공사진을 찍었다.

2차대전이 시작될 즈음에는 동물들이 하던 역할이 대부분 기계로 대체된 덕분에 1차대전 때만큼 다양한 임무에 동원되지는 않았다. 그러나 말은 여전히 중요했다. 자동차보다 비용이 싸게 들었기 때문이다. 특히 독일은 석유가 부족해서 말을 이용해서 보급품과 대포를 운반했다. 영국이나 프랑스, 소련군 모두 비슷한 상황이었다. 전쟁이 끝날 무렵에야 미국에서 생산한 지프차가 말을 대체했다.

#1차대전 #서유럽사 #말의 눈으로 본 #인간의 전쟁

반지 원정대,
히틀러를 만나다

작자 미상 「니벨룽의 노래」, J. R. R. 톨킨 「반지의 제왕」

『반지의 제왕』은 「반지 원정대」, 「두 개의 탑」, 「왕의 귀환」 3부작으로 구성된 시리즈다. 사우론은 세계를 지배하기 위해 절대반지를 만들었다. 이 반지가 다시 그의 손에 들어가 세상이 멸망하는 것을 막기 위해 반지 원정대가 결성된다. 호빗족의 프로도는 반지 원정대에 참가하여 선과 악의 전쟁 등 여러 모험을 겪으며 성장한다.

작가 J. R. R. 톨킨은 영국의 유명한 언어학자이자 고대 켈트족과 게르만족 설화의 대가였다. 그는 북유럽 설화에서 절대반지의 모티프를 가져왔다. 구전되던 북유럽 설화를 옛 아이슬란드어로 기록한 책 『에다Edda』와 『뷜중 씨족의 전설Völsunga saga』에는 지구르트라는 영웅이 나온다. 이 인물은 12세기경에 정리된 서사시 『니벨룽의 노래Das

Nibelungenlied』에서는 지크프리트란 이름으로 등장한다. 그는 소유하면 죽게 되는 저주가 걸린 보물을 빼앗은 결과 파멸한다.

반지 원정대를 따라가면 누구를 만날까

독일의 작곡가인 바그너는 서사시 『니벨룽의 노래』를 바탕으로 4부작 오페라 대본인 《니벨룽의 반지》를 쓴다. 이전까지 막연하게 보물 정도로 칭하던 설화 속의 저주받은 '물건'은 이 작품에서 라인의 황금으로 만든 반지로 등장한다.

1954~1955년에 출간된 『반지의 제왕』에 묘사된 절대반지에는 모르도르 문자가 새겨져 있다. 언어학자인 작가 톨킨이 만들어낸 가상 세계의 문자다. 옛날 게르만족이 착용하던 반지에는 아마도 룬 문자가 새겨져 있었을 것이다. 룬 문자는 고대에서 중세를 거쳐 북유럽 게르만족이 라틴 문자를 사용하기 전에 쓰던 문자를 말한다. 지금도 『해리 포터』 시리즈 등 판타지 소설이나 영화에서 마법사의 문자로 자주 등장한다.

실제로 1차대전 중에 독일군 병사들은 룬 문자를 새겨 넣은 반지를 부적으로 사용하기도 했다. 이렇듯 힘을 지닌 반지에 대한 숭배는 북유럽 게르만 문화권 사람들 사이에서 보편적인 현상이었다. 『반지의 제왕』이 판타지의 고전으로 자리 잡은 이유에는 작품 자체의 탁월함 말고도 서구 독자들의 이러한 문화적 배경도 있을 것이다.

재미있고도 무서운 사실이 있다. 이렇게 절대반지를 찾는 반지 원정대원이 되어 역사를 따라가다 보면 최종적으로 만나는 사람이 있다. 바로 사우론, 아니, 히틀러다. 톨킨이 2차대전 중인 1937~1949년에 『반지의 제왕』 시리즈를 집필하였다는 사실을 생각하면 '사우론'으로 상징한 절대 악의 존재는 히틀러였을 것이다. 만났다. 반지 원정대를 따라가면 만나게 되는, 그때 그 사람.

역사, 문학이 되다

뛰어난 대중 선동가인 히틀러는 '게르만족의 우월성'을 주장했다. 1차대전 패전 이후 쌓인 독일인들의 불만을 독일민족의 적들에게 터뜨리도록 유도했다. 유대인, 게르만족과 국경을 맞대고 있는 동유럽 슬라브족, 집시에게. 그리고 히틀러는 사회주의자, 동성애자, 정신질환자도 인종의 개념을 떠나 게르만족의 순수성을 오염시키는 존재이니 제거해야 한다고 몰아갔다. 히틀러가 그렇게도 순수성과 우월성을 주장했던 게르만족이란 어떤 민족이었을까?

역사가들은 게르만민족이 기원전 2000년경에 형성되었다고 본다. 인도유럽어족에 속하는 유럽인의 공통 조상(히틀러는 '아리안족'이란 용어를 사용하기도 했다)에서 갈려 나온 게르만족은 이동하여 고대 유럽의 원주민이었던 켈트족을 몰아내고 로마제국과 충돌하기 시작한다.

카이사르는 이들을 켈트족의 친척뻘 되는 민족으로 보고, 형제라는 뜻의 라틴어 '게르마누스Germanus'의 복수형인 '게르마니Germani'라고 불렀다. 이후 켈트족과 게르만족이 사는 지역은 라인강을 경계로 각각 '갈리아'와 '게르마니아'라는 지명으로 카이사르의 『갈리아 전기』와 타키투스의 『게르마니아』 등 로마 역사서에 기록된다.

로마제국의 라인강 방어선 바깥쪽에서 농경과 목축, 수렵을 하던 게르만족은 4세기경에 대거 이동을 시작해 방어선 안쪽으로 들어온다. 훈족의 압박과 인구 증가 때문이었다. '게르만족의 이동'으로 불리는 이 사건의 여파로 고대 로마제국은 멸망한다.

게르만족은 로마제국 국경 안쪽에 각각 나라를 세운다. 그러나 모두 순조롭게 현지 원주민과 로마제국의 군대를 물리치고 새로운 정착지를 얻은 것은 아니었다. 일부 부족은 이동 과정이나 훈족과의 전쟁에서 몰살당하기도 했다. 이러한 게르만민족 대이동기의 비극적 역사가 반영된 작품이 바로 독일민족의 대서사시 『니벨룽의 노래』다.

지금까지 전해지는 『니벨룽의 노래』의 판본은 30가지가 넘는다. 사실 이 노래는 제목도 모른다. 중세에는 영웅 서사시에 제목을 붙이지 않는 것이 관례였기 때문이다. 중요한 판본의 마지막 쪽에 "이것은 니벨룽의 노래다"라는 시구가 있어서 편의상 이를 제목으로 부를 뿐이다.

『니벨룽의 노래』 1부 「지크프리트의 죽음」은 라인강을, 2부 「크림힐트의 복수」는 도나우강을 배경으로 전개된다.

네덜란드 왕자 지크프리트는 니벨룽족의 보물을 얻을 때 용의 피에 젖어 불사의 몸이 되었다. 그는 보름스성에 찾아가 부르군트족의 공주 크림힐트에게 청혼한다.

니벨룽겐의 노래 배경

공주의 오빠인 왕 군터는 이젠란트의 여왕 브륀힐트에게 구혼할 때 도와달라는 조건을 건다. 여장부 브륀힐트는 무술 시합을 해서 자기를 이기는 남자와 결혼하겠다고 했기 때문이다.

지크프리트는 니벨룽의 보물 중 하나인 (후일 『해리 포터』에도 등장하는) 투명 외투를 이용하여 몸을 숨기고 군터를 도와준다. 이렇게 해서 지크프리트는 크림힐트와, 군터는 브륀힐트와 각각 결혼한다.

그런데 10년 후, 크림힐트는 브륀힐트와 말다툼하다가 무술 시합의 비밀을 폭로해버린다. 이에 치욕을 느낀 브륀힐트는 복수를 꾀한다. 남편의 부하인 하겐을 사주하여 지크프리트를 죽이고, 군터는 니벨룽의 보물을 차지한다. 크림힐트는 복수를 위해 훈족의 왕인 에첼과 재혼한다.

다시 13년 후, 크림힐트는 친정 식구들을 훈족의 궁전에 초대한다. 부르군트족 일원은 죽음을 예감하면서도 초대에 응해 장렬히 싸운다. 크림힐트는 복수에 성공하지만 자신 역시 힐데브란트의 칼에 죽는다.

부르군트족은 고대 게르만족의 한 갈래다. 이동하여 라인강 중류 지역에 왕국을 세웠으나, 437년에 훈족에게 포위되어 2만여 명이 학살당한다. 이 역사적 사실에 이후 훈족의 왕 아틸라의 죽음을 극적으로 각색한 내용이 더해진다. 아틸라가 게르만족과 동맹을 맺고 게르만족 여성 일디코를 신부로 맞이했으나 첫날밤에 사망한 일이 있었는데, 이에 게르만족 여성의 적극적인 활약을 상상해 더한 것이다.

거기에 북유럽 설화에 나오는 최고신인 오딘의 자손인 지구르트 전설 등 게르만족의 온갖 영웅 전설을 집대성하여 『니벨룽의 노래』가 형성된다. 유랑 가객들에 의해 노래로 전해지던 서사시는 1200년경 독일어로 기록된다. 민족 대이동기의 역사가 그대로 문학이 된 셈이다.

독일이 통일되기까지

민족 이동기에 세운 게르만족의 왕국들은 대개 오래가지 못했다. 라인강 하류에 프랑크족이 세운 왕국을 제외하고. 프랑크왕국은 카롤루스대제 때 전성기를 맞는다. 이때 고대 로마와 게르만, 크리스트교의 조합이라는 유럽문명의 기본 틀이 완성된다. 프랑크왕국은 843년

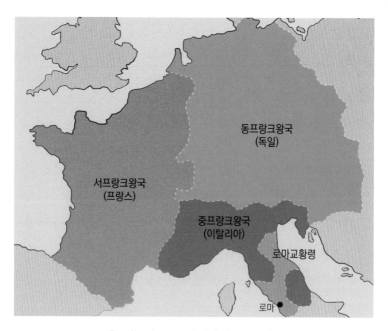

베르됭조약으로 3분열된 카롤루스제국

대제의 손자 대에 체결된 베르됭조약에 따라 동프랑크, 서프랑크, 중프랑크로 분열된다. 각각 지금의 독일, 프랑스, 이탈리아의 기원이 되었는데 이 중 동프랑크는 10세기에 강력한 왕국을 이룬다.

교황이 동프랑크 왕 오토 1세를 황제로 선포함에 따라 962년에 독일민족의 신성로마제국이란 새로운 로마제국의 토대가 만들어졌다. 신성로마제국은 오늘날 독일, 오스트리아, 스위스, 이탈리아 북부를 차지하고 크리스트교 제국의 수호자로서 중세 유럽에 큰 영향력을 행사했다.

그러나 제국은 정치적으로 불안했다. 황제는 제국 영방 내의 다른 게르만 군주, 교황, 이탈리아 북부 도시국가들과 늘 분쟁 상태에 있었다. 선출직이던 황제 자리를 합스부르크왕가에서 세습하면서 제국의 황제는 오스트리아가 주도하는 군주 연합체 조직의 실속 없는 우두머리가 된다.

15세기 즈음부터는 프랑스와 영국이 새로운 강국으로 성장하여 유럽대륙 세력의 균형을 위해 신성로마제국 내부 문제에 개입했다. 제국의 영토인 지금의 독일과 이탈리아 지역은 외세의 대리 전쟁터가 되었다. 두 나라의 통일이 늦어진 이유다. 루터의 종교개혁을 계기로 교황을 비롯한 외세와 봉건영주에 대한 제국민의 불만도 함께 폭발했고, 제국의 영역인 독일어권 지역은 농민전쟁과 30년전쟁 등 잦은 전쟁을 겪으면서 황폐화했다.

허울만 남은 늙은 제국은 프랑스혁명과 나폴레옹전쟁을 치르며 1806년에 해체되었다. 나폴레옹은 자신에게 복종하는 독일 남서부 16개국의 동맹을 조직했다. 오스트리아와 더불어 독일어권 지역 통일을 이룰 주역으로 기대되던 프로이센은 이때 영토의 반을 잃게 된다.

그러나 나폴레옹 몰락 후 39개 주권국가로 구성된 독일연방이 새로 결성되었다. 나폴레옹의 침략을 계기로 민족주의에 눈뜬 독일인들은 통일의 필요성을 절감한 것이다.

다시 힘을 기른 프로이센은 독일연방을 토대로 독일어권의 통일을 시도했다. 드디어 오스트리아, 프랑스와 전쟁을 해서 이긴 1871년, 점령한 파리의 베르사유 궁전에서 독일제국의 성립을 선포한다.

문학, 다시 역사가 되다

다른 유럽 국가에 비해 독일은 통일된 민족국가 수립이 늦은 편이었다. 오랜 기간 느슨한 연방으로 분열되어 있었기에 각각 다른 역사를 갖고 발전해온 독일을 하나로 묶는 공통 요소라고는 독일어밖에 없었다. 통일을 준비하면서 독일의 지식인들은 독일어를 사용하는 문화유산에 긍지를 갖고 재조명하기 시작했다. 『성경』속 이야기들에 비해 열등하게 여겼던 독일 구전설화에 반영된 민족적 특성에 주목했다. 그림 형제가 민담을 수집한 것이 대표적 예다.

또 학자들은 민족의 단결을 이룰 민족 서사시로 12세기에 독일어로 기록된 『니벨룽의 노래』를 발굴한다. 중세에 유행했던 무훈담인 『아서왕 설화』나 『롤랑의 노래』와 달리 프랑스를 거치지 않은 순수한 게르만 기원의 민족서사시였기 때문이었다.

한편 독일 민족주의가 고취되면서 게르만족의 타자인 셈족, 특히 유대인에 대한 증오심이 자라나고 있었다. 이는 후에 히틀러의 유대인 학살로 이어진다.

나라가 위기에 처하면 과거의 영웅이 부활하는 법. 나폴레옹이 전쟁을 일으킨 후 독일의 지배자들은 『니벨룽의 노래』에 등장하는 게르만 전사들을 영웅으로 만든다. 서사시 속 장렬히 전사한 영웅들이 그들의 조상인 게르만민족의 위대한 점을 드러낸다고 선전한다. 적을 무찌르는 영웅 지크프리트는 게르만 전사의 용맹함을, 남편을 한결같이 사랑하는 크림힐트는 게르만민족의 성실함을 의미했다. 영웅은 성공적으로 부활했다. 당시 독일 의용군들 사이에 『니벨룽의 노래』를 군장 안에 넣고 다니며 읽는 것이 유행할 정도로.

1842년, 바이에른왕국은 게르만 위인들의 흉상을 전시한 거대한 신전을 지어 '발할라 신전'이라 부른다. '발할라'는 구전되던 북유럽 서사시를 기록한 『에다』에 나오는 오딘 신의 연회장 이름이다. 뜻은 '싸우다 죽은 자들의 홀'. 그 내용은 이렇다.

게르만 전사들은 평소 멧돼지 고기를 먹고 꿀술을 마시며 최후의 전투인 라그나뢰크에 대비하여 훈련한다. 전쟁터에서 싸우다 죽으면 여신 발키리가 발할라 궁전으로 전사들을 데려간다. 이 홀에서 오딘 신에게서 보석과 무기를 상으로 받는다.

독일 청년들은 이들 전설 속 영웅들을 숭배하며 전쟁터로 향했다. 덕분에 독일은 프로이센-프랑스전쟁에서 이겨 통일 독일제국을 이룬다. 그러나 통일 이후에도 독일의 지배자들은 청년들을 계속 발할라의 문으로 몰아갔다. 1·2차대전을 치르면서 전황이 불리해질 때마다 『니벨룽의 노래』에 등장하는 충신 하겐과 부르군트의 용사들을 찬양했다.

1차대전에서 패배한 독일은 '베르사유조약'으로 막대한 배상금을 지불해야 했다. 그러자 인플레이션 등 경제위기가 닥쳤다. 여기에 공산주의에 대한 두려움이 겹치자 국가사회주의를 주장하는 히틀러의 나치당이 등장했다. 나치당은 1933년에 집권하여 재무장을 시작했다.

1939년 9월, 독일의 폴란드 침공에 맞서 영국과 프랑스가 전쟁을 선포하면서 2차대전이 시작되었다. 나치당은 자신들의 독일을 '3제국 Third Reich'이라 칭했다. '1제국' 신성로마제국과 1871~1918년의 '2제국' 독일제국을 계승했다는 의미다. 지금은 그저 나치의 지배를 가리키는 역사 용어로 사용되고 있지만, 당시 그들에게 3제국이란 영웅주의와 크리스트교적 유토피아 사상을 결합한 영원하고 이상적인 국가를 의미했다. 이때 선전에 이용된 게르만 영웅주의의 근원은 『니벨룽의 노래』였다. 이리하여 발할라의 문은 히틀러 치하에서 가장 활짝 열렸다.

1943년 1월, 러시아의 스탈린그라드전투에서 독일은 약 20만 명이 사망하는 참패를 당했다. 독일군 사령관 괴링은 전사한 병사들을 『니벨룽의 노래』에 등장하는 영웅으로 칭찬했다. 하지만 발할라로 떠난 전사자들은 영웅이나 귀족이 아니라 대개 가난한 계급 출신인 어린 병사들이었다. 나치 독일의 기갑부대 지휘관이었던 요아힘 파이퍼는 후에 전범재판에서 증언한다. "부하들 대부분이 매우 어리고 광적인 병사들이었다는 것을 노르망디전투가 끝난 후에야 깨달았다."

그렇다. 왕, 총통, 지휘관은 먼저 발할라에 가지 않았다. 『니벨룽의 노래』에 감동받아 이용당하는 사람들은 늘 가난하고 어린 병사들이었다. 세뇌당한 그들은 『니벨룽의 노래』 마지막 부분에서 용사들이 다 죽고 훈족의 궁전이 불에 타서 무너지는 장면을 떠올리며 자신의 죽음과 조국 독일의 멸망, 폐허가 된 유럽을 함께 묶어서 생각했다. 『니벨룽의 노래』에 나타난 비장미, 게르만 정신, 영웅주의는 노래의 결말처럼 개인과 세계를, 독일과 유럽을 몰락으로 몰아갔다.

이리하여 문학은 다시 역사가 되었다.

문학, 악용당하다

3제국 시절 독일의 역사를 살펴보면 안타까운 점이 너무 많다. 물론 2차대전과 유대인과 집시, 군인과 민간인 등 인명 살상에 대한 안타까움이 가장 크다. 그에 더해 나는 독일의 우수한 문화유산 중 많은 부분을 히틀러와 나치가 왜곡하여 이용했던 점도 안타깝다. 중세 독일 서사시 『니벨룽의 노래』와 바그너 악극 《니벨룽의 반지》를 비롯한 이들 문화유산은 독일민족뿐만 아니라 전 인류 공동의 유산이기 때문이다.

그래서인지 과거 역사를 반성하고 경계하는 독일 현지보다 독일 외 지역에서 독일민족의 유산을 세계 인류의 유산으로 계승하거나 재해석하는 예가 많이 보인다. 《니벨룽의 반지》에 드러나는 바그너 악극의 장엄한 무대 연출은 미국 뉴욕 메트로폴리탄 오페라단에서, 『니벨룽의 노래』와 게르만신화의 모티프들은 톨킨의 『반지의 제왕』이나 조앤 롤링의 『해리 포터』 등 영국 판타지 문학이 그 전통을 계승하고 있는 셈이다. 미국과 영국, 이 두 나라만이 2차대전 당시 독일군의 실제 영토 지배를 경험하지 않은 연합국 측의 서구 국가였기에 너그러운 마음으로 문화로만 대할 수 있어서일까.

반면 지금까지도 독일 현지에서는 아무리 친한 사이라도 외국인이 독일인에게 히틀러를 언급하는 것은 금기라고 한다. 공개 석상에서 대놓고 바그너의 음악을 좋아한다고 말하는 독일인도 거의 없다고 한다. 과거 독일 역사의 어두운 면을 의식하기 때문이다.

이렇게 역사와 문학이 서로 넘나들며 영향을 주고 현실마저 바꾸는 예들을 접하다 보면, 역사와 문학을 대하는 자세, 발전적으로 누리고 계승하는 자세에 대해 많은 생각을 하게 된다.

과연 우리는 어떻게 읽고 생각하고 행동해야 할까? 자신이 속한 집단의 이익을 위해 이야기를 왜곡해서 이용하는 자들에게 어떤 새로운 이야기로 저항할 수 있을까?

2차대전 때 이용당한 그림 동화
· · ·

히틀러 시대에는 『니벨룽의 노래』뿐만 아니라 그림 형제의 동화도 이용당했다. 당시 독일의 교육자와 문학비평가, 나치당의 공직자들은 나치의 이데올로기에 따라 그림 동화를 재해석했다.

선전전에 능한 나치는 민담과 동화가 아이들뿐 아니라 어른들에게도 영향을 미친다는 사실에 주목했다. 「빨간 모자」를 예로 들면, 순진해서 피해를 당하는 빨간 모자 소녀를 순수한 독일인의 상징으로 삼아 사악한 유대인 늑대로부터 보호해야 한다고 주장한 것을 볼 수 있다.

그림 동화는 2차대전이 끝날 때까지 독일에서 인기가 많았다. 전쟁이라는 끔찍한 현실에서 동화가 피난처 역할을 했기 때문이다. 바로 그림 형제가 민담을 기록하던 당시의 시대가 요구했던 역할이기도 했다. 즉, 동화는 나치 시대에 와서도 여전히 이야기를 통해 단일한 독일민족 공동체를 재창조하고 있다는 환상을 만들어낸 것이다.

2차대전이 끝난 후 독일을 점령한 연합군은 그림 동화가 독일에서 출판되는 것을 금지했다. 인간의 잔인성을 미화하고 독일 3제국의 이데올로기를 옹호한다는 이유에서였다. 그러나 그림 동화를 이데올로기적으로 해석한 것은 독일만이 아니었다.

디즈니는 1936년에 「아기 돼지 삼형제」를 애니메이션으로 만든다. 미국인들은 늑대는 대공황으로, 아기 돼지들은 늑대와 맞서 싸우다가 승리하는 보통 사람으로 해석했고, 원작에는 없지만 새롭게 등장하는 캐릭터인 장사꾼은 히틀러의 파시즘을 상징한다고 생각했다.

#독일사 #19세기에서 20세기 전반

참고도서

출처를 밝히지 않은 인용문은 제가 어릴 적에 읽었던 계몽사 세계문학전집과, 제 조카들이 읽은 기탄교육 전집에서 인용했습니다. 그 외의 경우에는 인용할 때 출처를 밝혔습니다.

● 1장
1. 제우스는 왜 바람둥이일까
토머스 R. 마틴, 이종인 역, 『고대 그리스사』, 책과함께, 2015.
H. D. F. 키토, 박재욱 역, 『고대 그리스, 그리스인들』, 갈라파고스, 2008.
마조리 간·재닛 월렛, 전광철 역, 『끝나지 않은 노예의 역사』, 스마트주니어, 2012.
게롤트 돔머무트 구드리히, 안성찬 역, 『신화』, 해냄, 2001.
장영란, 『위대한 어머니 여신』, 살림, 2003.
김상엽·신선희, 『이야기 그리스 로마사』, 청아, 2006.
장영란, 『장영란의 그리스신화』, 살림, 2005.
에릭 H. 클라인, 손영미 역, 『트로이전쟁』, 연암서가, 2016.

2. 성벽 너머에 위험한 세상이 있다고?
정태남, 『건축으로 만나는 1000년 로마』, 21세기북스, 2013.
토머스 마틴, 『고대 로마사』, 책과함께, 2015.
정기문, 『로마는 어떻게 강대국이 되었는가』, 민음인, 2010.
최정동, 『로마제국을 가다』, 한길사, 2007.
리처드 루드글리, 우혜령 역, 『바바리안: 야만인 혹은 정복자』, 뜨인돌, 2004.
닐 게이먼, 나중길 역, 『스타더스트』, 노블마인, 2007.
프리츠 하이켈하임, 김덕수 역, 『하이켈하임 로마사』, 현대지성, 2017.
김상엽·신선희, 『이야기 그리스 로마사』, 청아, 2006.

3. 옛날 서양 사람들은 무엇을 먹고살았을까
노명환·박지배·김정하·이혜민·박재영·김진호·김형인·고가영·이은해·김지영, 『서양 사람들은 어떻게 살았을까』, 푸른역사, 2012.
자크 르 고프, 유희수 역, 『서양중세문명』, 문학과지성사, 2008.

브라이언 타이어니·시드니 페인터, 이연규 역, 『서양 중세사』, 집문당, 2019.
이시 히로유키, 안은별 역, 『세계 문학 속 지구 환경 이야기』 2권, 사이언스북스, 2013.
맛시모 몬타나리, 주경철 역, 『유럽의 음식 문화』, 새물결, 2001.
아베 긴야, 오정환 역, 『중세를 여행하는 사람들』, 한길사, 2007.
자크 르 고프, 최애리 역, 『중세에 살기』, 동문선, 2000.
가와하라 아쓰시·호리코시 고이치, 남지연 역, 『중세 유럽의 생활』, 에이케이커뮤니케
    이션즈, 2017.

4. 사자는 어떻게 백수의 제왕이 되었을까

미셸 파스투로, 주나미 역, 『서양 중세 상징사』, 오롯, 2021.
베른트 브루너, 김보경 역, 『곰과 인간의 역사』, 생각의나무, 2010.
미셸 파스투로, 주나미 역, 『곰, 몰락한 왕의 역사』, 오롯, 2014.
피터 브라운, 이종경 역, 『기독교 세계의 등장』, 새물결, 2004.
이케가미 순이치, 남지연 역, 『기사의 세계』, 에이케이커뮤니케이션즈, 2018.
C. S. 루이스, 햇살과나무꾼 역, 『사자와 마녀와 옷장』, 시공주니어, 2001.
하마모토 다카시, 박재현 역, 『문장으로 보는 유럽사』, 달과소, 2004.
W. B. 바틀릿, 서미석 역, 『십자군 전쟁: 그것은 신의 뜻이었다』, 한길사, 2004.

5. 옛날이야기의 주인공은 왜 셋째 아들일까

로버트 단턴, 조한욱 역, 『고양이 대학살』, 문학과지성사, 1996.
황대현, 『중세 근대 초 서양 기독교 세계는 왜 분열되었을까』, 민음인, 2011.
브루노 베텔하임, 김옥순 외 역, 『옛이야기의 매력』 1권, 시공주니어, 1998.
주강현, 『우리 문화의 수수께끼』 1권, 한겨레출판, 2004.
조르주 뒤비, 정숙현 역, 『위대한 기사 윌리엄 마셜』, 한길사, 2005.
김경묵, 『이야기 러시아사』, 청아출판사, 2006.

●2장
1. 고양이는 왜 장화를 신었을까

노르베르트 엘리아스, 박여성 역, 『궁정사회』, 한길사, 2003.
잭 자이프스, 김정아 역, 『동화의 정체』, 문학동네, 2008.
노르베르트 엘리아스, 박미애 역, 『문명화 과정』 1~2권, 1996, 1999.
마르크 블로크, 한정숙 역, 『봉건사회』 1~2권, 한길사, 2001.
나종일 편역, 『봉건제』, 까치, 1988.
로베르 들로르, 김동섭 역, 『서양 중세의 삶과 생활』, 새미, 1999.
임승휘, 『절대왕정의 탄생』, 살림, 2004.

콜린 존스, 방문숙 외 역, 『사진과 그림으로 보는 케임브리지 프랑스사』, 시공사, 2001.
로저 프라이스, 김경근 외 역, 『혁명과 반동의 프랑스사』, 개마고원, 2001.
자크 르 고프, 유희수 역, 『서양중세문명』, 문학과지성사, 2008.

2. 크리스마스 선물은 왜 산타클로스가 줄까

프리실라 갤러웨이, 정범진·정수연 역, 『기사가 될래 연금술사가 될래』, 시공주니어, 2012.
에디트 엔넨, 안상준 역, 『도시로 본 중세 유럽』, 한울, 2014.
김정철, 『동화가 말하지 않는 진실』, 역락, 2014.
장 베르동, 최애리 역, 『중세는 살아 있다』, 길, 2008.
호르스트 푸어만, 안인희 역, 『중세로의 초대』, 이마고, 2003.
앙리 피렌느, 강일휴 역, 『중세 유럽의 도시』, 신서원, 1997.
이케가미 순이치, 남지연 역, 『기사의 세계』, 에이케이커뮤니케이션즈, 2018.
로베르 들로르, 김동섭 역, 『서양 중세의 삶과 생활』, 새미, 1999.

3. 빵 굽던 할머니는 진짜 마녀였을까

이케가미 순이치, 김성기 역, 『마녀와 성녀』, 창해, 2005.
하인리히 E. 야콥, 곽명단·임지원 역, 『빵의 역사』, 우물이있는집, 2005.
정현백·김정안, 『처음 읽는 여성의 역사』, 동녘, 2011.
레이철 로턴, 조윤정 역, 『탐식의 시대』, 다른세상, 2015.
아베 긴야, 오정환 역, 『중세를 여행하는 사람들』, 한길사, 2007.
잭 자이프스, 김정아 역, 『동화의 정체』, 문학동네, 2008.

4. 그들은 왜 브레멘으로 가려 했을까

크누트 슐츠, 박홍식 역, 『중세 유럽의 코뮌 운동과 시민의 형성』, 길, 2013.
양태자, 『중세의 뒷골목 풍경』, 이랑, 2011.
프리드리히 헤르, 김기찬 역, 『중세의 세계』, 현대지성사, 1997.
아베 긴야, 양억관 역, 『하멜른의 피리 부는 사나이』, 한길사, 2008.
필립 지글러, 한은경 역, 『흑사병』, 한길사, 2003.
자크 르 고프, 유희수 역, 『서양중세문명』, 문학과지성사, 2008.
가와하라 아쓰시·호리코시 고이치, 남지연 역, 『중세 유럽의 생활』, 에이케이커뮤니케이션즈, 2017.
황대현, 『중세 근대 초 서양 기독교 세계는 왜 분열되었을까』, 민음인, 2011.

5. 고양이는 왕에게 왜 새를 바쳤을까

노명환·박지배·김정하·이혜민·박재영·김진호·김형인·고가영·이은해·김지영, 『서양 사람들은 어떻게 살았을까』, 푸른역사, 2012.

자크 르 고프, 유희수 역, 『서양중세문명』, 문학과지성사, 2008.

맛시모 몬타나리, 주경철 역, 『유럽의 음식 문화』, 새물결, 2001.

자크 르 고프, 최애리 역, 『중세에 살기』, 동문선, 2000.

가와하라 아쓰시·호리코시 고이치, 남지연 역, 『중세 유럽의 생활』, 에이케이커뮤니케 이션즈, 2017.

6. 신데렐라는 왜 밤 12시 전에 돌아와야 할까

변광수, 『북유럽사』, 대한교과서, 2006.

프랑수아 르브룅·모리스 에마르·니콜 카스탕·이브 카스탕·알랭 콜롱·다니엘 파브르· 아를레트 파르주·장루이 플랑드랭·마들렌 푸아질·자크 젤리·장 마리 굴모·오리스 트 레이넘·자크 르벨, 필립 아리에스 외 엮음, 이영림 역, 『사생활의 역사』 3권, 새물 결, 2002.

카를로 치폴라, 최파일 역, 『시계와 문명』, 미지북스, 2013.

엘리노어 허먼, 박아람 역, 『왕의 정부』, 생각의나무, 2004.

카리 우트리오, 안미현 역, 『이브의 역사』, 자작나무, 2000.

로베르 들로르, 김동섭 역, 『서양 중세의 삶과 생활』, 새미, 1999.

장 베르동, 최애리 역, 『중세는 살아 있다』, 길, 2008.

호르스트 푸어만, 안인희 역, 『중세로의 초대』, 이마고, 2003.

●3장
1. 베네치아 해군 제독이 왜 흑인이었을까

쓰지하라 야스오, 이윤혜 역, 『문화와 역사가 담긴 옷이야기』, 혜문서관, 2018.

박홍규, 『셰익스피어는 제국주의자다』, 청어람미디어, 2005.

최영주, 『셰익스피어라는 극장 그리고 문화』, 글누림, 2006.

타임라이프 북스, 권경희 역, 『엘리자베스 여왕의 왕국』, 가람기획, 2004.

고전 르네상스 영문학회, 『영문학으로 문화 읽기』, 신아사, 2005.

미야시타 시로, 송태욱 역, 『유럽 근대 문학의 태동』, 웅진지식하우스, 2009.

케네스 뮤어 외, 『4대 비극의 탄생과 숨겨진 의미』, 펭귄클래식코리아, 2014.

2. 제방 관리로 성공한 나라, 네덜란드

주경철, 『네덜란드: 튤립의 땅 모든 자유가 당당한 나라』, 산처럼, 2003.

권홍우, 『부의 역사』, 인물과사상사, 2008.

제인 버뱅크·프레데릭 쿠퍼, 이재만 역, 『세계제국사』, 책과함께, 2016.

주경철, 『주경철의 유럽인 이야기』 2권, 휴머니스트, 2017.

마이클 하워드, 안두환 역, 『유럽사 속의 전쟁』, 글항아리, 2015.

미야자키 마사카쓰, 노은주 역, 『지도로 보는 세계사』, 이다미디어, 2005.

3. 다시 돌아온 크리스마스

마이클 폴리, 이창훈 역, 『가톨릭 신자는 왜 금요일에 물고기를 먹는가』, 보누스, 2012.

마르크 블로크, 박용진 역, 『기적을 행하는 왕』, 한길사, 2015.

나카자와 신이치, 김옥희 역, 『신화 인류 최고의 철학』, 동아시아, 2003.

케네스 O. 모건 편, 영국사연구회 역, 『옥스퍼드 영국사』, 한울아카데미, 2019.

리차드 A. 호슬리, 손성현 역, 『크리스마스의 해방』, 다산글방, 2000.

제임스 프레이저, 『황금가지 1, 2』, 을유문화사, 2005.

타임라이프 북스, 권경희 역, 『엘리자베스 여왕의 왕국』, 가람기획, 2004.

4. 해적 깃발 아래, 그들은 같았다

브렌다 랄프 루이스, 김지선 역, 『그림과 사진으로 보는 해적의 역사』, 북앤월드, 2011.

데이비드 코딩리, 김혜영 역, 『낭만적인 무법자 해적』, 루비박스, 2007.

주경철, 『대항해 시대』, 서울대학교출판부, 2008.

정흥숙, 『서양복식문화사』, 교문사, 2014.

케네스 포메란츠·스티븐 토픽, 박광식·김정아 역, 『설탕, 커피 그리고 폭력』, 심산, 2003.

멀리사 리벤틴·데일 캐롤라인 글럭맨·로셸 케슬러·미셸 웹 팬드리히·바비 섬버그·홀
    리스 구달·쥐안쥐안 우, 이유정 역, 『세계 복식의 역사』, 다빈치, 2016.

마커스 레디커, 박연 역, 『악마와 검푸른 바다 사이에서』, 까치, 2001.

세스 레러, 강경이 역, 『어린이 문학의 역사』, 이론과실천, 2011.

나종일·송규범, 『영국의 역사(하)』, 한울아카데미, 2009.

모모이 지로, 감효진 역, 『해적의 세계사』, 에이케이커뮤니케이션즈, 2018.

앵거스 컨스텀, 이종인 역, 『해적의 역사』, 가람기획, 2002.

5. 버사는 건너지 못한 바다

로런트 듀보이스, 박윤덕 역, 『아이티 혁명사』, 삼천리, 2014.

다케다 나오코, 이지은 역, 『그림과 사진으로 풀어보는 초콜릿 세계사』, 에이케이커뮤니
    케이션즈, 2017.

한애경, 『19세기 영국 여성작가 읽기』, LIE, 2008.

장정희, 『19세기 영어권 여성문학론』, LIE, 2008.

민디 와이스버거, "멀쩡한 부인을 정신병원에 보낼 계획을 세운 찰스 디킨스", 《라이브

사이언스〉, https://www.livescience.com/64860-letters-dickens-wife-asylum.html
잭 말번, "부인을 상대로 한 디킨스의 비열한 계획", 《타임스》, https://www.thetimes.co.uk/article/dickenss-dastardly-plan-for-his-wife-r9tzllz9j
제인 버뱅크·프레데릭 쿠퍼, 이재만 역, 『세계제국사』, 책과함께, 2016.
케네스 O. 모건 편, 영국사연구회 역, 『옥스퍼드 영국사』, 한울아카데미, 2019.
나종일·송규범, 『영국의 역사(하)』, 한울아카데미, 2009.

6. 어떤 마녀는 왜 벌받지 않을까 (1)
브루노 베텔하임, 김옥순 외 역, 『옛이야기의 매력』 2권, 시공주니어, 1998.
최연숙, 『민담 상징 무의식』, 영남대학교출판부, 2006.
주경철, 『문학으로 역사 읽기 역사로 문학 읽기』, 사계절, 2009.
잭 자이프스, 김정아 역, 『동화의 정체』, 문학동네, 2008.
나카자와 신이치, 김옥희 역, 『신화 인류 최고의 철학』, 동아시아, 2003.

●4장
1. 「백설공주」의 난쟁이는 누구였을까
찰스 스콰이어, 나영균·전수용 역, 『켈트 신화와 전설』, 황소자리, 2021.
로버트 B. 마르크스, 윤영호 역, 『어떻게 세계는 서양이 주도하게 되었는가』, 사이, 2014.
김장수, 『주제별로 접근한 독일근대사』, 푸른사상, 2010.
프리드리히 엥겔스, 이재만 역, 『영국 노동계급의 상황』, 라티오, 2014.
김종현, 『영국 산업혁명의 재조명』, 서울대학교출판부, 2006.
마틴 키친, 유정희 역, 『케임브리지 독일사』, 시공사, 2001.
우메다 오사무, 위정훈 역, 『뿌리깊은 인명이야기』, 파피에, 2006.
박병률, 『경제학자의 문학 살롱』, 한빛비즈, 2014.
빌 로스, 이지민 역, 『철도 역사를 바꾸다』, 예경, 2014.
권홍우, 『부의 역사』, 인물과사상사, 2008.
케네스 O. 모건 편, 영국사연구회 역, 『옥스퍼드 영국사』, 한울아카데미, 2019.

2. 영국에는 왜 철도 미스터리 소설이 많을까
클라크 블레즈, 이선주 역, 『모던타임』, 민음사, 2010.
볼프강 쉬벨부시, 박진희 역, 『철도 여행의 역사』, 궁리, 1999.
일본 (사)해외철도기술협력협회, 최경수 역, 한국철도협회 감수, 『세계의 철도』, 매경출판, 2011.
에비네 히로시, 정숙경·남명수 역, 김경원 감수, 『산업혁명과 소설의 향연』, 웅진지식하우스, 2010.

케네스 포메란츠·스티븐 토픽, 박광식·김정아 역, 『설탕, 커피 그리고 폭력』, 심산, 2003.

김종현, 『영국 산업혁명의 재조명』, 서울대학교출판부, 2006.

빌 로스, 이지민 역, 『철도 역사를 바꾸다』, 예경, 2014.

박흥수, 『달리는 기차에서 본 세계』, 후마니타스, 2015.

3. 톰 아저씨의 오두막집과 분열된 집

안효상, 『현대 미국은 어떻게 만들어졌을까』, 민음인, 2013.

베른트 잉그마르 구트베를레트, 이지영 역, 『역사의 오류』, 열음사, 2008.

마조리 간·재닛 윌렛, 김인경 역, 『자유를 말하다』, 초록서재, 2016.

하워드 진, 유강은 역, 『미국 민중사』 1권, 이후, 2006.

케네스 데이비스, 이순호 역, 『미국에 대해 알아야 할 모든 것 미국사』, 책과함께, 2004.

혼다 소조, 김효진 역, 『미국 흑인의 역사』, 에이케이커뮤니케이션즈, 2021.

크리스 하먼, 천경록 역, 『민중의 세계사』, 책갈피, 2004.

닐 포크너, 이윤정 역, 『좌파 세계사』, 엑스오북스, 2016.

제임스 W. 로웬, 남경태 역, 『선생님이 가르쳐준 거짓말』, 휴머니스트, 2010.

다쓰미 다카유키, 송태욱·김주영·오근영 역, 『신대륙의 꿈과 미국 문학』, 웅진지식하우스, 2011.

마조리 간·재닛 윌렛, 전광철 역, 『끝나지 않은 노예의 역사』, 스마트주니어, 2012.

4. 공포의 계곡에서 실제로 일어난 일

계정민, 『범죄소설의 계보학』, 소나무, 2018.

리차드 보이어·허버트 모레이스, 이태섭 역, 『알려지지 않은 미국노동운동이야기』, 책갈피, 1996.

김금수, 『세계 노동 운동사』 1권, 후마니타스, 2013.

김봉중, 『오늘의 미국을 만든 미국사』, 역사의아침, 2013.

하워드 진, 유강은 역, 『미국 민중사』 1~2권, 이후, 2006.

케네스 데이비스, 이순호 역, 『미국에 대해 알아야 할 모든 것 미국사』, 책과함께, 2004.

크리스 하먼, 천경록 역, 『민중의 세계사』, 책갈피, 2004.

닐 포크너, 이윤정 역, 『좌파 세계사』, 엑스오북스, 2016.

Joseph G. Rayback, 『History of American Labor』, Free Pr, 1966.

5. 어떤 마녀는 왜 벌받지 않을까 (2)

키스 토마스, 이종흡 역, 『종교와 마술, 그리고 마술의 쇠퇴』 3권, 나남, 2014.

카를로 긴즈부르그, 조한욱 역, 『마녀와 베난단티의 밤의 전투』, 길, 2004.

카를로 진즈부르그, 김정하 외 역, 『치즈와 구더기』, 문학과지성사, 2001.

주경철, 『마녀』, 생각의힘, 2016.

브라이언 르박, 김동순 역, 『유럽의 마녀사냥』, 소나무, 2003.

제프리 버튼 러셀, 김은주 역, 『마녀의 문화사』, 르네상스, 2004.

프레드 슈레더 외, 『대중문화 5000년의 역사』, 시대의창, 2014.

실비아 페데리치, 황성원·김민철 역, 『캘리번과 마녀』, 갈무리, 2011.

자크 르 고프, 유희수 역, 『서양중세문명』, 문학과지성사, 2008.

●5장

1. 아일랜드 감자 기근은 인재였다

수전 캠벨 바톨레티, 곽명단 역, 『검은 감자』, 돌베개, 2014.

래리 주커먼, 박영준 역, 『악마가 준 선물 감자 이야기』, 지호, 2000.

피터 그레이, 장동현 역, 『아일랜드 대기근』, 시공사, 1998.

마이크 데이비스, 정병선 역, 『엘니뇨와 제국주의로 본 빈곤의 역사』, 이후, 2008.

레이철 로던, 조윤정 역, 『탐식의 시대』, 다른세상, 2015.

케네스 O. 모건 편, 영국사연구회 역, 『옥스퍼드 영국사』, 한울아카데미, 2019.

박흥수, 『달리는 기차에서 본 세계』, 후마니타스, 2015.

2. 조로는 왜 검은 옷을 입었을까

이강혁, 『라틴아메리카역사 다이제스트 100』, 가람기획, 2008.

이강혁, 『스페인역사 100장면』, 가람기획, 2003.

하워드 진·레베카 스테포프, 김영진 역, 『하워드 진 살아 있는 미국 역사』, 추수밭, 2008.

유종선, 『미국사 다이제스트 100』, 가람기획, 2012.

존 하비, 최성숙 역, 『블랙패션의 문화사』, 심산, 2008.

미야자키 마사카쓰, 노은주 역, 『지도로 보는 세계사』, 이다미디어, 2005.

다쓰미 다카유키, 송태욱·김주영·오근영 역, 『신대륙의 꿈과 미국 문학』, 웅진지식하우스, 2011.

마이클 폴리, 이창훈 역, 『가톨릭 신자는 왜 금요일에 물고기를 먹는가』, 보누스, 2012.

3. 해가 지지 않는 제국의 미친 티파티

이소부치 다케시, 강승희 역, 『홍차의 세계사 그림으로 읽다』, 글항아리, 2010.

미야자키 마사카츠, 오근영 역, 『하룻밤에 읽는 숨겨진 세계사』, 중앙M&B, 2003.

이시 히로유키, 안은별 역, 『세계 문학 속 지구 환경 이야기』 1권, 사이언스북스, 2013.

노명환·박지배·김정하·이혜민·박재영·김진호·김형인·고가영·이은해·김지영, 『서양 사람들은 어떻게 살았을까』, 푸른역사, 2012.

케네스 O. 모건 편, 영국사연구회 역, 『옥스퍼드 영국사』, 한울아카데미, 2019.

케네스 포메란츠·스티븐 토픽, 박광식·김정아 역, 『설탕, 커피 그리고 폭력』, 심산, 2003.

나종일·송규범, 『영국의 역사(하)』, 한울아카데미, 2009.

4. 그 많던 군마들은 다 어디로 갔을까

앤서니 노첼라 2세·콜린 설터, 곽성혜 역, 『동물은 전쟁에 어떻게 사용되나?』, 책공장더 불어, 2017.

데이비드 W. 앤서니, 공원국 역, 『말, 바퀴, 언어』, 에코리브르, 2015.

모토무라 료지, 최영희 역, 『말이 바꾼 세계사』, 가람기획, 2005.

존 키건, 유병진 역, 『세계전쟁사』, 까치, 2018.

정토웅, 『세계전쟁사 다이제스트 100』, 가람기획, 2010.

브라이언 페이건, 김정은 역, 『위대한 공존』, 반니, 2016.

윌리엄 맥닐, 신미원 역, 『전쟁의 세계사』, 이산, 2005.

마이클 하워드, 최파일 역, 『제1차세계대전』, 교유서가, 2015.

존 키건, 조행복 역, 『1차세계대전사』, 청어람미디어, 2009.

앨런 테일러, "제1차 세계대전 사진: 전쟁 중인 동물들", 《애틀랜틱》, http://www. theatlantic.com/static/infocus/wwi/wwianimals/

5. 반지 원정대, 히틀러를 만나다

안인희, 『게르만신화 바그너 히틀러』, 민음사, 2003.

이혜정, 『그림형제 독일민담』, 뮤진트리, 2010.

그림 형제, 임한순·윤순식·홍진호 역, 『독일전설』 1~2권, 서울대학교출판문화원, 2014.

메리 풀브룩, 김학이 역, 『분열과 통일의 독일사』, 개마고원, 2000.

도키 겐지, 오근영 역, 손기태 감수, 『성서 문학과 영웅 서사시』, 웅진지식하우스, 2009.

기쿠치 요시오, 이경덕 역, 『결코 사라지지 않는 로마 신성로마제국』, 다른세상, 2010.

김장수, 『주제별로 접근한 독일근대사』, 푸른사상, 2010.

미야자키 마사카쓰, 노은주 역, 『지도로 보는 세계사』, 이다미디어, 2005.

존 키건, 류한수 역, 『2차세계대전사』, 청어람미디어, 2007.

마틴 키친, 유정희 역, 『사진과 그림으로 보는 케임브리지 독일사』, 시공사, 2001.

미야자키 마사카츠, 오근영 역, 『하룻밤에 읽는 숨겨진 세계사』, 중앙M&B, 2003.